U0933621

学校心理健康教育：

理论知识与教学设计

主　编　梁　丰
副主编　李盼盼　梁彦红　陈红艳　邹媛园

南京出版传媒集团
南京出版社

图书在版编目（CIP）数据

学校心理健康教育：理论知识与教学设计 / 梁丰主编 . -- 南京：南京出版社，2021.10

ISBN 978-7-5533-3403-5

Ⅰ . ①学… Ⅱ . ①梁… Ⅲ . ①中小学生—心理健康—健康教育—教学研究 Ⅳ . ① G444

中国版本图书馆 CIP 数据核字（2021）第 177637 号

书　　名　学校心理健康教育：理论知识与教学设计
作　　者　梁　丰
出版发行　南京出版传媒集团
　　　　　南　京　出　版　社
　　社址：南京市太平门街 53 号　　　　邮编：210016
　　网址：http：//www.njcbs.cn　　　　电子信箱：njcbs1988@163.com
　　联系电话：025-83283893、83283864（营销）　025-83112257（编务）

出 版 人　项晓宁
出 品 人　卢海鸣
责任编辑　徐　智
装帧设计　马静静
责任印制　杨福彬

印　　刷　三河市德贤弘印务有限公司
开　　本　710 毫米 ×1000 毫米　1/16
印　　张　19.25
字　　数　345 千字
版　　次　2022 年 4 月第 1 版
印　　次　2022 年 4 月第 1 次印刷
书　　号　ISBN 978-7-5533-3403-5
定　　价　96.00 元

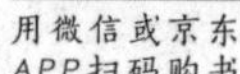

前　言

作为学校心理健康教育实务与操作教法课的任课教师，在教学过程中，作者经历了从最早的照本宣科，到感悟思考，再到深入理解与吸收，直至目前的初步探索与总结等阶段。作者近十年来接触到大量学校心理健康教育方面的专著、教材、指导书，发现目前的相关著作理论性很强，实践指导仍然存在一定的不足，针对不同主题的心理训练活动过于单一。

本书以教学设计的实践案例为重点，搜集了大量国内外学校心理健康教育理论与实践成果，总结了近些年的课堂教学和教学研究经验，结合学生参加国家教师资格证书考试的实际，创作更切合学校心理健康教育工作实际的理论与教学案例，最终形成了这本《学校心理健康教育 :理论知识与教学设计》。

本书在编写过程中，重视心理健康教育的专业要求，体现学生发展的认知与情意目标的平衡。本教材的内容选择和活动设计强调从“认知—情感—行动”相互转化的角度促进学生的心理发展和健康成长。

本书在编写过程中，强化以学习理论基础支持教学活动设计。

本教材编写遵循心理学、教育学关于学生发展、心理健康和积极取向等专业视角的学科规范，在保证科学性的基础上选编教学内容。教材突出强化了以学理基础支持课程活动的设计，避免了单纯依靠个人经验设计教学内容。遵循“认知—情感—行动”的设计思路，重视行为改变的动力和过程。

教材编写中有意识地吸收各种心理辅导理论、方法和技术，用以指导教学主题与活动的设计。在操作技术层面，广泛借鉴心理辅导理论中的自信心训练、价值澄清法、代币奖励、问题处理模式、归因训练、非理性思考方式的矫正等方法。

本书在编写过程中，根据学生年龄特点和生活实际，精心设计课程活动内容和活动形式。

本教材以学生活动为主要形式。在活动内容和题材的确定上，充分考虑学生年龄特点和切身需要，选取学生关心的内容和感兴趣的题材。

在活动形式的设计上力求丰富多样。不以教师单纯的知识讲解为主，体现出鲜明的“行动倾向”，重视学生的认知提升、活动体验和行动练习，在师生的活动和领悟中实现教学目标。

本书分为理论知识与教学设计案例两部分内容，以教学设计案例为主要内容。

理论知识部分共两章，分别论述了学校心理健康教育的相关概念、学校心理健康教育的内容。

教学设计部分按照学校心理健康教育内容中的自我意识辅导、学习心理辅导、人际关系辅导、生活适应辅导和生涯发展辅导五大主题设计了31套完整的具体教学设计。其中，自我意识辅导分为4课内容，学习心理辅导分为8课内容，人际关系辅导分为6课内容，生活适应辅导分为9课内容，生涯发展辅导分为4课内容，同时罗列了每个主题对应的心理训练活动。

本书在写作过程中，各章节编写工作分配如下：彭虎军完成统稿工作，梁丰编写了第一章、第二章、第六章、第七章，梁彦红、陈红艳、邹媛园编写了第三章，李盼盼编写了第四章、第五章。

本书得到商洛学院教材建设基金资助，为商洛学院2019年教材建设项目成果，在编写过程中得到学校及学院领导老师的大力支持与帮助，在此一并表示由衷的谢意。

编　者

2021年7月

目　录

第一部分：理论知识

第一章　学校心理健康教育的概述

学校心理健康教育既是一种教育理念，又是由一系列具体的教育活动构成的教育工作。从具体教育活动的层面上讲，学校心理健康教育有着自己丰富的教学内容、教学形式和特有的教学方法，有着自己的工作实务及其组织管理的具体要求。

在本章中，我们将梳理学校心理健康教育的有关概念，认识在学校心理健康教育实际操作中应用广泛的几种心理学重要理论，使读者对学校心理健康教育有宏观认识。

在认识学校心理健康教育这门课程时，人们经常会对"健康""心理健康""心理健康教育""学校心理健康教育"几个概念有困惑。本节就是从这些概念入手，帮助大家更好地理解与认识。

一、健康

(一)健康的含义

1. 汉字中的"健康"

《晋书·郭璞传》中的"健"，即指肌体强壮有力。

《尚书·洪范》中的"康"，即指平安、安乐。

"健康"即体健、心安和适应社会需要。

2. 世界卫生组织关于"健康"的定义

对健康概念的全面理解是现代健康理念的一个最突出的特征。早在1947年，世界卫生组织在成立宪章中就指出："健康乃是一种身体的、心理的和社会适应的健全状态,而不只是没有疾病或虚弱现象。"这种认识是现代社会人们对健康概念的全面总结与更新,健康不再仅仅是躯体状况的反映,同时还必须是心理活动正常、社会适应完满的综合体现。

健康是一种涉及个人身体的、心理的和社会适应的健全状态,强调健康不仅是躯体状况的反映,它还必须同时包含心理活动的正常和社会适应的完满,是这三个方面的综合体现。这种健康三分法,即将健康内涵扩展为生理、心理和社会三个方面,是一个比较全面的解释。自其提出以来的很多年,大家一直都采用这个解释去评价人们的健康状态。

1989 年,世界卫生组织对健康的概念再次修正,"只有在身体健康、心理健康、社会适应性良好和道德健康四个方面都健全的人,才算是完全健康的人"。

具体包括了四个层次：

生理健康——没有疾病,功能正常,体质健康。

心理健康——各种心理功能正常,心理活动协调,人格发展良好,能应对环境的变化。

社会适应——人际关系和社会接触良好,角色符合社会要求,行为表现符合社会文化环境的规范。

道德健康——遵守社会的道德行为规范,具有良好的道德品质。

1989 年世界卫生组织对健康定义的重新阐述中增加了道德健康的内容,强调健康并不是一个纯"个人性"的范畴,健康不仅在于个体要有健康的身体、心理,能够适应社会,而且还应该包含个体对社会的责任(道德健康),即它还应该包含个体对健康的社会环境的自觉维护和建构。

因此,正确的健康态度是,只有一个人能够经常地在生活中或生命里意识到健康的存在,并能够自觉地指导自己的生活方式和行为习惯,我们才能够认为,他是生活在健康的环境里。只有这样,人们的健康文化观才得以确立,而且这种健康观可以说是持续的。现代人的健康内容包括：躯体健康、心理健康、心灵健康、社会健康、智力健康、道德健康、环境健康等。

(二)健康的状态

(1)精力充沛,能从容不迫地应付日常生活和工作的压力而不感到过分紧张。

(2)处事乐观,态度积极,乐于承担责任,事无巨细不挑剔。

(3)善于休息,睡眠良好。

(4)应变能力强,能适应环境的各种变化。

(5)能够抵抗一般性感冒和传染病。
(6)体重正常,身材均匀,站立时头、肩、臂位置协调。
(7)眼睛明亮,反应敏锐,眼肌轻松,眼睑不发炎。
(8)牙齿清洁,无空洞,无痛感;齿龈颜色正常,不出血。
(9)头发有光泽,无头屑。
(10)肌肉、皮肤富有弹性,走路轻松有力。
(11)即使身体病了内心也会坚强,保持好心情,对生活充满希望。

二、心理健康

(一)心理健康的含义

心理健康是20世纪中叶以来,由于现代科技的飞跃和社会文化的迅猛发展,迫使人们以一种崭新的、多元的视角全面看待健康的产物,它反映了辩证唯物主义身心统一的哲学观在健康观念上的确立。但值得指出的是,心理健康的定义,在当前学术界仍是一个有争议的问题。由于人们所处的社会文化背景不同,研究问题的立场、观点和方法相异,迄今为止国内外学者尚未有统一的意见。这正如卡普兰(L.Kaplan)所说:"许多人都试图定义心理健康,但是这是一个混合的领域,难以给予精确的定义,它不仅包含知识体系,也包含生活方式、价值观念以及人际关系的质量。"尽管如此,心理健康的内涵却是我们从事学校心理健康教育的研究和实践工作中无法回避的一个基本理论问题。

心理健康的基本含义是指心理的各个方面及活动过程处于一种良好或正常的状态。心理健康的理想状态是保持性格完美、智力正常、认知正确、情感适当、意志合理、态度积极、行为恰当、适应良好的状态。与心理健康相对应的是心理亚健康以及心理病态。心理健康从不同的角度有不同的含义,衡量标准也有所不同。

心理健康,是现代人健康不可分割的重要方面,那么什么是人的心理健康呢?人的生理健康是有标准的,一个人的心理健康也是有标准的。不过人的心理健康标准不及人的生理健康标准具体与客观。了解与掌握心理健康的定义对于增强与维护人们的健康有很大的意义。当人们掌握了衡量人的心理健康的标准,就能够以此为依据对照自己,进行心理健康的自我诊断。如果发现自己的心理状况某个或某几个方面与心理健康标准有一定距离,就有针对性地加强心理锻炼,以期达到心理健康水平。如果发现自己的心理状态严重地偏离心理健康标准,就要及时地求医,以便早期诊断与治疗。

心理健康是指一种持续且积极发展的心理状态，在这种状态下，主体能做出良好的适应，并且能充分发挥其身心潜能。

（二）心理健康的标准

有心理学家将心理健康的标准描述为以下几点。

（1）有适度的安全感，有自尊心，对自我的成就有价值感。

（2）适度地自我批评，不过分夸耀自己也不过分苛责自己。

（3）在日常生活中，具有适度的主动性，不为环境所左右。

（4）理智，现实，客观。与现实有良好的接触，能容忍生活中挫折的打击，无过度的幻想。

（5）适度地接受个人的需要，并具有满足此种需要的能力。

（6）有自知之明，了解自己的动机和目的，能对自己的能力做客观的估计。

（7）能保持人格的完整与和谐，个人的价值观能适应社会的标准，对自己的工作能集中注意力。

（8）有切合实际的生活目标。

（9）具有从经验中学习的能力，能适应环境的需要改变自己。

（10）有良好的人际关系，有爱人的能力和被爱的能力。在不违背社会标准的前提下，能保持自己的个性，既不过分阿谀，也不过分寻求社会赞许，有个人独立的意见，有判断是非的标准。

我国学者陈家麟综合各方面所总结的心理健康标准的基本要点，结合学校开展心理健康教育工作的实践经验，提出心理健康的标准可以从以下六个方面来把握。

1. 智力发展正常

智力正常是一个人学习、生活、工作最基本的心理条件，是人适应周围环境、谋求自我发展的心理保证，因而是心理健康的首要标准。无论是世界卫生组织提出的国际疾病分类体系（ICD-9），还是美国精神病学会发表的《精神疾病诊断和统计手册》（DSM-Ⅳ），抑或是中华医学会精神疾病分类，均把智力发育不全或阻滞视为一种心理障碍和异常行为。美国智力落后协会（AAMD）规定，智力落后系指在发展期就表现出来的、与适应行为缺陷并存的一般智力机能严重低常，并规定智商（IQ）低于70分为典型的智力落后。心理健康的人，智力发展水平虽然各有不同，但都能使个人的智慧在学习、工作和生活中得到充分表现，并对其中出现的各种问题、困难和矛盾都能力求有效地认识、克服和解决。

2. 情绪稳定乐观

情绪稳定乐观是心理健康的主要标志。心理健康的人积极情绪多于消极情绪,乐观情绪占主导地位。这是因为只有当一个人经常保持愉快乐观的情绪时,他才能善于从生活中寻找乐趣,对生活充满希望。诚然,一个人在其生活、学习及工作中难免因遭受挫折而心情不快。心理健康与不健康的主要区别,不在于是否产生消极情绪,而在于这种消极情绪持续时间的长短,以及它在人的整个情绪生活中所占的比重是否恰当。心理不健康者陷入消极情绪不能自拔,而心理健康者则能主动调控自己的不良情绪以适应外界环境,这就是情绪稳定性的表现。情绪的稳定性还表现在情绪的表现强度和持续时间上:心理健康者情绪反应与客观刺激相适应,"当喜则喜,当忧则忧",且能做到适度表现,适可而止。

3. 意志品质健全

意志是一种有意识、有目的地行动并克服内外困难的心理过程。意志是人意识能动性的集中体现,是个性的重要精神支柱。心理健康者的意志品质具有如下特点。

(1)行动目的明确,独立性强。即指善于按照自己合理的创见提出行动的目的、方法并实现之,对行为结果敢于负责。独立性以强烈的批判意识为主要特征,是与理智地分析和吸取他人的合理意见相联系的。

(2)善于当机立断,果敢性强。即指在复杂的情况中能迅速有效地做出决定,及时、勇敢地投入行动,而不是优柔寡断、草率鲁莽。

(3)行动不屈不挠,坚毅性强。即一方面表现为坚定的意志,在任何时候、任何条件下都不动摇对既定目标的执着追求;另一方面表现为意志的毅力,即善于长期维持与目标相符合的行动,克服困难,坚持到底。

(4)心理承受力强,自制力强。自制力强的人,一方面能控制与实现目标不一致的思想情绪和外界诱因,保证执行已经做出的、有充分依据的决定;另一方面,为了崇高的目标,能够忍受各种痛苦和磨难,必要时甚至能做到视死如归。

4. 行为协调适度

人与动物的根本区别在于,人的行为有自觉的目的,受意识的支配。在正常情况下,对一个有自我意识的人来说,他总是知道自己在做什么,也知道为什么做,并能预见行为的过程和结果,使自己的行为服从于一定的目的和要求。人心理活动的各个方面都会在人的行为中得到反映,所以，人的行为像是心理的镜子，通过它可以反映出人的心理是否正常。心理健康者的行为应有如下特点。

（1）行为方式须与年龄特点相一致。

（2）行为方式须与社会角色相一致。

（3）行为反应强度须与刺激强度相一致。

（4）行为的一贯和统一。

5. 人际关系和谐

人际关系是人与人之间由于交往而产生的一种心理关系。和谐的人际关系既是心理健康不可或缺的条件，也是增进心理健康的重要途径。人际关系和谐的表现包括以下几方面。

（1）乐于与人交往，既有广泛而稳定的人际关系，又有知己的朋友。

（2）在交往中能保持独立而完整的人格，知人知己，不卑不亢。

（3）能客观地评价别人，取人之长，补己之短，严于律己，宽以待人。

（4）在交往中能用尊重、信任、友爱、宽容和理解的态度与人友好相处，能接受和给予爱与友谊。

（5）与集体能保持协调的关系，能与他人同心协力、合作共事，并乐于助人。

6. 人格完整独立

人格也称个性，它是一个人与另一个人区别开来的独特的心理特性。心理健康教育的最终目标是使人保持人格的独立完整性，培养健全的人格。人格健全的主要标志包括以下几方面。

（1）人格结构的各个要素都不存在明显缺陷与偏差。

（2）具有正确的自我意识，能了解自己、接受自己、客观评价自己，既不妄自尊大做力不能及的工作，也不妄自菲薄放弃可能发展的机会，生活目标与理想切合实际，不产生自我同一性的混乱。

（3）以积极进取的、符合社会进步方向的人生观、价值观作为人格的核心，具有高度的社会义务感和责任感，希望通过对自己身心潜能和创造力的开发来体现自身的价值并贡献于社会。

三、心理健康教育

（一）心理健康教育的含义

心理健康是指一种持续且积极发展的心理状态，在这种状态下，主体能做出良好的适应，并且充分发挥其身心潜能。基于以上对于心理健康的含义认识，心理健康教育是“新健康教育”的一个重要组成部分，它是以培养身心健康的社会公民为目的，通过运用健康管理的方法，以校园环境、功能环境的改善为主，人文环境的改善相配合，为老师和学生两个主体，提供科学、健康、专业的指导。“新健康教育”在学校建设了专门的健康指导室（心理咨询室），配备专业的心理咨询师长期驻校，以开设心理课程和开展课外活动等方法引导学生的健康心理发展。同时，开设“亲情聊天室”，为亲情的连接打开通道，为学生们的健康成长铺就一条畅途。

肖汉仕教授认为：心理教育是心理素质教育与心理健康教育的简称，它是教育者运用心理科学的方法，对教育对象心理的各层面施加积极的影响，以促进其心理发展与适应、维护其心理健康的教育实践活动。其目标是培育良好的性格品质、开发智力潜能、增强心理适应能力、激发内在动力、维护心理健康、养成良好行为习惯，即育性、启智、强能、激力、健心、导行。

心理健康教育是根据学生生理心理发展的规律，运用心理学的教育方法，培养学生良好的心理素质，促进学生整体素质全面提高的教育。心理健康教育是素质教育的重要组成部分，是实施“面向21世纪教育振兴行动计划”，落实“跨世纪素质教育工程”、培养跨世纪高质量人才的重要环节。同时，切实有效地对学生进行心理健康教育也是现代教育的必然要求和广大学校教育工作者所面临的一项共同的紧迫任务。

（二）心理健康教育的主要内容

教育部《中小学心理健康教育指导纲要（2012）》指出，心理健康教育的重点应主要放在帮助学生适应中小学的学习环境和学习要求，培养正确的学习观念，提高其学习能力，改善学习方法；把握升学选择的方向；了解自己，学会克服青春期的烦恼，逐步学会了解和控制自己的情绪，抑制自己的冲动行为；加强自我认识，客观地评价自己，积极与同学、老师和家长进行有效的沟通；逐步适应生活和社会的各种变化，培养对挫折的耐受能力。心理健康教育的主要内容包括以下两个方面。

1. 学生心理健康维护

这是以面向全体学生为主，通过常规的教育训练来培养学生心理品质提高学生基本素质的教育内容。具体而言，包括智能训练、学习心理辅导、情感教育、人际关系指导、健全人格的培养、自我心理修养的指导、性心理教育等。

2. 学生心理行为问题矫正

这是面向少数具有心理、行为问题的学生开展心理咨询、行为矫正训练的教学内容，多属矫治范畴。具体而言，包括学习适应问题，如考试焦虑、学习困难、注意力不集中、学校恐惧症、厌学等问题的咨询和调适；情绪问题，如抑郁、恐惧、焦虑、紧张、忧虑等情绪的调节与辅导；常见行为问题，如多动、说谎、打架、胆怯等行为的咨询与矫正，身心疾患，如神经衰弱、失眠、神经性强迫症等身心疾患的治疗和矫正。

就教育形式来说，“心理健康教育”的实施载体是多种多样的，包括开设班级团体辅导活动课和心理健康教育讲座，开展个别辅导、小组团体辅导和校园网络辅导，通过心理信箱、心理热线电话等渠道为学生提供辅导服务，将心理健康教育的理念、方法、技巧与学校日常的教育教学工作相融合，注重各种媒体手段的宣传和教育，创设学校和家庭良好的人文环境和心理氛围，以及为教师提供心理咨询以减少“师源性”心理问题等。

四、学校心理健康教育

从学校教育的宏观含义理解，学校心理健康教育既是一种教育理念，又是由一系列具体的教育活动构成的教育工作。从具体教育活动的层面上讲，学校心理健康教育有着自己丰富的教学内容、教学形式和特有的教学方法，有着自己的工作实务及其组织管理的具体要求。正是这些具体的教育活动使学校心理健康教育成为学校教育工作的一个重要领域，需要我们将之相对单列出来进行专门的组织和管理。换言之，在现代学校中，我们之所以要单独组织心理健康教育活动、开设心理健康教育课程等，是由心理健康教育本身的特殊性所决定的。现有的德育、智育等“各育”以及学校的各项活动虽然可以在一定程度上完成部分心理健康教育的任务，但是，要全面落实心理健康教育的任务，实现心理健康教育的功能，作为一项具体教育工作的学校心理健康教育是不可或缺的。

也正是基于这样的认识，教育部在1999年颁布了《关于加强中小学心理健康教育的若干意见》，在2001年颁布了《关于加强普通高等学校大学生心理健康教育工作的意见》，在2002年颁布了《中小学心理健康教育指导纲要（2002）》，新时期国家重要政策文件中更是多次强调心理健康教育的重要地位，要求全国各地大、中、小学要逐步开展心理健康教育。在本书中，虽然我们强调学校心理健康教育的教育理念性质，并将之作为概念内涵的一个重要方面，但是，从有效地指导学校心理健康教育实践的角度来考虑,我们还是将主要的篇幅放在对学校心理健康教育的具体操作活动和实务工作的论述上。

综上所述,从教育、教学活动的层面上讲,学校心理健康教育是以心理学的理论和技术为主要依托,结合学校日常教育、教学工作,根据学生生理、心理发展特点,有目的、有计划地促进学生实践智慧生成的教育活动。在最终目标上,学校心理健康教育将通过与其他各种教育、教学活动的协同工作,培养学生良好的心理素质,开发其心理潜能,进而实现学生身心和谐发展与素质的全面提高。

本章小结

1. 健康:健康不单是身体上的没有疾病状态和体格的完备状态,还包括了心理上的健康和对社会的完好适应性。

2. 心理健康:心理健康是指心理的各个方面及活动过程处于一种良好或正常的状态。

3. 心理健康教育:心理健康教育是根据学生生理心理发展的规律,运用心理学的教育方法,培养学生良好的心理素质,促进学生整体素质全面提高的教育。

4. 学校心理健康教育:学校心理健康教育是以心理学的理论和技术为主要依托,结合学校日常教育、教学工作,根据学生生理、心理发展特点,有目的、有计划地促进学生实践智慧生成的教育活动。

第二章 学校心理健康教育的内容

学校心理健康教育的内容可以从不同角度来进行分析,不同的理解就会产生内容选择上的差异。本书主要从学校心理健康教育教学实践角度出发,根据教育部颁布的大中小学心理健康教育相关文件,结合学校心理健康教育理论基础,针对学生心理发展的年龄特点,我们认为学校心理健康教育的内容主要包括自我意识辅导、学习心理辅导、人际关系辅导、生活适应辅导和生涯发展辅导五个方面。

第1节 自我意识辅导

一、自我意识的概念

自我意识是对自己身心活动的觉察,即自己对自己的认识,具体包括认识自己的生理状况(如身高、体重、体态等)、心理特征(如兴趣、能力、气质、性格等)以及自己与他人的关系(如自己与周围人们相处的关系,自己在集体中的位置与作用等)。

自我意识是人对自己身心状态及对自己同客观世界的关系的意识。自我意识包括三个层次:对自己及其状态的认识;对自己肢体活动状态的认识;对自己思维、情感、意志等心理活动的认识。自我意识不仅是人脑对主体自身的意识与反映,人的发展离不开周围环境,特别是人与人之间关系的制约和影响,所以自我意识还反映了人与周围现实之间的关系。

二、自我意识的分类

依据不同的标准,自我意识可分为多种类型。从意识活动的形式来看,自我意识表现为具有认知的、情绪的和意志的形式。属于认知形式的有自我感觉、自我观察、自我概念、自我印象、自我分析和自我评价等,统称“自我认知”。属于情绪形式的有自我感受、自爱、自尊、自恃、自卑、自傲、责任感、优越感等，统称为“自我体验”，以体验的形式表现出个人对自己是否悦纳的情绪。属于意志形式的有自立、自主、自制、自强、自卫、自信等，可以统称为“自我控制”。自我意识的这三种形式联系在一起，形成了个人对自己自觉的观念系统。从意识活动的内容来看，自我意识又可以分为生理自我、社会自我和心理自我。

三、自我意识的结构

自我意识的结构是从自我意识的三层次，即从知、情、意三方面分析的，是由自我认知、自我体验和自我调节（或自我控制）三个子系统构成。因此，自我意识也叫自我调节系统。

自我认识是自我意识的认知成分。它是自我意识的首要成分，也是自我调节控制的心理基础，它包括自我感觉、自我概念、自我观察、自我分析和自我评价。自我分析是在自我观察的基础上对自身状况的反思。自我评价是对自己能力、品德、行为等方面社会价值的评估，它最能代表一个人自我认识的水平。

自我体验是自我意识在情感方面的表现。自尊心、自信心是自我体验的具体内容。自尊心是指个体在社会比较过程中所获得的有关自我价值的积极的评价与体验。自信心是对自己的能力是否适合所承担的任务而产生的自我体验。自信心与自尊心都是和自我评价紧密联系在一起的。

自我调节是自我意识的意志成分。自我调节主要表现为个人对自己的行为、活动和态度的调控。它包括自我检查、自我监督、自我控制等。自我检查是主体在头脑中将自己的活动结果与活动目的加以比较、对照的过程。自我监督是一个人以其良心或内在的行为准则对自己的言行实行监督的过程。自我控制是主体对自身心理与行为的主动的掌握。自我调节是自我意识中直接作用于个体行为的环节，它是一个人自我教育、自我发展的重要机制，自我调节的实现是自我意识的能动性的表现。自我意识的调节作用表现为启动或制止行为；心理活动的转移；心理过程的加速或减速；积极性的加强或减弱；动机的协调；根据所拟订的计划监督检查行动；动作的协调一致等。

第2节　学习心理辅导

一、学习心理辅导的概念

学习心理辅导，是指教育者依据现代学习理论，针对影响学生学习的因素，有目的、有计划、有步骤地教会学生如何学习的过程。学习心理辅导是对学生学习活动中心理活动的辅导，其目的在于通过此种指导培养学生良好的学习心理品质，使学生的心理机能得到更好的发挥，从而提高学习效率，完成学习任务。

二、学习心理辅导的意义

（一）学习心理活动是学生主导的心理活动

人类活动有多种形式，人在不同年龄阶段有不同的主导活动。学龄前儿童的主导活动是游戏，进入学龄时期后，学习活动便成了主导活动，抓住学习心理的指导也就抓住了对学生主导的心理活动的指导。这种指导不仅有助于学习质量的提高，而且对学生个性（人格）的发展也有重大意义。正如列昂捷夫所指出的："生活或活动在总体上不会机械地由各种活动形式组成。一切活动形式在一定阶段上是主导的，并对个性发展有很大意义，而另一些活动的意义就远不及主导活动。一些活动对发展起主导作用，另一些起从属作用。所以应该说，心理发展并不取决于一般的活动，而取决于主导活动。"青少年儿童正处于身心发展的重要时期，在这一时期加强对学习心理的指导，对于他们一生的学习能力和个性的发展，都有重要的奠基作用。

（二）学习是学生的主要任务

学生的特殊社会角色地位决定了其主要任务是学习，正因为这样，学生最关心和最困惑的也是学习问题。据对北京市中小学生的调查，因学习问题（主要是不爱学和不会学）而处于烦恼中的学生，初中生达到58.6%，高中生达到72.4%；据南京市教育局所设面向中小学生的"谈心电话"反映的情况看，学生询问学习问题的频率最高，约为27%；据扬州市青少年热线电话反映的情况看,有关学习问题的咨询约占咨询总数的40%。因此,加强对学生的学习心理指导很有必要。

(三)学会如何学习是时代的要求

科学技术的迅猛发展要求人们接受终身教育,因而也要求人们在学校学习期间学会如何学习。现代教学论的一条重要原则即"教学向自学过渡",这是现代教育发展的必然趋势。"新的教育精神使个人成为他自己文化进步的主人和创造者。自学,尤其是在帮助下的自学,在任何教育体系中,都具有无可替代的价值"。对每个学生来说,只有学会学习,才能在日后走向社会时坚持学习,实现可持续发展。学生要学会自学自然离不开教师的指导,尤其是学习心理上的指导。对此,认知心理学家诺曼说:"真奇怪,我们期望学生学习,然而却很少教他们如何学习,我们希望学生解决问题,却很少教他们解决问题的思维策略。类似地,我们有时要求学生记忆大量材料,然而却很少教他们记忆术。现在是弥补这一缺陷的时候了……我们需要总结出关于怎样学习、怎样记忆和怎样解决问题的一般原则,然后设置一些传授这些一般原则的应用性课程,最后把这些一般性原则渗入到学生的各门学科中去。"在认知心理学家的倡导下,美国关于学习策略教学和学习方法指导的研究已成为一个热门课题。例如,《芝加哥掌握学习阅读教程》中融入了各种学习策略的教学;马里兰州的一个学校,从幼儿园到12年级,每个年级都有专门的学习策略课程,等等。

张春兴认为,在个体20岁以前的五个发展阶段的发展危机,无一不与认知学习时成功或失败所带来的快乐或痛苦经验有关。尤其是在中小学阶段,学业的失败必然带来人格发展的扭曲甚至变异。因此,学校心理健康教育的一个重要的任务,就是帮助学生学会学习。

中小学生的学习心理辅导有两条主要线索。

(1)智力因素发展性辅导——包括智力各要素的发展和训练

智力也称智能,一般认为,智力是指个体的聪明程度。自1905年法国心理学家比内和西蒙首创智力测验,已过去了一百余年,但令人遗憾的是,对智力这个概念,迄今仍没有一个公认的定义。据粗略统计,智力的定义大约有70种之多,是心理学争议最多的概念。无怪乎美国学者科勒斯涅克说:"智力一词像生命、爱情、美、真理、健康等抽象名词一样,很不容易下一个干净、利索的简洁定义。"

自20世纪80年代以来，大多数心理学家认为，智力的核心包含两种能力：

语言能力和解决问题的能力。前者包括语言的流畅性、阅读理解能力、会话能力和词汇；后者包括掌握问题的核心，抱乐观态度处理问题和从事决策的能力。智力概念应包含三种能力：抽象思维的能力、解决问题的能力和学习的能力。此外，尚有心理学家认为，智力是一个人能为某种目标而行动，能理智地思考和有效地适应环境能力的综合表现；认为智力就是智力测验所测量的解决某种智力问题的能力。在我国，大多数心理学家认为智力是人们在认识客观事物的过程中所形成的稳定心理特点的综合，它包括观察力、注意力、记忆力、想象力和思维力等。

对于小学生而言，特别重要的是注意力、观察力、想象力、记忆力、思维能力、感觉统整能力和言语能力的训练；对于中学生而言，特别重要的是记忆方法的训练和逻辑思维能力、空间想象能力、创造性思维能力的训练。

（2）非智力因素发展性辅导

非智力因素指人在智慧活动中，不直接参与认知过程的心理因素，包括需要、兴趣、动机、情感、意志、性格等方面。在学习心理辅导中，主要包括学习兴趣、学习动机、学习意志、学习情绪、学习习惯、学习方法、学习策略、学习自我监控等方面的辅导。

非智力因素是在上海师范大学燕国材教授的《应重视非智力因素的培养》一文发表后，引起了我国教育学和心理学界的重视。非智力因素发展性辅导主要是培养学生的意志力、道德修养、克服困难的勇气和能力及自信、自立、自强的良好心理素质等。在教育过程中，非智力因素的培养和智力因素的培养同等重要，教育既要“解惑”更要“传道”，注重的应是学生综合素质的培养，而不仅仅是智力水平。同时，在未来社会中，有创造力的人往往并不单纯表现在会考高分上，培养创造力比培养学生考高分要重要得多。充分发掘学生的非智力因素，学会期待，学会欣赏他们潜在的价值。

第3节　人际关系辅导

一、人际关系辅导概述

人际关系是人与人之间由于交往而建立起来的一种心理关系，它反映了个人或群体寻求满足其社会需要的心理状态，表明了人们在相互交往的过程中关系的深度、亲密性、融洽性和协调性等心理方面联系的程度。它的变化和发展取决于双方之间需要满足的程度：只有双方在相互交往中都获得了各自的社会需要的满足，相互之间才能产生并保持接近的心理关系和友好的情感。

研究人际关系指导的目的在于协调好人际关系。人总是在一定的社会群体中生活的，总是在不断地交往活动中从事工作、学习和其他社会活动的。人际关系状况如何，对于人们顺利地完成活动任务，对于集体的形成和巩固，对于个体德、智、体诸方面的全面发展，均有深刻的影响。特别是青少年儿童，由于其生活阅历和生理、心理发展水平的限制，在人际关系的处理和适应方面常会出现一些问题和不足。因此，加强对青少年儿童的人际关系指导，就显得非常必要。

罗杰斯认为，个人的成长需要在个人能够感到真诚、温暖、安全的情况下才能完成，这样，个人才能真实地展现自我，才能完成独立和自我实现的需要。良好的人际关系能够满足这种温暖的情境需要，帮助个人彼此接纳和自我探索。对于中小学生来说，进入青春期前后必定伴随着人际关系的剧烈变化，所以人际关系应该是中小学心理健康教育的重要内容。中小学生的人际关系辅导可以从同伴交往辅导、异性交往辅导、师生交往辅导、亲子交往辅导等方面展开。

二、同伴交往辅导

（一）同伴交往

同伴交往指儿童或青少年与同一年龄阶段的伙伴之间的交往。儿童最初几年主要限于家庭小圈子与父母相互作用，把父母作为社会化的模式。随着年龄增长，认知能力增强，儿童开始渴望走出家庭的圈子，与同龄的儿童交友、玩耍。这种同伴交往，随儿童年龄增长而增加，成为儿童社会化进程中的一个重要因素。

同伴是儿童社会行为的强化物,同伴的反应方式对于儿童的行为具有强化或负强化的作用。同时,同伴也是儿童评定自己行为的一个参照物。进入幼儿期的儿童,便已开始自发地与别的儿童同一,模仿别的儿童的行为习惯。社会心理学研究发现,青少年时期的同伴交往尤其重要。青少年时期是儿童发展的一个重要时期,同龄的伙伴们面临着同样的问题,有着更多的共同语言；另一方面,青少年想从同伴、集体对自己的反应中发现自己、认识自己,进而完善自己。因此,这一时期的同伴交往往往影响儿童一生的发展。同伴或同伴集团对儿童影响的大小还与家庭关系的性质有关系,缺少家庭温暖的儿童,更倾向于在同龄伙伴中寻求安全感,有时可能会对儿童发展带来不利影响。

同伴关系特别是同伴团体对青少年发展具有无以取代的独特作用和重大的适应价值,其作用主要表现在以下几方面。

（1）同伴关系对青少年情绪情感的健康发展极为重要,不仅可以满足其社交需要,而且是获得社会支持、安全感、亲密感的重要源泉。安娜·弗洛伊德就认为,高质量的积极同伴关系是情绪情感健康发展的需要。

（2）同伴关系具有认知发展的功能。皮亚杰早就指出,只有在平等互惠的同伴关系中,个体才得以检验自己的思想,体验冲突以及协商不同的社会观点。同伴是个体认知最为重要的共同构建者。这些同伴互动经历促进了儿童和青少年社会认知能力的发展,特别是同伴间的讨论和争论对他们道德判断能力的发展是非常必要的。

（3）同伴关系还具有文化传递和行为发展的功能。年龄相当的同学、伙伴通常享有共同的价值观念、生活经验和生活方式,具有年龄相近、关注问题相同等特点,这使他们形成了一种特有的“同伴文化”。青少年特别愿意接受来自同伴的影响,青少年独特的同伴文化影响着个体的价值观、态度、行为习惯等的形成和发展,起着“同伴导向”的作用,而“从众行为”就是这一时期“同伴导向”的一种突出表现。

研究表明,个体是通过观察同伴的行为来习得新的社会行为的,同伴是其重要的榜样源,习得行为会因为不同的强化而得以表现或受到压抑。

（4）同伴群体是青少年自我同一性发展的源泉。置身同伴团体,青少年有着不同的角色经历,同伴能够为其提供丰富的信息反馈,这必将极大地促进青少年自我同一性的建构。埃里克森将同伴经历看作同一性形成过程中必不可少的一部分,同伴关系提供社会支持和尝试不同社会角色的机会,使他们有更多的机会自主做决定,这对青少年顺利度过“心理延缓偿付期”尤为重要。此外,群体过程(群体中友好行为、群体外对立、组间比较、组内同化等群体行为)同时又是个性发展的基础机制,影响到他们对自己的感受及自尊水平。正如布朗所说:“群体不仅能够通过提供认同或构建社会支持关系网络而为自尊的发展奠定丰实的基础,群体的标识还可以就个体在同伴中的相对位置提供反馈,这继而又提高或贬斥了其自尊水平。”

(5)同伴还是青少年未来成就发展的影响源。尽管同伴在青少年的长期教育、职业规划中的作用不及父母或老师,但他们是个体日常行为和情感方面的重要影响因素,这些影响涉及个体的学习态度、努力程度以及日常表现等多方面的情况。由于人们之间的心理安慰、鼓励、劝导和支持多半发生在朋友和同辈人群中,所以同伴心理互助对于解决社会日常生活中发生的心理问题具有重要的意义。尽管这种心理互助是非专业的,但它提供的却是一种具有心理辅导功能的人际间的帮助。而一个在正确指导下的班级团体中所经历的观点碰撞、讨论分享等同伴互动过程,实际上就是一种“非专业工作者作为帮助者所采取的人际间的帮助行为”。这种心理互助对于学生个体成长的影响是不容低估的。

(二)同伴交往的辅导技巧

技巧一:走出去,主动和别人结交。

我们在放学后或双休日,不要老是待在家里看电视、玩游戏或成天跟着大人,走出家庭,多到野外或广场活动,见到别的同龄孩子,主动微笑着向他们打招呼,向他们介绍自己,他们也许和你一样,也渴望和别人结交,只是出于自卑害羞的心理,不敢主动和别人打招呼,你主动出击,你就获得了一定的主动权,你可以带着自己心爱的东西,如篮球、乒乓球、毽子、跳绳、童话故事书等,主动邀请居民楼或附近的孩子和自己一起玩游戏或做活动,在游戏或活动中加深彼此了解,找到共同语言,从而成为好朋友。

技巧二:学会把自己的好东西拿出来与别人分享。

我们绝大多数同学是独生子女,家里好吃好玩的东西都很多,我们要克服自私独占的心理,多邀请别的同龄小朋友一起分享自己的好东西,如一起玩你的小火车,和你一起玩拼沙盘的游戏,品尝妈妈做的好饭菜,一起读一本有趣的童话故事书等,你分享了自己的好东西给同伴,他也会让你分享他的好东西,在分享中你得到了很多乐趣,你也交到了很多好朋友。

技巧三：学会发自内心真诚地赞美他人。

不管是大人还是小孩，都渴望得到别人的肯定与赞美。赞美是一缕温暖的春风，是一束和煦的阳光，它会使得到赞美的人感到幸福快乐，愿意和你主动接近。当然我们的赞美一定要发自内心，是真诚的，而不是为了讨好而谄媚。对别人的每一个微小的进步、每一个优点、每一点好处，我们要发自内心真诚地进行肯定与赞美，你的同伴一定会感受到你的一片真诚，更愿意和你做朋友。

技巧四：学会倾听。

在和别人的交往中，我们尽量少用“我怎么怎么”，不要把自己当成活动的主角，让大家都听你一个人在讲，都围着你转，要多用“我们怎么怎么”“你怎么怎么”，让别人都能感觉到你对他们的关注。每个人在生活中都会遇到烦心事，有时就需要找一个知心的朋友进行倾诉。我们要学会倾听，并适时给别人安慰鼓励，提出一些切实可行的建议，帮助别人化解不良情绪，他就会把你当作自己最知心的朋友，愿意和你交往。

技巧五：要设身处地为对方着想，要学会宽容。

千人千面，千人千性。我们在和同伴交往过程中，不能苛求别人和自己步调一致，把自己的愿望强加到别人的头上，要“求大同存小异”，要宽容别人的小缺点小过失，换位思考，多从对方的角度想一想，多替别人着想。当然宽容不是一味地放任迁就，对同伴违反原则的错误，要给其指出来，讲清利害得失，帮其改正，当然要注意方法，要注意艺术性，说话要委婉，让其感觉到你是真心为他（她）好，为他（她）着想，他（她）就会愿意和你交朋友，把你当成最真心的朋友。

三、异性交往辅导

处于青春期的学生，情感进一步发展，对异性日益产生兴趣，不仅渴望了解异性，希望能引起异性的注意，还更向往与异性交往。他们喜欢打听男女之间的事，喜欢在背后议论异性，总想知道异性在想什么、干什么。这种情况的出现，不仅是青少年学生生理因素制约的必然，也是心理正常发展的结果。从这个意义上来说，应该及时给他们以性心理健康教育。否则，就会如性学家卡本特所说的那样：“学校用一扇铁门把两性这事情完全关闭起来了。门里是一种沉默，一种严酷的沉默，于是合法的好奇心立刻变成不合法的好奇心了，狂热的色情暗暗地生长起来，本来没有色情的地方也起了色情。阴沟的方法现在正流行着，学校不能公然承认学生的要求，于是违禁品在他们中间互相传授了，淫秽词典代替了聪明高雅的讲解了，损害卫生的行为跟着来了，性的神圣一去永不回来了，于是学校里充满了早熟……在学校里充满病态的谈话和想象了。人工压抑了那高雅的方面而使卑鄙的方面加速早熟，结果不过使那高雅方面完全受损罢了。”

异性交往辅导的主要内容包括以下几方面。

(一)男性和女性

人类分为男性和女性。男女是平等的，无强弱、高低、尊卑之分，应互尊互爱。男女同学在活动范围和兴趣、爱好方面，应互相取长补短、互相爱护、互相帮助。污秽的语言和男女同学间的互相嘲弄都会伤害别人。能节制自己的不良言行是自尊自爱的表现。

(二)少年友谊

友谊(同性的和异性的)在人类生活中有重大作用。朋友对个人身心健康的成长有积极影响或消极影响，因此，要“慎择友”。正确对待异性朋友，分清友谊和爱情的界限，互相尊重，知道应有的礼仪。

(三)两性交往

要明确交往的概念、同学交往和异性交往的意义、男同学与女同学交往时的注意点、女同学与男同学交往时的注意点。

(四)青春期异性交往行为规范

女孩的良好品质(对男孩谈)，男孩的良好品质(对女孩谈)。在共同活动中必须注意和尊重这些品质。男女同学应平等对待、互相尊重、团结互助，不开过头玩笑，不讲低级下流话，不互相打闹挑逗。

四、师生交往辅导

(一)师生关系

师生关系是指教师和学生在教育教学过程中结成的相互关系，包括彼此所处的地位、作用和相互对待的态度等。它是一种特殊的社会关系和人际关系，是教师和学生为实现教育目标，以各自独特的身份和地位通过教与学的直接交流活动而形成的多性质、多层次的关系体系，良好的师生关系不仅是顺利完成教学任务的必要手段，而且是师生在教育教学活动中的价值、生命意义的具体体现。

中华人民共和国成立以来，师生关系继承了老解放区师生之间的民主平等、尊师爱生的传统，坚决反对教师体罚学生，反对“教师中心论”和“儿童中心论”，批判地继承了历史上师生关系方面的优秀遗产，在社会主义教育实践中不断调整和发展师生关系，用新的经验丰富了师生关系的内容。中国学校的师生关系的主要表现是：第一，民主平等。确认师生在政治上、人格上和在真理面前是平等的，形成同志式的民主关系。教师是教育者，有教育和管理学生的职责，学生要虚心接受教育；同时，教师也要向学生学习，学生可以对教师提出意见和要求。师生共同探讨真理，服从真理。第二，尊师爱生。要求学生要尊敬老师、谦恭有礼，学而不厌，虚心听取教师的教诲，服从教师的正确指导。教师要热爱学生，关心他们德、智、体的全面成长，把他们看作祖国的未来和希望，以认真负责、诲人不倦的精神引导学生前进。第三，教师的主导作用与学生的积极性相结合。教师“闻道在先”“术业有专攻”，应当掌握教育方向、教学内容和进程，负责传授系统的科学知识、技能，发展学生的智力，帮助学生形成科学的世界观和良好的道德品质，充分发挥主导作用。学生既是教育的客体，又是进行自我教育的主体，而不是注入知识的容器；要相信学生，尊重他们的合理愿望，注意了解学生的年龄特点和个性特征；要按照教学工作的规律，启发学生学习的自觉性，充分发挥他们的积极性和创造性。

新型师生关系应该是教师和学生在人格上是平等的、在交互活动中是民主的、在相处的氛围上是和谐的。它的核心是师生心理相容，心灵的互相接纳，形成师生真挚的情感关系。它的宗旨是本着学生自主性精神，使他们的人格得到充分发展。它应该体现在：一方面，学生在与教师相互尊重、合作、信任中全面发展自己，获得成就感与生命价值的体验，获得人际关系的积极实践，逐步完成自由个性和健康人格的确立；另一方面，教师通过教育教学活动，让每个学生都能感受到自主的尊严，感受到心灵成长的愉悦。

（二）培养良好的师生关系

1. 提高师德修养，塑造高尚师德形象

所谓师德，是指教师和一切教育工作者在从事教育活动中必须遵守的道德规范和行为准则。师德是教师队伍建设的根本，是教师整体素质的核心，也是良好师生关系建立的助推器。师德兴则教育兴，教育兴则民

族兴。教师应该忠诚于党的教育事业，热爱学生、关心学生。教师是管人的人，但管人首先要学会做人，做好人，然后才有资格去教育管理人，正如孔子所说：其身正，不令而行；其身不正，虽令不从。如果不杜绝教师队伍中的不道德现象，不完善教师的人格形象，塑造学生灵魂又从何谈起？所以，教师应不断提高自身道德修养，树立高尚的师德形象。首先，要有敬业爱岗、立志终生植根于教育行业、专心治学治教、躬耕教坛、孜孜以求、无私奉献的精神，这是干好教育事业的思想基础。其次，树立牢固的法治观念，学法讲法，以法执教，依照《教育法》《教师法》《未成年人保护法》的有关要求，履行自身的职责和义务。再次，弘扬敬业、爱业、艰苦创业精神，并用《中小学教师职业道德规范》的标准约束自己，完善自己。最后，把“教书育人”与“教书育己”统一起来，从细小事情抓起，以身立教，为人师表，以自己高尚的人格形象给学生感染和启迪。学高为师，德高为范，桃李不言，下自成蹊。

2. 心理健康教育与生命教育有机结合，和谐学生的心灵

寻找青春期心理健康教育与关爱生命教育的最佳结合点，让学生真正珍爱生命，将青春期心理健康教育上升到对生命的敬畏教育，感受生命是至高无上的。

对青少年进行青春期心理健康教育是素质教育的要求，更是青少年“身”和“心”全面发展的要求；提升青少年的生活品质，让他们健康成长、幸福生活，是当代教育所要关注和解决的重大问题，也是教育的真正核心所在。作为未成年人教育主阵地的学校，应采用开设心理健康教育课或讲座，利用广播、电视、录像、黑板报等宣传工具，针对青少年的心理特点及知识要求，让青少年从多角度、多场合接受青春期心理健康教育。引导他们正确认识其身心发展特点，掌握解决问题的方法和技巧。转变不良行为，和谐自己的心灵，建立良好的人际关系，从而使其顺利度过青春期。通过设立心理咨询室、建立学生心理健康档案，使个别青少年的心理疾病得到治疗，不断提高其心理素质。探索学校、家庭、社区“三位一体”的心理健康教育模式，强化生命教育，打造“平安青春期”工程。

3. 师道尊严，构建师生关系的新走向（双向式“师道尊严”）

作为教师和学生在教育教学过程中结成的相互的师生关系，它的走向是指师生关系的价值取向及其实践结构的发展趋势和方向。历史上有两种主要的师生关系价值取向：一是教师本位的师生关系取向，如传统“师道尊严”思想；二是学生本位的师生关系取向，如民主、平等的理论和要求。现代教育需要民主、平等，也需要“师道尊严”。在新课改形式下，

教育需要继承“师道尊严”的合理内核,剔除压迫、独裁、体罚等不尊重学生的方式,形成民主、平等式的“师道尊严”,即双向式“师道尊严”。双向式“师道尊严”是现代师生关系新走向,可称为“第三种结构”或“第三条道路”,具有尊重、沟通、分权等特点。

4. 改革教育制度,促成师生关系和谐

四十多年来,经济领域的市场化风气蔓延到了学校,大家都处于竞争之中,师生之间又多了一层利害关系,最终导致师生关系利益化甚至市场化,这样怎能促成师生的和谐呢?学校工作应以学生为中心,老师的责任就是“传道、授业、解惑”,老师不是老板,更非警察。老师是知识的承载者、是知识接力中的前一棒,学生是老师知识的传承者和扩大者。要根除功利教育,让师生关系恢复和谐,仅靠教育者和受教育者转变观念是做不到的,必须进行教育制度改革,并同步进行包括户籍制度、社会福利保障制度在内的制度改革,方可有成效。

亲子关系乃指父母与子女的关系。由于子女出生以后,要依赖父母来养育,要依靠父母,所以其关系即以上下之“纵向关系”开始,此与“横向关系”为始终的夫妻关系不同。不过,亲子关系并非始终停滞于“纵关系”而不变。事实上,随着子女的成长,当子女长大成人时,亲子关系逐渐变成“横关系”;而当父母年老时,这种关系又变成“反的”“纵关系”,即由子女来照顾衰老的父母。

父母与幼小子女的关系有几种成分,包括抚养、管教及培育。“抚养”指的是把生理及心理上未成熟的幼小子女抚养长大,使婴孩能生存下来,并且顺利发展。“管教”指的是协助子女学习,包括教育子女什么是对与不对、哪些事该做哪些事不该做,教给子女生活知识,帮助子女养成良好的习惯,使子女能成长为健全的个人。“培育”乃指帮助子女获得机会及社会活动经验,具备适应社会的能力与信心。总之,父母的抚养、管教及培育,包含生理、心理及社会适应各个层面。

一般说来,随着子女年岁的增长,亲子关系也随之变化,我们称之为“亲子关系的发展”。婴儿幼小时,很依赖父母的抚养,不但要父母喂养、照顾、保护,在心理上也很依赖父母。婴儿由父母那儿获得安全感及信赖感,而父母经由婴儿获得身为父母的幸福与满足感。到了子女幼儿时,父母除了继续抚养之外,还要开始给予适当的管教,让幼儿学习生活中所需的基本知识及为人的是非准绳,让幼儿逐渐获得管理与控制自己欲望及行动的能力。幼儿学习自律,父母因此而感到喜悦,并有轻松感。

到了儿童阶段,父母要鼓励儿童与外界接触,从生活中学习。父母要鼓励儿童向父母表达他们的意见，参与家庭的讨论，能以家庭成员的身份发挥作用。到了青少年阶段，子女对父母的依赖减弱，关系疏淡，与父母以“平横”的关系相处。

成年子女，除了谋求自己的社会与婚姻生活之外，宜与自己的父母建立起相互照顾、关心的关系。此阶段的父母，已不用再养育子女，但需维持与子女良好的情感关系，并以“平横”的关系与子女来往。父母年老时，一方面要学习继续自己生活，一方面要适当地接受子女的关心及必要的照顾。总之，亲子关系是随着年岁的增长与发展而动态地发展与变化的。

父母养育子女，不但会产生浓厚的感情，同时也会产生一些期待。这种期待因人而异，也因社会文化及时代的不同而有所差异。在某些社会，大家认为养育子女乃是尽天地亲子相传的责任，父母有义务把出生的子女养育长大；但是，一旦子女长大，则该早早分离，独立生活，彼此不相干，父母对子女毫无期待。而在某些社会，则认为养儿防老是天经地义的，父母费心养大孩子，子女长大后应赡养父母。许多以农业为主的社会，其亲子关系常属于后者，即期待养子防老。然而，许多工业化且都市化的社会，已趋向于前者，即养子不一定用来防老。年老的父母需学习且准备自行生活，至少心理上不要依赖下一代来养老，可说是现代社会的一种倾向。

父母与子女的本质关系，常因社会文化背景的不同而会有显著的不同。有些社会要求子女绝对地顺从父母，不能轻易地表示后辈的意见，保持严格且单方向的纵关系。有些社会则鼓励子女与父母民主相处，让子女在父母面前能随时表达自己的意见。过去，传统且保守的社会较强调子女要“孝顺”父母，以父母为重，而现代且民主的社会，则倾向于亲子“相互尊重平等相处”的态度。这种随时代变迁而产生的亲子关系变化，构成了许多家庭的心理适应问题。

一般说来，长辈与后辈之间常会有一些不同的看法。年老者较保守，以不变应万变，而年轻者较激进，好尝试新异，在心理态度上有所不同。再加上上一代与下一代往往相差 20 岁以上，从时间的观点说来，其所接触的社会及生活经验往往不一样，价值观也不一样，因而往往产生亲子之间对事情的看法之差距，这被称为“世代差距”。这是古今、中外、东西方社会里普遍存在的心理现象。

亲子关系所产生的问题，最常见的是亲子在发展阶段上的适应困难。有时亲子关系的问题，来自父母对子女特殊或过分的期待。有些父母将自己一生无法得到和满足的愿望转移到子女身上，要求他们来完成，使子女难以接受。

《亲子关系全面技巧》摘录

一、哪 11 条必须坚持的信念，让我们更懂得孩子？

1. 孩子一生下来，便爱、信任及听从父母。

2. 孩子再坏的行为，都不是针对父母的。

3. 家长对孩子付出的爱是没有任何其他东西可以代替的。

4. 孩子在不断努力做好，就算当他弄得最糟的时候也是一样。

5. 每一个孩子都具备使他拥有一个成功快乐的人生所需的全部能力。

6. 家长只不过是帮助他把这份能力有效地释放出来。

7. 孩子的智力和能力都很正常，只是他没有在家长在乎的事情上表现出来。

8. 任何行为都不等于整个人。

9. 家长是每一个孩子成长结果的最大决定因素。

10. 总有更好的办法，关键在于家长肯不肯去找。

11. 所有亲子关系的改善，必先来自家长的一些改变。

二、建立家庭成员之间真正和谐相处的 EQ 模式的 8 个要诀是什么？

1. 让个人的信念、价值观和规条有一点弹性。

2. 让家庭中任何两个人之间的关系里，第一层属性是“朋友”。

3. 先处理对方的情绪，才能有效地处理对方的事情。

4. 坚信亲人是最可以分享自己感受的人。

5. 认真地从对方的信念、价值观和规条看一件事，才能明白对方为何有这样的感受。

6. 保持坦白、诚恳和关怀，认定在家里什么事情都可以谈。

7. 制造绝无压力的相处时刻。

8. 相处时的乐趣在于两人之间而不是两人之外（即其他人、事、物）。

……

第 4 节　生活适应辅导

一、生活适应辅导概述

冯忠良认为，从广义方面来说，心理健康泛指个体对社会的良好适应。所谓适应，指有机体与环境能保持适度的动态平衡。适应作为一种机能状态,具有复杂性和多样性。从性质上来说,有消极和积极之分;从层次上来说,则有简单和复杂、低级和高级之分。心理健康是人类个体对其生存的社会环境的一种高级适应状态。中小学生在成长过程中,会面临许许多多的适应性困难,例如进入青春期后在生理和心理等方面的不适应;进入新的学校环境后在人际关系的改变、学习方式的改变等方面的不适应;升学、考试方面的激烈竞争带来的不适应;以及社会生活方式迅速变化带来的不适应或消极适应等。因此,学校心理健康教育要引导学生顺利度过人生道路上这样一段最为动荡的时期,就必须有意识地加强青春期适应性辅导、环境适应性辅导、升学就业适应性辅导和消费休闲适应性辅导等内容。

例如在小学低年级,入学对个体而言是生活中的一大转折。从过去以游戏为主导性活动的幼儿变成以学习为主导性活动的小学生,这对一个六七岁的孩子来说是一个很大的改变、很大的难题,而尽快适应入学后的各种新的要求,就成了低年级小学生最大的发展性需要。他们在短短的一两年时间里,必须养成各种良好的学习习惯、生活习惯、行为习惯;必须适应新环境、新规范、新老师、新同伴、新集体;必须掌握突然增加了难度和数量的各学科的知识、技能并且接受比较严格的考核和评价;必须承担一种前所未有的社会义务,学习那些自己可能还不甚感兴趣的内容,并由此带来一系列情感、情绪上的或积极或消极或痛苦的体验。这对他们来说既是一种新的挑战,又是一种发展的契机、一种巨大的推动和促进。所以,在小学低年级要突出的心理健康教育主题就是要帮助孩子们尽快完成从幼儿园到小学的转变与适应;在入学之初就注意培养他们良好的行为习惯、学习习惯和生活习惯,使孩子们能够尽快适应。

对于初一学生而言同样面临入学适应问题。要帮助学生完成从小学业已形成的学习习惯、学习方法、学习策略向适应初中学习特点、学习规律的转变,这个转变完成得越快、越顺利,学生的学业发展就越顺畅,自我同一感就越强。

二、耐挫力辅导

(一)耐挫力

耐挫力,又称挫折的耐受能力、挫折承受力、挫折容忍力等,是指个体对挫折可忍耐、可接受程度的大小。

在日常生活用语中,“挫折”一词是指挫败、阻挠、失意。在心理学中,挫折(frustration)是指人们在某种动机的推动下所要达到的目标受到阻碍,无法克服而产生的紧张状态与情绪反应。在人们的日常生活、工作和学习中,虽然挫折情境很难完全避免,但怎样对待挫折情境以及对挫折的耐受能力如何,人与人之间存在较大差异。有的人能忍受严重的挫折,坚忍不拔,百折不挠；有的人稍遇挫折即意志消沉,颓废沮丧,一蹶不振；有的人虽然能忍受各种严重挫折,但却不能忍受自尊心所受到的伤害,等等。如果青少年儿童面对挫折能忍受、超越,有一定的耐挫能力,其人格发展就会日趋成熟,其心理就会逐步进入一个健康而稳定的发展时期；反之,就会导致心理适应不良,乃至产生各种心理健康问题和越轨行为。正因为这样,耐挫能力的培养,是学校心理健康教育的重要内容之一。

(二)耐挫力辅导的内容

1. 要使学生形成对挫折的正确态度

态度是指个人对某一对象所持有的评价和行为倾向,它由认知、情感、意向三个因素构成,是外界刺激与个体反应之间的中介因素。基于这样的认识,我们认为,要想培养学生的耐挫能力,首先必须使他们形成对挫折的正确认知。为此,教师要设法使学生懂得挫折的普遍性、挫折对个体影响的两重性、挫折对青少年儿童身心发展的特殊影响,使学生懂得"逆境是到达真理的一条道路"(拜伦),"不幸是一种最好的大学"(别林斯基),"奇迹多是在厄运中出现的"(培根),"患难困苦是磨炼人格之最高学校"(梁启超),在此基础上,逐步培养学生面对失败的不屈性、面对厄运的刚毅性和面对困难的勇敢性等态度。

2. 要培养学生良好的意志品质

意志坚强者,其耐挫能力亦较强；反之,意志薄弱者,其耐挫能力亦较弱。

为此,要在培养学生意志的果敢性、坚毅性、独立性和自制性等方面做文章,帮助学生克服优柔寡断、胆怯、草率、愚勇、动摇、刚愎、执拗、受暗示性、武断性、易冲动、感情用事、不能律己和知过不改等不良品质。

3. 培养学生对挫折的容忍力和超越力

耐挫能力从结构上来说分为对挫折的容忍力和对挫折的超越力。即个体在遭受挫折之时,不仅有使自己的心理行为不致失常的能力(容忍力),且有采取积极、进取、明智的心理机制战胜挫折的能力(超越力)。从挫折容忍力到挫折超越力是一个连续统一体,也是一个人心理发展逐步成熟、心理健康日益增进的动态反映。在现实生活中,通过对挫折容忍力的培养,可使青少年儿童的挫折感减弱;同时,还应教会他们采用一些积极的心理防御机制,变消极反应为积极反应,以逐步培养起他们对挫折的超越力。心理学的研究发现,人的挫折容忍力与下列因素有关:第一,生理因素。一个发育正常、身体健康的人,比生理上有缺陷或多病的人要有较强的容忍力;神经类型属弱型或强而不均衡型的,其容忍力亦较弱。第二,生活经历丰富、饱经风霜者更能承受挫折;反之,如果一个人从小娇惯成性,生活欲求总是顺利地得到满足,他就不能获得忍受挫折的经验。第三,思想基础。具有坚定的世界观、人生观、价值观的人更能应对挫折,这是整个耐挫能力的核心。第四,个性特征。意志坚强、乐观开朗者更能适应挫折。第五,挫折准备。有挫折心理准备者更能接受挫折。第六,期望水平。期望水平越高,挫折打击就可能越强。第七,挫折判断。人们对同一挫折情境可以有不同判断:一个人可能认为是严重挫折,而另一个人则可能认为是"小事一桩"而已。第八,防御机制。能及时运用心理防御机制并倾向于运用积极方式者,有更强的耐挫能力。上述因素为我们有针对性地培养学生的挫折容忍力提供了依据,因而可以作为挫折容忍力培养的内容。对挫折的超越力主要体现在面对困难能积极进取,保持希望,充满信心;既能看到挫折的客观必然性,又能认真分析挫折的真正原因,从而最大限度地利用客观条件中的有利因素,克服不利因素,战胜挫折,获得成功。超越挫折是对挫折的最积极态度,也是耐挫能力培养的最终目标。提高对挫折的超越力,就是不止于能容忍,而且能建立积极的心理防御机制,以积极进取的精神来培养学生。为此,有关心理防御机制(mental defense mechanism)的知识,亦应成为耐挫能力培养的内容。

(三)培养耐挫力的方法

1. 强化挫折的心理准备

每个人都应当懂得,在人的一生中,挫折前来拜访是不可避免的,必须做好相应的心理准备。事实表明:当挫折降临时,有心理准备,就可能减少挫折对个体身心的影响;反之,没有什么心理准备,就可能使挫折的影响加大。因为强化了心理准备,任何出乎意料的挫折都会成为意料中的事,从而减少挫折感。

2. 正确地认识各种挫折

根据挫折产生的原因,可以把挫折划分为这么几种,即自然挫折、社会挫折、人际挫折、自我挫折和舆论挫折。这种种挫折各有不同的成因、特点和规律，必须予以充分了解与把握。这样当挫折降临后，就可以在短时间内，有的放矢地选择最佳应对方案，从而增强耐挫力，降低挫折感。

3. 自觉地进行耐挫锻炼

所谓耐挫锻炼，不是人为地去制造什么挫折，而是利用真实的挫折情境进行自觉锻炼。如人际关系紧张时，就应当采取宽容的态度，主动接近对方，以缩小彼此间的心理距离，增加人际间和谐协调的气氛。如此自觉锻炼，久而久之，就一定能积累经验和体验，并在此基础上使耐挫力得到很好的培养。

4. 积极地开展心理训练

为了保持与增进心理健康，也应当进行心育和心操。通过心理训练（包括心育和心操），可以提高心理素质；提高了心理素质，必然能增强耐挫力，因为耐挫力是以心理素质为基础的。

三、青春期适应辅导

（一）青春期

青春期指以生殖器官发育成熟、第二性征发育为标志的初次有繁殖能力的时期，在人类及高等灵长类以雌性第一次月经出现为标志；泛指青春期的年龄。

青春期是指由儿童逐渐发育成为成年人的过渡时期。青春期是人体迅速生长发育的关键时期，也是继婴儿期后，人生第二个生长发育的高峰期。世界卫生组织规定青春期为13—19岁。女孩的青春期开始年龄和结束年龄都比男孩早两年左右。青春期的进入和结束年龄存在较大的个体差异，约可相差2—5岁。

（二）青春期心理特点

1. 青春期的情绪特点

情绪容易波动，而且表现为两极性，即有时心花怒放，阳光灿烂，满脸春风，有时愁眉苦脸，阴云密布，痛不欲生，甚至暴跳如雷，可以用“六月天孩子脸”来形容，父母在碰到这种情境时，千万要冷静，否则很容易发生冲突。

2. 青春期的人际交往特点

处在青春期的学生，渐渐地从家庭中抽离，更多地与同伴一起交流、活动，结交志趣相投的同学为知心朋友，他们无话不谈，形影不离，视友谊至高无上，甚至为朋友两肋插刀也在所不惜，这些举止往往令家长很难理解，而这恰恰是典型的心理断乳表现，只是发生得太快，家长没有心理准备，如果此时的家长愈加束缚，他们离家长愈远，有的甚至逃离家庭去投奔同学。

3. 青春期的情感特点

在这段时期，青少年的情感由原来对亲人的挚爱之情，拓展到对同学、老师、明星、科学家和领袖人物的崇敬和追随，由自爱到爱集体、爱家乡、爱人民、爱祖国、爱整个全人类；也就是说，青少年的情感充分地体现了社会性；此时，他们的道德观也发生了变化，对成功人士、名人崇拜得五体投地，对坏人坏事疾恶如仇，他们追求公平公正，一旦发现某人有私心杂念，他们就会嗤之以鼻，因为他们在现实生活中无法妥协和容纳不同意见的人与事，所以很容易受到伤害。

青春期也会出现一定的矛盾心理，概括来说包括以下几方面。

第一，独立性和依赖性的矛盾。青春期的少年在心理特点上最突出的表现是出现成人感，由此而增强了少年的独立意识。如他们渐渐地在生活上不愿受父母过多的照顾或干预，否则心里便产生厌烦的情绪；对一些事物是非曲直的判断，不愿意听从父母的意见，并有强烈地表现自己意见的愿望；对一些传统的、权威的结论持异议，往往会提出过激的批评之词。但由于其社会经验、生活经验的不足，经常碰壁，又不得不从父母那里寻找方法、途径或帮助，再加上经济上不能独立，父母的权威作用又强迫他去依赖父母。

第二，成人感与幼稚感的矛盾。青春期少年的心理特点突出表现是出现成人感——认为自己已经成熟，长成大人了。因而在行为活动、思维认识、社会交往等方面，表现出成人的样式。在心里，渴望别人把他看作大人，尊重他、理解他。但由于年龄不足，社会经验和生活经验及知识的局限性，在思想和行为上往往盲目性较大，易做傻事、蠢事，带有明显的小孩子气、幼稚性。

第三，开放性与封闭性的矛盾。青春期的少年需要与同龄人，特别是与异性、与父母平等交往，他们渴望他人和自己一样彼此间敞开心灵来相待。但由于每个人的性格、想法不一，他们的这种渴求常常找不到释放的对象，只好诉说在日记里。这些在日记里写下的心里话，又由于自尊心，不愿被他人知道，于是就形成了既想让他人了解又害怕被他人了解的矛盾心理。

第四，渴求感与压抑感的矛盾。青春期的少年由于性的发育和成熟，出现了与异性交往的渴求。比如喜欢接近异性，想了解性知识，喜欢在异性面前表现自己，甚至出现朦胧的爱情念头等。但由于学校、家长和社会舆论的约束、限制，青春期的少年在情感和性的认识上存在着既非常渴求又不好意思表现的压抑的矛盾状态。

第五，自制性和冲动性的矛盾。青春期的少年在心理独立性、成人感出现的同时，自觉性和自制性也得到了加强，在与他人的交往中，他们主观上希望自己能随时自觉地遵守规则，力尽义务，但客观上又往往难以较好地控制自己的情感，有时会鲁莽行事，使自己陷入既想自制，但又易冲动的矛盾之中。

（三）应对措施

应该说，青少年出现的各种变化是青春期生理、心理发展的必然结果，是青少年由不成熟向成熟转化过程中的正常表现。如果孩子有类似的“问题”，作为家长应该保持平和的心态，用积极的态度、科学的知识、正确的方法引导孩子。

第一，要理解、接纳孩子。孩子出现的一系列身心变化，孩子自己也是始料不及、难以控制的，此时特别需要父母的理解和接纳。千万不要看到孩子的某些变化，或者发现孩子的反常行为就大呼小叫、惊慌失措，更不要打骂训斥，横加指责。否则，只会加剧孩子的逆反心理，增加与父母的隔阂。

第二，要做孩子的朋友。青春期的孩子渴望尊重、渴望独立，希望别人把他们当成大人，平等相待。这就要求家长要转变角色和教育观念，改变居高临下、命令式的单向教育为平等、探讨式的双向教育。从单纯关心孩子的生活起居转变到指导孩子的发展和成长，努力成为孩子的良师益友。

青春期是从童年到成年的过渡时期，在生理、心理上有许多变化，如情绪容易波动，爱慕异性，兴趣易转移等。青少年的心理是否健康，主要体现在以下七个方面。

第一，与别人相似，人与人之间都彼此相似。当听到月亮时，联想到太阳或星星，都是正常的反应。但联想到死亡，就让人难以理解。这种情况出现多了，就应注意他的心理状态是否正常。如果一个人的想法、言语、举止、嗜好、服饰等，与别人相差太大，则他的心理可能不够健康。

第二,与年龄相符,人的行为是随着身心的发育而变化的。各种年龄的人,在想法、兴趣、行为上都有不同。青春期,应是精力充沛,活跃好动的。而少年老成的学生,从心理卫生的角度来看,实际上是不大健康的。

第三,善于与人相处,每个人都生活在社会中,都是社会的一个成员。一个人不可能脱离社会而单独存在。在青春期,社交范围扩大。在交往中,互相取长补短,培养互助合作精神,丰富群体生活经验,锻炼适应他人的能力。

第四,乐观进取,情绪愉快表示心理健康。乐观的人,对任何事物都积极进取,无论遇到什么困难都不畏惧,即使遇到不幸的事情,也能很快地重新适应,而不会长期沉陷于忧愁苦闷之中。相反,多愁善感、情绪经常忧郁的人,心理上是不健康的。而且,情绪愈低,心理不健康的程度也愈高。

第五,适度的反应,每个人对事物的反应速度与程度都不相同,但差别不会太大。如果反应偏于极端,那么他的心理就不健康。如学生因考试失败而一时不悦,是正常的现象;但若他为此而几天不吃饭,甚至有轻生的意念,就可能是心理不健康的。当然,对考试失败无动于衷的学生,心理也未必健康。

第六,面对现实。心理健康的人,都能面对现实。遇到困难,他们总是勇于承认现实,找出问题所在,设法解决。相反,心理不健康的人,由于不能适应环境,往往采取逃避现实的方法。这些都不能解决实际问题,只能达到自我欺骗的效果,久而久之,还会发展成病态。

第七,思维合乎逻辑。心理健康的人无论做什么事都按部就班,有条不紊,专心致志,有克服困难的决心和毅力,而不是三心二意,有头无尾。他们的思维合乎逻辑,说话条理分明,而不是东拉西扯,随说随忘。

第5节 生涯发展辅导

一、生涯发展辅导概述

(一)生涯发展

生涯发展教育是1971年由美国联邦提出,并以此作为全美中学校之教育主轴且由各邦自行发展。20世纪80年代,生涯发展教育一词广为流行，它不再是以过去的职业辅导为主，而开始以生涯发展辅导为主流。

（二）对生涯发展的理解

（1）从小孩到老年皆在生涯发展教育的范围内。

（2）早期提供自我觉察与工作世界之间的了解，对广泛工作群进行试探及导入适切的职业导向。

（3）到学校后，增加其对工作世界的了解，且离校后亦获得有意义的受雇及符合需求的工作知识。

（4）后段生涯发展（包括终身历程）中，能继续提升他们的技能与知识以获得所欲求的新工作。

（5）它的对象必须包括从幼儿园至大学的所有学生，且将学术与工作的世界结合。

二、生涯彩虹图（Life-career rainbow）

（一）生涯彩虹图简介

生涯彩虹图是舒伯为了综合阐述生涯发展阶段与角色彼此间的相互影响，创造性地描绘出的一个多重角色生涯发展的综合图形。

根据舒伯的看法，一个人一生中扮演的许多角色就像彩虹同时具有许多色带。舒伯将显著角色的概念引入了生涯彩虹图。他认为角色除与年龄及社会期望有关外，与个人所涉入的时间及情绪程度都有关联，因此每一阶段都有显著角色。

为了综合阐述生涯发展阶段与角色彼此间的相互影响，舒伯创造性地描绘出一个多重角色生涯发展的综合图形——“生涯彩虹图”，形象地展现了生涯发展的时空关系，更好地诠释了生涯的定义。在生涯彩虹图中，纵向层面代表的是纵观上下的生活空间，是由一组职位和角色所组成，分成：子女、学生、休闲者、公民、工作者、持家者六个不同的角色，他们交互影响交织出个人独特的生涯类型。

他认为在个人发展历程中，随年龄的增长人要扮演不同的角色，图的外圈为主要发展阶段，内圈阴暗部分的范围，长短不一，表示在该年龄阶段各种角色的分量；在同一年龄阶段可能同时扮演数种角色，因此彼此会有所重叠，但其所占比例分量则有所不同。

（二）生涯彩虹图解析

（1）横贯一生的彩虹——生活广度。在一生生涯的彩虹图中，横向层面代表的是横跨一生的生活广度。彩虹的外层显示人生主要的发展阶段和大致估算的年龄：成长期（约相当于儿童期）、探索期（约相当于青春期）、建立期（约相当于成人前期）、维持期（约相当于中年期）以及衰退期（约相当于老年期）。在这五个主要的人生发展阶段内，各个阶段还有小的阶段，舒伯特别强调各个时期的年龄划分有相当大的弹性，应依据个体的不同情况而定。

（2）纵贯上下的彩虹——生活空间。在一生生涯的彩虹图中，纵向层面代表的是纵贯上下的生活空间，由一组职位和角色所组成。舒伯认为人在一生当中必须扮演九种主要的角色，依次是：儿童、学生、休闲者、公民、工作者、夫妻、家长、父母和退休者。各种角色之间是相互作用的，一个角色的成功，特别是早期的角色如果发展得比较好，将会为其他角色提供良好的关系基础。但是，在一个角色上投入过多的精力，而没有平衡协调各角色的关系，则会导致其他角色的失败。在每一个阶段对每一个角色投入程度可以用颜色来表示，颜色面积越多表示该角色投入的程度越多，空白越多表示该角色投入的程度越少。作用主要是对自身未来的各阶段进行调配，做出各种角色的计划和安排，使人成为自己的生涯设计师。生涯彩虹规划图使用实例，如图 2-1 所示。

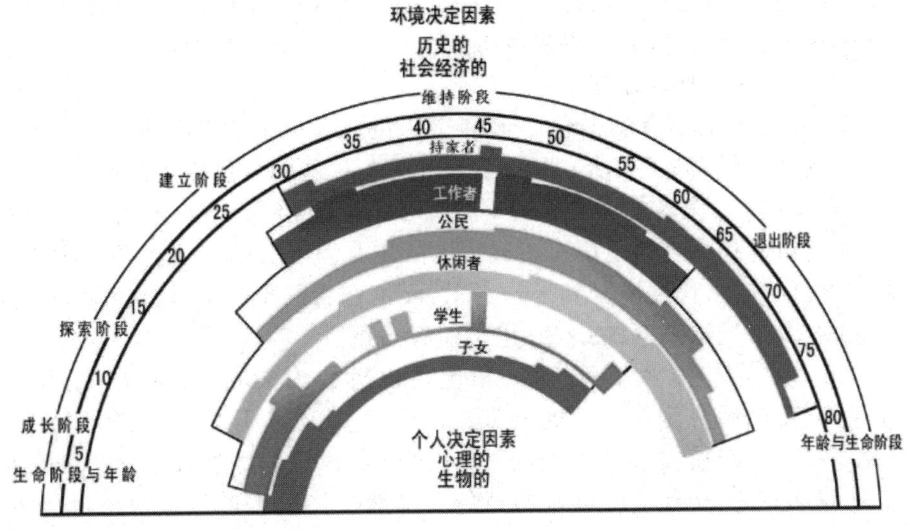

图 2-1　生涯彩虹图

此图为某位来访者为自己所勾画的生涯彩虹图。半圆形最中间一层，儿童的角色在5岁以前是涂满颜色的，之后渐渐减少，8岁时大幅度减少，一直到45岁时开始迅速增加。此处的儿童角色，其实就是为人子女的角色，因而这个角色一直存在。早期个体享受被父母养育照顾的温暖，随着成长成熟，慢慢开始同父母平起平坐，而在父母年迈之际，则要开始多花费一些心力来陪伴、赡养父母。

第二层是学生角色。在这个案例中，学生角色从四五岁开始，10岁以后进一步增强，20岁以后大幅减少，25岁以后便戛然而止。但在30岁以后，学生角色又出现，特别是40岁出头时，学生角色竟然涂满了颜色，但2年后又完全消失，直到65岁以后。这是由于处于现代科技发展日新月异、知识爆炸的社会，青年在离开学校、工作一段时间之后，常会感到自身学习已不能满足工作需要，需要重回学校以进修的方式来充实自我。也有一部分人甚至等到中年，儿女长大之后，暂离开原有的工作，接受更高深的教育，以开创生涯的“第二春”。学生角色在35岁、40岁、45岁左右凸现，正是这种现象的反映。

第三层是休闲者角色。这一角色在前期较平衡地发展，直到60岁以后迅速增加，也许有人会惊讶舒伯把休闲者角色列入生涯规划的考虑之中。其实，平衡工作和休闲是一项非常重要的任务，特别是在如此快节奏、高效率的社会中，正如图中的空白也构成画面一样，休闲是我们维持身心健康的一种重要手段。

第四层是公民。本案例角色从20岁开始，35岁以后得到加强，65—70岁达到顶峰，之后慢慢减退。公民的角色，就是承担社会责任、关心国家事务的一种责任和义务。

第五层是工作者的角色。该当事人的工作角色从26岁左右开始，颜色阴影几乎填满了整个层面，可见当事人对这一角色相当认同。但在四十多岁时，工作者的角色完全消失，对比其他角色，不难发现，这一阶段，学生角色和家长角色都有不同程度的增强。两三年后，学生角色消失，家长角色的投入程度恢复到平均水平，而工作者的角色又被颜色涂满，直至60岁以后开始减少，65岁终止工作者角色。

第六层是持家者角色，这一角色可以拆分为夫妻、父母、(外)祖父母等角色，然后分别作图。此处家长的角色从30岁开始，前几年精力投入较多，之后维持在一个适当水平，一直到退休以后才加强了这一角色。76—80岁几乎没有了持家者的角色。虽然个体的生涯过程中还可能承担其他角色，但对于大多数人来说，上述这些是最基本的角色。在使用“生涯彩虹图”时，个体可根据自身情况，在此图的基础上进行适当调整。

在生涯彩虹图中，最外的层面代表横跨一生的“生活广度”，又称为“大周期”，包括成长期、探索期、建立期、维持期和衰退期。里面的各层面代表纵贯上下的“生活空间”，由一组角色和职位组成，包括子女、学生、休闲者、公民、工作者、持家者等主要角色。各种角色之间是相互作用的，一个角色的成功，特别是早期角色的成功，将会为其他角色提供良好的基础；反之，某一个角色的失败，也可能导致另一个角色的失败。舒伯进一步指出，为了某一角色的成功付出太大的代价，也有可能导致其他角色的失败。

彩虹图中的阴影部分表示角色的相互替换、盛衰消长。它除了受到年龄增长和社会对个人发展、任务期待的影响外，还跟个人在各个角色上所花的时间和感情投入的程度有关。从这个彩虹图的阴影比例中可以看出，成长阶段（0—14 岁）最显著的角色是子女；探索阶段（15—20 岁）是学生；建立阶段（30 岁左右）是家长和工作者；维持阶段（45 岁左右）工作者的角色突然中断，又恢复了学生角色，同时公民与休闲者的角色逐渐增加，这正如一般所说的“中年危机”的出现，同时暗示这时必须再学习、再调适才有可能处理好职业与家庭生活中所面临的问题。

（三）辅导策略

1. 生涯评估

根据舒伯的基本观念，生涯辅导工作首先需要了解个体的发展状况，通过生涯评估的方式，就个人的潜能与问题，进行综合而积极的分析。

舒伯提出的评估模式有以下几个方面：

（1）前期的了解：包括收集资料、初步接触及初步评估。

（2）深度的探究：探究工作的重要性、各种角色的分量及对各种角色的价值观，并对生涯成熟（如计划、试探的态度、决策技巧、职业资料、适切性）、自我观念（如自尊、明确性、和谐性、认知复杂度、切实性）、能力与潜能的发展水准、兴趣范围与活动等进行深入评估。

（3）全部资料的整体评估：检验核实全部资料，并作评估与预测。通过共同讨论、修正评估结果，包括了解个体目前与下一阶段的自我观念，职业的重组，了解生涯角色的意义，为成熟而再探索，探索具体的范围、深入探索以求专精化、职业准备、训练或工作、寻求自我实现的途径等一系列过程与途径。

（4）讨论行动计划：将计划、执行、追踪评介结合起来，深入讨论如何具体实施。由以上模式可以看出，生涯发展论特别强调必须深入地了解每个人的发展状况，特别是工作观念、生涯成熟程度以及自我观念等方面的内容，包括有关能力倾向与兴趣的资料，必须经过辅导人员与个体共同讨论后，才能作为辅导与咨询措施的依据。

2. 辅导措施

通过以上的评估，辅导人员可针对性地采取下列辅导措施：

（1）对于“选择不确定的人”，应特别注意其情绪反应，了解难以确定的各种文化、社会、生理因素，协助个体统整自我的各个方面，并做出适当的抉择。

（2）对于“生涯成熟度不够者”，应从协助个体了解个人、社会及其他与教育及职业选择有关的因素做起，使他认识这些因素与个人生涯发展的关系，并且参照生涯发展任务，逐步地发展对职业与生涯的自我观念。

（3）对于“生涯成熟的人”，要协助个体汇集、评估有关自己及环境的资料，得出一些初步的结论，以便为未来发展或决策做参考。

3. 辅导方法

舒伯认为生涯咨询必须同时涉及个人的理性与情绪，从而进行自我探索、做决定及现实的考验。

在“谈话”的过程中，辅导人员可以通过重述、反应、澄清、摘要、解释、面质等技巧，依据个体的问题性质，给予指导及非指导式的咨询。指导的方式主要用于咨询过程中汇集资料和进一步探索主题，并进行现实考验；非指导的方式强调与个体共同探讨行动方向与计划，主要用于协助个体探索问题、描述自我观念、澄清个体对自我接纳的感受、突破因现实考验而引起的态度和情绪感受。在辅导过程中，辅导人员可利用“生涯自传”“抉择日记”“画生涯彩虹图”等方法，使个体回顾自己发展历程中一些特殊的经验、生活中重要人物的影响、个人的态度与感受，以及各个阶段所扮演的角色和个人目标间的差异，并对每一次的决定加以分析，以增进个体对自己发展历程的认识，引导他积极参与到解决问题及自己设计未来发展计划的行动中。其中，“画生涯彩虹图”是一项很重要的活动。

舒伯认为人的行为方向受到三种时间因素的影响：一是对过去成长痕迹的“审视”；二是对目前发展状况的“审视”；三是对未来可能发展方向的“展望”。这三种因素是相互影响的，过去是现在的成因，现在又是未来的基础。在进行生涯辅导时，对未来的时间透视能力较为重要，一生生涯的彩虹图就提供了一个最佳的透视工具。实际应用彩虹图时，辅导人员可以先准备一份空白的彩虹图,然后指导学生画出与其生涯发展有关的各种角色的起始与发展轨迹。画彩虹图时,以下两点需要特别强调:

(1)一生的生涯发展,包括发展阶段、生活空间以及生活方式等多方面。透过这张彩虹图,我们可以帮助个体具体而清晰地了解不同的角色是如何构建其个人特有生涯类型的,不同的角色如何在不同的发展阶段出现,角色的组合如何合理安排才能达到最佳的自我实现。

(2)要注意辅导对象显著的角色部分与时机,这些资料往往能提供很好的线索,作为进一步了解与咨询的依据。辅导人员可协助辅导对象预先设定下一步的生涯发展任务,设计如何研究具体的实施步骤,使得未来显著的角色能得到充分的发挥。

4. 应用价值

(1)彩虹图可以很好地表示各个角色的变化,角色之间是互相作用的,某个角色上的成功能带动其他角色的成功。反之,一个角色的失败,也可能导致另一角色的失败,而且,为了某一角色的成功付出太大的代价,也有可能导致其他角色的失败。

(2)人的社会任务或职业生活不断变化,角色也随之变化,从一个角色进入另一个角色。角色转换的变化从根本上说是社会权利和义务的变化,而大学生就业后的社会角色转换不是瞬间发生和完成的,而是要有一个过程的。

(3)每一个人的生涯彩虹图都是不同的,所以我们从彩虹图中可以看到不同的生涯规划。

三、职业发展辅导

(一)职业指导

职业指导是帮助青少年选择职业、准备职业、安置职业,并在职业上取得成功的过程。由于各国的职业指导侧重点不同,职业指导有不同的名称。在美国和英国,职业指导被称为职业辅导;在俄罗斯,被称为职业定向教育;在日本,被称为出路指导;在我国,职业指导同时包括升学指导和就业指导。

职业指导产生于20世纪初期的美国。1908年,美国波士顿大学教授弗兰克·帕森斯发现青年人离校后失业,并不是他们没有能力,而是他们没有机遇。于是在他的倡导下,设立了波士顿地方职业局,专门从事职业指导工作。1909年，帕森斯的《选择职业》（Choosing a Vocation）一书出版，提出“职业指导”（Vocational Guidance）的概念，并第一次系统地阐述了科学的职业选择理论，即特质因素论。正是由于帕森斯极富创意的工作及其所产生的深远影响，他被后人尊称为“职业辅导之父”。

帕森斯的工作在当时的美国社会引起了极大的反响。因此，继波士顿地方职业局创设之后，美国的其他地方，如纽约、芝加哥、西雅图、底特律、费城和林肯等城市，也先后建立了职业指导机构，在学校里开展职业指导活动。在此之后，世界其他国家和地区，如英国、加拿大、日本、中国、法国、德国和俄罗斯等，也相继开始重视和推行职业指导。

在职业指导运动的初期，职业指导的内容主要涉及三个基本的因素：①了解自己，包括了解个人的能力、能力倾向、兴趣、资源、限制及其他特质；②了解各种职业成功必备的条件、优缺点、酬劳、机会及发展前途；③合理推论上述两类资料的关系。这就是有名的帕森斯职业指导三原则。在帕森斯职业选择理论的这种基本框架下，传统的职业指导模式主要是以帮助个人选择职业、准备就业、工作安排以及就业后的适应为主。这一模式在今天的学校职业指导工作中仍然具有现实的指导意义。其具体内容包括如下三个方面。

（1）测验和鉴定。学校以各种心理测验为手段了解学生的学习能力、职业兴趣、能力倾向和个性特征，然后汇总资料做出鉴定。教师还对学生的健康状况、学习成绩、家庭历史、社会背景、家庭经济状况、学生的行为习惯进行记录；设立学生个人的档案资料；在学生毕业时，分析毕业生的材料与招生条件、招工条件的符合程度。

（2）信息服务。学校逐年收集本地区各类职业的信息，并及时提供给毕业生和家长。职业信息的内容包括四个方面：①各职业的性质特点、工资待遇、工作条件等；②招工最低条件，包括学历、健康状况和个性特征等；③为准备就业而设置的教育课程计划以及提供这种训练的教育机构、学习期限、入学资格与费用等；④就业机会，包括本地区的招生情况、毕业后的流向等。

（3）咨询指导。一般学校均设有专职的职业指导教师和职业安置员。在咨询阶段，他们主要帮助学生根据心理测验的结果和已获得的职业信息选择将要从事的职业。教师先将生理、心理测验结果告诉学生，使学生了解自身的特点，同时向学生提供有关的职业信息，分析各种职业对人的要求，在使学生了解自身特征和职业因素的基础上分析比较，帮助学生选定一项符合自己特点又有可能获得的职业。咨询一般是个别进行的，由指导教师和学生谈话；也有小组咨询的形式，一个小组在指导教师领导下共同研究职业，相互交流资料，讨论各自的职业选择。

从 20 世纪 70 年代起，学校职业指导工作发生了比较大的变化，即从以职业选择、准备、就业和适应为重心的职业指导，转向以自我了解、自我接受和自我发展为主的生涯指导。所谓生涯指导，根据美国教育总署的定义，"是一种综合性的教育计划，其重点放在人的全部生涯，即从幼儿园到成年，按照生涯认知（career awareness）、生涯探索（career exploration）、生涯定向（career orientation）、生涯准备（career preparation）、生涯熟练（career proficiency）等步骤，逐一实施，使学生获得谋生技能，并建立个人的生活形态"。根据生涯指导的思想，职业指导并不只是临近毕业的学生才需要的，它应该是一种连续不断的历程，是一种统整的教育构想；职业指导旨在使学生具备较强的生存能力，进而创造成功的人生。换言之，生涯指导的重点在于个人的全部生涯；学校生涯指导应使学生从幼儿园直到成年能逐渐形成自我引导的能力，并最终过上适合自身特点的美满的生活。具体地说，在学生不同的年级阶段，生涯指导的内容各有侧重。

第一，幼儿园到小学六年级，为生涯认知阶段。这个阶段的主要内容是个体对自我、职业角色、工作的社会角色、社会行为及自身应负的责任等方面有初步的认知，是个体对生涯的意识初步觉醒。

第二，小学六年级到初中三年级，为生涯探索阶段。这个阶段的主要内容是个体发展有关自我和职业世界的知识和基本技能；探索生涯方面的知识和其他有关生涯选择的重要因素；掌握一定的生涯决策技能。

第三，初中三年级到高中一年级，为生涯定向阶段。这个阶段的主要内容是个体进一步掌握有关的职业知识，能评价工作角色；进一步澄清自我概念、探索自我；了解社会的需求及个体自身的需求，发展社会可接受的行为；了解生涯计划与社会需求、自身需求的关系。

第四，高中一年级到高中三年级，为生涯准备阶段。这个阶段的主要内容是个体进一步掌握进入某一行业所需要的知识、相关的职业道德；进一步了解社会的需求和个体自身的需求，澄清自身能力倾向、对职业的兴趣和价值倾向；拟定接受高中后教育和其他教育的训练计划。

第五，高中以后，为生涯安置阶段。这个阶段的主要内容是个体进一步探索对职业的兴趣及能力倾向或重新认定职业选择；发展生涯的专业知识和技能；建立人际关系；正式跨入选定的教育或职业旅途。

（二）职业发展指导的内容

根据我国学者近年来的研究成果，将职业发展指导的内容分述如下。

1. 职业意识的指导

职业意识的指导，一是要帮助学生树立正确的职业观和择业观，帮助他们了解职业的内涵和职业在人生发展中的重要意义，懂得学习与未来所从事的职业的关系；二是要教育学生正确对待社会分工和职业差别，树立正确的职业理想，能根据社会需要和自身条件选择专业或职业。从这个意义上讲，职业指导绝不仅仅限于运用一些方法和手段来测定、了解学生的个性特征，并帮助他们确定相应的职业或专业方向；还应使学生懂得，个人有效的职业活动不仅需要有相关的兴趣爱好、知识技巧，而且还需要有正确的职业价值观念、职业理想和职业道德等优良品质来保证。

2. 了解职业的指导

了解职业的指导，主要是指向学生介绍社会职业的分类，介绍高一级学校专业的内容及其与未来职业的关系，以及帮助学生研究职业内容、收集职业资料等。

指导学生了解职业，就要让学生多方面、多渠道地收集职业资料，让他们接触职业、接触社会，全方位地调查职业的基本情况。在实际工作中，我们可以通过组织学生进行社会调查、参观和访问，或者采取座谈、报告以及课程等形式，帮助学生了解职业的实际状况，收集职业资料。

最后，在了解职业分类、收集职业资料的基础上，指导学生对自己初步喜欢或确定的职业做进一步的研究，剖析其实质内容，以加深对职业的了解和认识。通常，采用“职业研究表”的形式帮助学生从多方面、多角度和职业的多种特点上去分析职业。“职业研究表”应尽可能详细，大致包括如下内容。

（1）职业名称与类型。

（2）该职业所从事的活动。

（3）从事这种职业所需要的最低教育程度、是否要求其他证书。

（4）该职业可能的月薪。

（5）该职业对身体、能力、兴趣以及个性的要求等。

（6）从事该职业突出的好处、最明显的不利因素。

（7）该职业的就业趋势展望。

（8）需要学习的相关课程。

（9）有关的闲暇活动。

3. 了解自己的指导

在职业指导中，了解自己的指导主要是指帮助学生了解自己的职业能力、职业兴趣、职业个性等心理特点和自身的生理特点。了解自己是整个职业指导工作的出发点，根据学生的身心状况来选择专业和职业，职业指导就有了依据，学生也就比较容易知道自己可以向哪种职业方向发展了。

首先，职业对人的能力的要求各不相同，如有的职业需要有较强的动手能力，有的职业需要较好的言语能力，有的职业需要较强的数理能力，等等。大多数职业常常需要几种能力的综合，帮助学生了解自己的职业能力，有助于他们在职业选择中扬长避短。

其次，帮助学生了解自己的职业兴趣，有助于学生在选择职业时找到符合自己兴趣的职业。所谓职业兴趣，是人对某类专业或职业所持有的积极的态度。不同的人对同一职业会抱不同的态度，同一个人对不同的职业也会有不同的态度。职业兴趣是个人兴趣的直接延伸，例如，有的人喜欢与人打交道，相应而言他就会喜欢与人打交道的职业；有的人喜欢与物打交道，相应而言他就会喜欢与物打交道的职业；有的人喜欢与资料打交道，相应而言他就会喜欢与资料打交道的职业；有的人喜欢与观念打交道，相应而言他就会喜欢与观念打交道的职业，指导学生了解自己的职业兴趣，可以从指导学生对自己一般兴趣的认识入手。一般有两种方法：一是从学生的学科或专业兴趣来推论其职业兴趣，二是从学生愿意从事的活动来了解其职业兴趣。

最后，正如霍兰所指出的那样，人的个性与职业生活的适应性有着密切的关系，一定的个性适于从事一定的职业。如果一个人所从事的职业与自己的个性相适应，则他工作起来就会感到得心应手，舒畅愉快，就容易在工作中取得成就；反之，如果一个人所从事的职业与其个性不相适应，这种个性就会阻碍其工作任务的完成。因此，在学校职业指导工作中，一个重要内容就是指导学生了解自己的个性（气质、性格等）。

4. 选择职业的指导

选择职业的指导主要是指帮助学生根据自己的身心特点和职业的要求，选择最适合自身特点的职业或专业；同时它也指帮助学生面对自己未来的道路，通过理性分析和自身努力，达到自己的职业理想。从理论上说，合理选择职业的指导即是指导学生进行职业决策的过程。

一般的职业决策过程主要涉及七个方面的内容。

（1）界定决策问题。即为什么要进行专业和职业的选择，需要做什么样的选择？

（2）收集信息。一是个人情况，主要包括个人所受的教育程度、意愿、个人的能力、个性和身体的健康状况等；二是职业情况，主要包括职业的类型、职业的报酬、职业的要求等；三是社会信息，主要包括社会对某种职业的需求量、求职的竞争程度、社会职业的发展趋势等。

（3）列出备选方案。综合有关信息，确定可能的选择方案。

（4）决策分析。对所有可能的选择方案进行平衡比较，分析各方案的优缺点，将各种方案按优劣排序。

（5）做出抉择，即找出合理的选择。

（6）采取行动。采取一些积极行动，努力实现自己的选择。

（7）决策反馈与调整。如果通过行动能实现自己的预想，则维持原决策；否则，就要对决策进行调整，以寻找新的选择方案。

另外，填报升学志愿的技巧、求职择业的技巧（求职信的写作技巧、面试的技巧等）也应是学校职业指导工作的重要内容。

本章小结

1. 自我意识：自我意识是对自己身心活动的觉察，即自己对自己的认识，具体包括认识自己的生理状况（如身高、体重、体态等）、心理特征（如兴趣、能力、气质、性格等）以及自己与他人的关系（如自己与周围人们相处的关系，自己在集体中的位置与作用等）。

2. 自我意识的结构：自我意识的结构是从自我意识的三层次，即从知、情、意三方面分析的，是由自我认知、自我体验和自我调节（或自我控制）三个子系统构成。自我意识辅导包括自我认识辅导、自我体验辅导和自我监控辅导。

3. 自我认识辅导的内容：自我认识辅导包括正确的自我认识和客观的自我评价两个方面；自我体验辅导包括学会自尊和自信、积极的自我提升两个方面；自我监控辅导包括关注自我成长和学会追求自我完善两个方面。

4. 学习心理辅导：学习心理辅导是对学生学习活动中心理活动的辅导，其目的在于通过此种指导培养学生良好的学习心理品质，使学生的心理机能得到更好的发挥，从而提高学习效率，完成学习任务。

5. 中小学生的学习心理辅导的内容：中小学生的学习心理辅导有两条主要线索：（1）智力因素发展性辅导——包括智力各要素的发展和训练，主要表现在观察力、注意力、记忆力、想象力和思维力五个方面；（2）非智力因素发展性辅导——包括学习兴趣、学习动机、学习意志、学习情绪、学习习惯、学习方法、学习策略、学习自我监控等方面的辅导。

6. 人际关系：人际关系是人与人之间由于交往而建立起来的一种心理关系，它反映了个人或群体寻求满足其社会需要的心理状态，表明了人们在相互交往的过程中关系的深度、亲密性、融洽性和协调性等心理方面联系的程度。人际关系辅导可以从同伴交往辅导、异性交往辅导、师生交往辅导、亲子交往辅导、社会交往辅导等方面展开。

7. 适应：适应是指有机体与环境能保持适度的动态平衡。生活适应辅导主要包括青春期适应性辅导、环境适应性辅导、升学就业适应性辅导和消费休闲适应性辅导等内容。

8. 生涯彩虹图：生涯彩虹图是舒伯为了综合阐述生涯发展阶段与角色彼此间的相互影响，创造性地描绘出一个多重角色生涯发展的综合图形。根据舒伯的看法，一个人一生中扮演的许多角色就像彩虹同时具有许多色带。舒伯将显著角色的概念引入了生涯彩虹图，他认为角色除与年龄及社会期望有关外，与个人所涉入的时间及情绪程度都有关联，因此每一阶段都有显著角色。

9. 职业指导：职业指导是帮助青少年选择职业、准备职业、安置职业，并在职业上取得成功的过程。

10. 职业发展指导的内容：职业发展指导的内容包括职业意识的指导、了解职业的指导、了解自己的指导、选择职业的指导、填报升学志愿的技巧、求职择业的技巧等。

第二部分：教学设计

第三章　自我意识辅导主题教学设计

第1课　别与自己过不去——悦纳自我

一、教材解读及教学建议

（一）设计意图

就像世界上没有两片完全相同的树叶一样，“我”是独一无二的，有什么理由不快乐地接受自己、欣赏自己呢？悦纳自我是一个人心理健康、成熟的标志，是高中阶段同学们完善自我、超越自我的关键因素。然而，现在很多高中生都不能够真正地悦纳自己，不但没有正确地认识自己，同时也没有完全地接受自己。他们会因为自己的家庭不够富裕而觉得没有面子；因为自己的外貌不够漂亮而不敢与别人交往；因为学习成绩不优秀而不自信；他们根据别人的评价来审视自己，得到别人的赞美就兴高采烈，没被别人认可就垂头丧气。这些都是没有悦纳自我的表现。

本课题属于“自我”版块，其目的在于帮助学生树立积极的自我观念，客观地认识、评价自己的优缺点，正确对待别人对自己的评价，增强自信心，掌握悦纳自我的方法，从而做到真正地悦纳自我。

（二）教学目标

（1）使学生了解悦纳自我的含义，明白悦纳自我的重要性。
（2）探索并悦纳自己的优点和不足。
（3）培养学生认识自我的途径与方法。

（三）教材结构

本课分为“心有所惑”“心有所思”“心有所悟”“心有所动”“心有所获”五部分。

心有所惑：通过一个案例，呈现高中生普遍存在的问题，引起学生的思考，从而引出悦纳自我的重要性。

心有所思：通过“自我认同感小测试”及问题讨论“生活中，你认为自己的不足有哪些？”，使同学们对自己有一个正确的认识和评价。

心有所悟：展现悦纳自我的三个层次，帮助学生深入了解悦纳自我的内涵及方法。

心有所动：根据“心有所悟”内容，利用层层深入的活动形式，帮助学生进一步认识自己、欣赏自己和悦纳自己。

心有所获：以一篇短文《我是我自己》来再次阐明悦纳自我的重要性。

（四）教学建议

1. 教学重难点

帮助学生树立积极的自我概念，敢于正视自己的弱点，悦纳自己的缺点与不足。

2. 活动准备

（1）先期调查（班主任、学科教师、学生），初步了解高一学生悦纳自我的现状。
（2）收集和熟悉有关悦纳自我的资料。
（3）根据班级人数制作卡片“认识你自己”：

试着将对自己满意的方面填写在笑脸里，不满意的方面填写在哭脸里。

生理的我：	生理的我：
心理的我：	心理的我：
社会的我：	社会的我：

（4）根据班级人数制作“心语卡片”：

心语卡片	
悦纳自我的方法	悦纳自我的好处

3. 课时建议

1 课时。

二、活动过程示例

热身活动

1. 阅读教材

学生阅读教材“心有所感”内容，并思考：小丽的想法会给她带来哪些影响？

2. 讨论发言

学生根据思考内容讨论发言，教师简要点评，进入课题。

主题活动（1）

1. 分组讨论

给学生分组，每小组 8—10 人。根据“心有所思”内容组内自由讨论话题：生活中你认为自己的不足有哪些？

2. 讨论发言

将讨论结果整理出来，各组派代表发言讨论结果。

3. 教师点评

教师简要点评，引出《自我认同感小测试》。

4. 心理小测试

学生做《自我认同感小测试》，根据测试结果反思：你认为自己是个什么样的人呢？

5. 阅读教材

学生阅读教材“心有所悟”内容，教师导语引出主题活动。

主题活动（2）

1. “认识你自己”

（1）学生阅读“心有所动”内容，教师导语引出主题活动“认识你自己”。

（2）将课前准备好的卡片“认识你自己”发放到每个同学手中。

（3）学生按要求将卡片填写完整。

（4）同学分享自己填写的卡片。

（5）教师简要总结，引出主题活动 2-2。

分享过程，辅导教师可以视实际情况而定。

2. “欣赏自己”

（1）同桌之间相互尽可能地指出对方的优点，并将对方的优点写到一张纸上，写好之后将这张纸交给同桌。

（2）收到同桌写好优点的纸后，学生看一下，找出哪些优点是自己之前未察觉到的，体会被别人赞美的感觉。

（3）教师简要总结：天生我材必有用，多欣赏自己的优点，可以增强自信。而多赞赏、指出他人的优点，增加别人自信的同时，也可以促使自己不断进步。欣赏也是一种阳光，希望我们都能够感受到这种阳光的温暖！

3. “悦纳自己”

（1）请学生结合自身的优缺点，用“虽然我……但是我……，我很……我自己，我要……我自己”造句（后面两个空填写欣赏自己的近义词）。

（2）学生分享自己所造的句子。

（3）教师总结：每个人在世界上都是独一无二的，我们要活出生命的价值，要得到别人的尊重，首先要愉悦地接纳自我，并通过各种方式不断完善自己。

分享过程，辅导教师可以视实际情况而定。

整个“主题活动（2）”的设计对应教材的“心有所悟”内容，目的在于通过逐步活动，使学生正确地认识自己，客观地评价自己的优缺点，从而掌握悦纳自我的方法。

拓展 / 升华

1. 阅读教材

（1）学生阅读教材“心有所获”内容，并自由发言，交流。

（2）教师总结：我们每个人来到这个世界上可能都有这样或那样的缺陷与不足：可能有同学对自己的相貌不满意；可能有同学希望能再长高一点；可能有同学觉得自己太胖了；可能有同学埋怨自己不能像别人一样有一个幸福的家庭。很多同学还会因为这样的缺陷和不足变得自怜、自卑，甚至对生活失去信心，想要离开这个世界。但是我想告诉大家的是：你可以选择！你可以选择抱怨生活！但你也可以选择悦纳自己！只有选择悦纳自己的人才能够阳光、自信、快乐和幸福，希望每一个同学都能够做到悦纳自我，幸福生活。

2. 课后作业“心语卡片”

本课结束后，学生围绕“悦纳自我，幸福生活”主题，再结合自己学习本课后的收获，在“心语卡片”上写上悦纳自我的方法以及悦纳自我的好处。

心语卡片	
悦纳自我的方法	悦纳自我的好处

此环节的设计是为了让学生在课后能够复习巩固本节课的学习内容，将学习的悦纳自我方法应用到实际生活中去。

三、教学辅助资源

（一）专业名词

悦纳自我：悦纳自我是指个体能正确评价自己、接受自己，并在此基础上使自我得到良好的发展。悦纳自我不仅指接纳自己人格中的优点、长处，更要接受自己的缺点与不足。在接受不足这个情况的基础上，努力改进自己、完善自己，而不是妄自菲薄，失去信心。

（二）知识链接

悦纳自我小技巧：

（1）无条件地接受自己，接受自己的全部，无论优点还是缺点，无论成功还是失败。

（2）改变过分追求完美的习惯，不苛求自己。勇敢地接受自己的不完美。

（3）建立和巩固良好的自我感觉。喜欢自己，肯定自己的价值，有愉快感和满足感。当取得成功的时候，尽情体验自己的喜悦，并与他人分享。

（4）从错误和失败中吸取教训，但不被它们打垮，永远给自己机会。

（三）测评工具

下面是关于自我认同感的测试，共 19 个小题，每小题都有 1、2、3、4 四个选项，1 代表完全不适用，2 代表偶尔适用或基本不适用，3 代表常常适用，4 代表非常适用。请同学们根据自己的情况进行选择，为自己打分。

1. 我不知道自己是怎样的人；
2. 别人总是改变他们对我的看法；
3. 我知道自己应该怎样生活；
4. 我不能肯定某些东西在道义上是否正确；
5. 大多数人对我是哪类人的看法一致；
6. 我感到自己的生活方式很适合我；
7. 我的价值为他人所承认；
8. 当周围没有熟人时，我感到能更自由地成为真正的我自己；
9. 我感到自己生活所做的事情并不真正值得；
10. 我感到我对我生活的集体适应良好；
11. 我为自己成为这样的人感到骄傲；
12. 人们对我的看法与我对自己的看法差别很大；
13. 我感到被忽略；
14. 人们好像不接纳我；
15. 我改变了自己想要从生活中得到什么的想法；
16. 我不太清楚别人怎么看我；
17. 我对自己的感觉改变了；

18. 我感到自己是为了功利的考虑而行动或做事；

19. 我为自己是我生活于其中的社会一分子感到骄傲。

（选自 Jerry. M. Burger 著，陈会昌等译的《人格心理学》第 84 页，中国轻工业出版社，2000 年 10 月版）

计分方法：

第 3、5、6、7、10、11、19 题正向计分，选择 1 计 1 分，选择 2 计 2 分，选择 3 计 3 分，选择 4 计 4 分；其他 1、2、4、8、9、12、13、14、15、16、17、18 题反向计分，选择 1 计 4 分，选择 2 计 3 分，选择 3 计 2 分，选择 4 计 1 分。再把所有小题得分相加，得到 19 个小题的总分。

结果解释：该量表得分的平均值一般在 56—58 分之间。如果你的得分明显高于 58，说明你已形成良好的自我认同感。如果你的得分明显低于 56，则说明你的自我认同感还处于正在形成中。

附：本主题可以使用的心理活动

活动 1：自画像

在课堂上进行分组，将班级分为 5—6 个小组，每个小组围坐在一起。

教师：同学们，现在全班分为了不同的小组，接下来我们玩一个游戏，请大家在白纸上画自画像。这幅自画像可以是你自己的肖像，也可以是动物、植物等任何东西，只要能代表自己就可以。画完后请你写三个词来形容自己，作为这幅自画像的补充说明。完成后，可以小组之间进行讨论，然后请每一组派一位代表向大家分享一下自己的自画像。

学生活动：10 分钟时间画自画像，写形容词。

教师：同学们，时间到了，我们请每一组派一位代表来分享自己的自画像。

学生们进行分享。

教师：同学们的自画像都完成得很好。但是同学们有没有想过，如果某一位同学的自画像中对自己的形容词都是负面的，都是自己的缺点，这样好不好呢？

学生：（预设）不好。

教师：为什么不好呢？请同学们小组内讨论 3 分钟，然后派一位代表发言。

学生小组讨论并分享。

教师：同学们讨论出的结果都非常好，如果一个人对自己的评价都是负面的，那就会对这个人的日常生活和成长造成非常不良的影响，反之也是一样。所以正确的自我评价是指既要看见自己的优点，又要坦然接纳自身的缺点，客观全面地看待自己，这就是所谓的悦纳自我。

设计意图：这个部分的活动是学生画自画像并进行分享，充分调动起了每一个学生的积极性，可以使教师对学生属于何种类型的自我评价有一个初步的认识，并为接下来的其他活动做铺垫。紧接着，教师就学生在自画像活动上可能出现的问题提出疑问，引导学生思考怎样评价自我才算是正确客观的评价，然后抛出悦纳自我的含义，使学生更易理解其内涵。

活动 2：发掘自身优点

教师：同学们，首先我们来看一段视频。播放视频《你，远比想象的美丽》。

教师：看了这段视频，请问同学们从中学到了什么呢？

学生：（预设）要保有自信，自己其实比自己想象中的更好、更优秀……

教师：对，同学们说得都很好。刚刚我们探讨出了悦纳自我的含义，请大家一边思考悦纳自我的含义，一边再看看自己的自画像有没有做到正确客观地评价自己呢？如果没有做到也没有关系，接下来老师会带领大家一步一步地探寻如何做到悦纳自我。现在请每一组的同学互相交换自画像，写下别人的优点，尽可能地多写，并且最好不要重复。也就是说，每一个同学都要为自己组的其他同学写优点。

学生们交换自画像，互写优点。

教师：同学们，再次拿到自己的自画像，有没有发现有些优点是你自己从来没有发现过的，或者是以前没有重视过的呢？先请大家小组内讨论，然后请每组派一位代表来分享一下。

学生小组内讨论，然后派小组代表发言。

教师：同学们，我们每一个人在日常生活中都有可能会忽略自己身上的闪光点，但其实每一个人都是独一无二的，都有自己的优点和长处。学会发现和利用这些长处对我们的学习和生活是非常重要的，而且也有利于我们正确地评价自我，悦纳自我。

设计意图：悦纳自我意味着要发现自己身上的优点和长处，找到了自己的优点，就能有效地提高自我评价，这是一个人能拥有良好心理素质的基础。有时候学生会忽略自己的优点，这个环节的目的就是帮助这些自我评价较低的同学发现自己身上的优点，提高他们的自我评价，促使他们悦纳自我。

活动3：老师说

教师：老师请你摸摸头、拍拍手、耸耸肩、拍拍腿、跺跺脚……

每当教师发出一项指令时，学生们需要分辨指令前是否有"老师请你"这几个字，有这几个字时，学生就做出相应动作，没有这几个字就不要动。

教师：刚才我们一起活动了哪些部位？

学生：手、肩、腿、脚……

教师：大家对自己的这些身体部位满意吗？

学生：满意（不满意）。

过渡：我们对自己的长相、身高或者性格等有一些不满意的地方，我们是真的不够好、还是对自己太过苛刻？有的同学可能看上去很平凡，但是他能够找到自己的优势、发挥自己的优势，对自己的缺陷也能有较好的认识，在生活中比较自信、积极、阳光；有的同学可能在我们看来是很优秀的，但是却总是觉得自己不好，没有优点，把所有的注意力都放在自己的缺陷上，于是很消极、不自信。所以，如何看待自己很重要。

教师：从长相上说，我们自己看到的自己和别人眼中的自己，是一样的吗？

学生：肯定有些不一样，因为看的角度不一样。

教师：确实有些不一样的地方，但是除了角度外，我们的眼光也会有差异。

播放视频——《你，远比自己想象的美丽》

过渡：通过视频我们了解到画家通过本人和他人的描述，分别画了一幅肖像，但是通过别人描述出来画的肖像要比通过本人描述画的肖像要好看得多，为什么会这样呢？

提示：我们自己看自己，容易夸大自己某一方面的缺点，如视频中脸上有痣的女士、脸比较圆的女士，眼睛盯在这些缺陷上，就容易对自己的长相不满意，但实际上别人看我们看的是整体，而不是某一部分。

活动4：我是谁

1. 教师发给每位学生一张A4纸，并说明活动规则。

2. 学生两两分组，一人为甲，一人为乙，最好是找不熟悉的同学为伴。

3. 甲先向乙介绍"自己是一个什么样的人"，乙则在A4纸上记下甲所说的特质，甲在说了自己的一个缺点之后，就必须说一个优点。5分钟后，甲乙角色互换，由乙向甲自我介绍5分钟，而甲做记录。

4. 上述活动结束后，教师请甲乙两人取回对方记录的纸张，在背面的右上角签上自己的名字。然后彼此分享此次活动的心得或感受——你觉得介绍自己的优点与介绍自己的缺点，何者较为困难，为何会如此？

5. 学生三个小组或者四个小组并为一大组，每大组有 6—8 人，围成一圈就座，老师请每位同学将其签名纸 A4 纸（空白面朝上）传给右手边的同学。而拿到签名纸张的同学则根据其对此位同学的观察与了解，在纸上写下"我欣赏你……因为……"。写完之后则依序向右传，直到签名纸张传回到本人手上为止。

6. 每个人在组内分享他看到别人反馈后的感想与收获，最后在全班分享。

7. 教师小结：说明"了解真实的我"与"接纳真实的我"的重要性。

活动 5：自我比拟

1. 准备一面鼓，7 朵红绸花。

2. 事先选定一名学生为游戏的击鼓者。

活动流程：

1. 每个学生用一样东西（动物、植物、矿物或自然现象）来比拟自己。

要求：

（1）用"我好像__________，因为__________"这样的句式，每人至少要想出 3 个比拟句。

（2）比拟的事物能代表自己个性中的某一方面或几方面。例如：牛—健壮、吃苦耐劳；小草—平凡、自由自在；响雷—声音洪亮、脾气暴躁……

（3）比拟应该是积极的，防止消极的、庸俗的或不恰当的比拟。

2. 全班分为 8 人小组，每组围坐成一圈。以击鼓传花的方式决定发言者，如果比拟恰当，全组同学相互击掌，高喊"嗨嗨！""嗨嗨！"，然后继续击鼓传花。

活动 6：照镜子

活动准备：

每组准备一面镜子。

活动流程：

1. 辅导教师说明活动性质及注意事项

（1）团体中每个人对他人而言都像一面"镜子"，本活动即要求每个同学主动地请其他同学作为自己的"镜子"，从不同角度，客观地反映出自己，因而能更全面地认识自己。

（2）提供的回馈可以有关个人言行举止、观念态度、性格或优缺点，但不得涉及人身攻击。

（3）作为“镜子”者必须尽量做最忠实的反映，不可推测。

2. 全班分为 4 人小组，以轮流的方式，由一位组员将镜子传到所要邀请者的手中，请他做“镜子”来反映自己。每人各邀请另三位同学发言，此时该成员只需静听。若有必要，可于对方反映后，加以补充或解说。

3. 全体组员轮完后，讨论彼此的感受。

注意事项：

教师应注意深入小组巡视，若发现有人身攻击现象应及时加以解决。

活动 7：优点轰炸

活动目的：

帮助学生学会面对面地给予他人具体的正面回馈，增进相互了解。

活动流程：

1. 将全班分为 6 人小组，各组成员围坐一圈，中央各放置 1 张空椅。

2. 辅导教师说明此活动的目的，互相给予优点的回馈，以了解别人眼中的自己，同时增进每个人对自我的了解。

3. 每次一位学生坐在圆圈中央的椅子上，接受回馈轰炸，每人轰炸时间至少一分钟。

4. 在每位成员都轰炸过该成员之后，换另外一位成员接受轰炸，直到每一位成员都受到轰炸。

5. 轰炸的内容必须具体，以事例说明，例如：“每次在小组里讨论问题时，你总会问别人的看法，我觉得你很能考虑别人，不主观。”

6. 受轰炸的人只能听，不能说话或有任何动作表示。

注意事项：

一定要有良好的团体氛围。

第 2 课　走出“自我中心”的怪圈——超越自我

一、教材解读及教学建议

（一）设计意图

自我中心是在行为和观念上完全以自我为主，而不考虑他人的人格倾向，是青少年中较为常见的一种现象。对高中生而言，主要表现为在思想上缺乏必要的社会知觉，行为上易受一己需要的支配，而忽略他人的存在等。本课属于自我板块，目的在于帮助学生认清自我中心的现状，了解自我中心的主要表现，习得走出自我中心怪圈的基本方法，使学生能够走出自我中心，正视自己，理解他人，学会付出，建立良好的人际关系，最终促进自己健康成长。

（二）教学目标

（1）知道自我中心的常见表现及不利影响。

（2）了解自我中心的特征及原因。

（3）掌握走出自我中心怪圈的基本方法，学会针对自身实际，制订实施计划。

（三）教材结构

本课分为“心有所惑”“心有所思”“心有所悟”“心有所动”“心有所获”五部分。

心有所惑：情景引入，个案采用自我中心的故事导入，意在以典型的故事引发学生对该课主题的兴趣，抛出问题引出主题。

心有所思：针对“心有所惑”等案例进行讨论，引导学生投射对自我中心种种表现的看法、认识等，初步分享各自观点。进行自我中心小测验，明白自己的自我中心现状。

心有所悟：结合学生讨论得出的自我中心的种种表现和自己知道的自我中心现状，分析自我中心出现的原因，及其主要的特征，强调自我中心会限制个体的成长和发展，引出“心有所动”环节的应对策略。

心有所动：围绕自我中心的特征表现，介绍应对策略。请同学们反思自身存在的自我倾向，结合自身实际，制订走出自我中心，拥抱外界的行动方略。

心有所获：敞开胸襟、拥抱他人、拥抱社会，才会有更大的舞台，才会更好地实现自我价值。

（四）教学建议

1. 教学重难点

澄清自我中心现状及形成的原因，并能针对自身实际，运用走出自我中心的方法，制订实施计划。

2. 教学准备

课件。

3. 课时建议

1 课时。

二、活动过程示例

（一）案例分享，切入主题

（1）组织学生阅读教材“心有所惑”中的案例，并针对小郭的困惑思考、讨论，最终形成自己的看法。

（2）学生自由分享。教师简要点评，顺势从学生的分享内容中选择“任性”“不顾及别人感受”等与自我中心相关的信息，切入本节课的主题。

（二）自我挖掘，深入思考

1. 自我中心现象深挖掘

（1）组织学生挖掘、分享日常生活中隐藏在身边的自我中心现象（强调身边，包括父母亲人和朋友，除了学习方面，生活故事亦可）。

（2）学生分享自己观察到的现象，教师梳理（此处板书，注意将学生的观点进行分类，提炼出大家都认可的观点，进行强调。同时注重鼓励学生分享更多的不同看法）。

2. 自我中心倾向小测试

（1）学生完成自我中心倾向小测试，了解自我中心的倾向。

（2）教师总结过渡，引出“心有所悟”板块（可总结“青少年把自我中心错误地认为是在彰显自我或彰显自我是实现人的个人价值和社会价值，并不意味着以自己为中心”等）。

（三）自我澄清，习得诀窍

（1）从生活、学习、集体活动三个维度，进一步完善“心有所思”板块中学生分享的自我中心现象。

总结过渡（通过价值澄清等方式）。

（2）指出走出“自我中心”怪圈的诀窍。

（四）策略应用，巩固诀窍

1. 重现问题，分享解决方法

（1）重现教材“心有所惑”内容，学生分小组讨论如何理解他人，并推荐小组代表发言，其他学生也可自由发言，交流（可要求学生自行提炼）。

（2）教师总结（不仅要包括学生的分享内容，还应将教师掌握的其他观点、资源进行分享）。

2. 做一份自我中心改进表

在《自我中心倾向小测试》中选“是”的题中，选出一个，制订改变自我中心措施表，逐步改善自我中心现象（强调措施要有可操作性，以及要有监督奖惩方式等）。

（五）拓展升华，开阔视野

（1）学生阅读教材“心有所获”内容，并自由发言交流（可要求学生自行提炼）。

（2）教师总结。

三、教学辅助资源

（一）相关心理学理论

人际交往中的自我中心型：

美国社会学家杜威在《哲学的改造》一书中，分析人们在进行人际交往时对待个体与社会关系的认识有三种态度：其一，社会为个人而存在；其二，个体应服从社会；其三，社会与个体有机相关，社会需要个体的效用与从属，同时亦需要为服务于个人而存在。“以自我为中心型”的交往模式即杜威讲的第一种。这类交往模式最突出的特点是“我”字优先：在生活上“自我中心”式，有的同学对于集体生活没有充分的思想准备，沿袭着在家中当“小皇帝”的习惯，觉得周围的人应该让着他，他想干什么就得干什么，不管是否影响他人的生活习惯；有的在学习上“自我中心”，因为自己是班上的尖子，就觉得自己在学习上占有较大的优势，看不起一般的同学，不愿与他人共同探讨、相互学习，总认为自己是最好的；有的在社会活动、集体活动中以“自我”为中心，认为自己是小团体的核心或班里活动的主要组织者，甚至在学校、区、市里都小有名气，听不进别人的建议，希望别人依照自己的“吩咐”去做；也有的集以上两种或三种毛病于一身。这样的人越多，生活圈子的人际关系就会越不和谐。

自我中心型的交往方式最易导致孤立、不受他人欢迎，给自己、他人带来不必要的烦恼，给集体带来不必要的损失。“山外青山楼外楼”，我们应该学习伟人的谦虚美德，善于从他人身上吸取养分；而周围的人也应帮助引导他，并怀有适度的宽容精神。

（二）典型实验

美国斯坦福大学进行的一项心理实验，向我们展示了人类是多么的以“自我”为中心。

在实验中，研究人员将两名大学生分成一组，其中一人用手指敲打桌子演奏某首歌曲，而另一人则需要猜测对方演奏的是什么。此时，演奏者既不能告知对方歌名，亦不可哼唱，只能用手指敲打桌子以表现曲调。当演奏结束以后，扮听众的一方需要猜测歌曲名，并将其记录下来，而演奏者则需要猜出并记录对方猜对的概率。

实验以这种方式反复进行几次，最终，演奏者的期望值和观众的正确度，又会各是多少呢？实验结果显示，至少有 50% 的演奏者认为，听众在听过自己的演奏以后，应该能够猜对歌名，但是，真正猜对的人却只有 2.5%！这种结果是不是让人感到有些不可思议？问题在哪里呢？

我们不妨自己做一下这个实验，由你本人充当演奏者，顺着“噢！必胜 KOREA”的节奏，用手指在桌子上敲打、演奏。这时，如果你闭上眼睛，头脑中应该会出现自己要演奏的音乐，并会伴有架子鼓声、贝斯声，以及铿锵有力的欢呼声。“噢～”的部分，强力敲打，“必胜 KOREA”部分，缓和节奏，然后再上升到“噢～”部分，又是强力敲打……当你睁开眼时会发现，自己已然在不经意间开始耸动肩膀了。是不是感觉这是一场很享受的演出？节拍、音乐、情感……无论从哪方面来说都无可挑剔、堪称完美。

那么，再让我们换个角度，当回观众吧。你在不知道对方演奏什么曲目的情况下，只能凭借该人用手指打出的节拍来猜测歌名。没有歌词、没有哼唱、没有架子鼓声、电子琴声等任何音律，有的只是根本揣测不出任何意义的敲击声。你丝毫感觉不到任何旋律或演奏所带来的兴奋，无论你怎样努力，试图进入状态，耳边响起的声音只是“啪……啪……”，可相反，这时演奏者却会认为，他向别人传达的是自己头脑中所形成的、可谓幻想性的节奏。

一旦进入名为“自我”的框架中，我们时常会认为，自己表达出的意志既正确又客观。但是，我们所传达的语言、文字等信息，其实只在我们自己的心中是清晰的，别人若以自身的心态去参详，就会感到含糊不清、不确定，而在这种因信息传达不正确引发的误会和矛盾面前，人们又往往会误认为是对方没感觉、没能力、冷漠无情。

（三）心理小故事

自己救自己

某人在屋檐下躲雨，看见观音正撑伞走过。这人说：“观音菩萨，普渡一下众生吧，带我一段如何？”观音说：“我在雨里，你在檐下，而檐下无雨，你不需要我渡。”这人立刻跳出檐下，站在雨中：“现在我也在雨中了，该渡我了吧？”观音说：“你在雨中，我也在雨中，我不被淋，因为有伞；你被雨淋，因为无伞。所以不是我渡自己，而是伞渡我。你要想渡，不必找我，请自找伞去！”说完便走了。第二天，这人遇到了难事，便去寺庙里求观音。走进庙里，才发现观音像前也有一个人在拜，那个人长得和观音一模一样，丝毫不差。这人问：“你是观音吗？”那人答道：“我正是观音。”这人又问：“那你为何还拜自己？”观音笑道：“我也遇到了难事，但我知道，求人不如求己。”

成功者自救。迫切需要改变自己，正是自己本身的动力。

附：本主题可以使用的心理活动

活动1：喊出自信来

活动流程：

1. 每人写出两句自己最满意的自我激励的口号，然后熟读，默默背诵。

2. 辅导教师带领全班同学在教室里（或室外）列队，队形为U形。举起右手，用尽全力把自己的口号喊出来。要大声、坚定、自信，重复三遍，然后全班同学热烈鼓掌。

3. 教师现场小结赠言（根据具体情况拟定）。

注意事项：

心理辅导课开始之时，就应注意将课桌撤去。

活动 2：纸牌游戏——这就是我

活动准备：

制作“这就是我”的纸牌。可用扑克牌贴上文字卡片改制，数量必须保证每人 10 张，每张牌上所写的内容均为下面所列的 10 个问题：

1. 对你的成长影响最大的人是谁？他使你受到了怎样的影响？

2. 对你的成长影响最大的事情(正面的或负面的)是什么？它使你受到了怎样的影响？

3. 请说出你三年前曾经憧憬过的三个愿望。它们的共同特点是什么？你现在的愿望又是什么？

4. 考虑到自己的性格和能力，你认为将来你能做出较大成就的工作是什么？

5. 在你所做过的事情中，你最满意的是哪件事情？

6. 与去年相比，你最大的进步是什么？

7. 你最景仰的历史人物或当代人物是谁？

8. 你认为现在你要战胜的最大困难是什么？

9. 在现实生活中，你的目标是什么？

10. 你最喜欢的座右铭是什么？

活动流程：

1. 以 4 人小组为单位，每人手中有 10 张相同的牌。

2. 辅导教师说明游戏规则：游戏时，4 个人按顺时针方向，分别抽取下一位同学手中的纸牌，回答纸牌上所写的问题。这样依次轮流，已抽取并回答过的纸牌另行放开。

3. 游戏结束后，每位同学综合以上有关的自我深层信息，谈谈对自己和对别人的总体看法。

注意事项：

1. 辅导教师可根据具体情况，在制作纸牌时加入新的问题或删减这些问题，只要写在纸牌上的这些问题能够最大限度地反映学生有关的自我深层信息，且适合于口头回答即可。

2. 此活动适合在高中阶段实施。

活动 3：乔哈里之窗

1. 规则介绍

乔哈里之窗把人的自我分成四部分，分别是公开区、盲区、隐秘区、未知区。

2. 小组讨论

教师：四人一组交流讨论一下如果盲区 / 隐秘区 / 未知区过大会怎么样，如何缩小盲区，扩大公开区？

组 1：盲区越大，我们就会越封闭无知。

组 2：为了扩大公开区，我们要尊重他人的看法，多与人交流沟通，展现自己。

教师小结：盲区过大会表现出封闭和无知；隐秘区越大可能会出现孤芳自赏、孤立无援；未知区过大会无法充分开发自己的潜能。要想扩大公开区，缩小盲区，需要我们正确看待他人的意见，多与他人交流沟通，展现自己。

第 3 课　为什么而等待——提高自我控制能力

一、教材解读及教学建议

（一）设计意图

自我控制是指对自身心理与行为的主动掌握，是自觉选择目标，排除干扰，克服困难，调整行为的过程，其目的是实现更大、更远、更有意义的目标。自我控制能力是影响学习和生活的一个重要因素。部分学生的自我管理、自我调控能力较差，如课堂注意力不集中、迟到、旷课、迷恋网络等现象，严重影响了学生的学习和生活，在心理健康教育课程中设置增强学生自控能力的内容，旨在引导学生懂得“取舍”的智慧，形成一定的自我管理意识，掌握一些自我调控的方法，进而更好地学习和生活。

（二）教学目标

学生感受自我控制能力在自己生活中的重要意义和作用，产生提高自我控制能力的愿望，了解培养自我控制能力的方法，学会有意识地培养自控能力，并习惯用正确的方式去约束自己的不良行为。

（三）教材结构

本课分为“心有所感”“心有所思”“心有所悟”“心有所动”“心有所获”五部分。

心有所感：学生通过阅读红狐狸捕猎的故事，初步感受自我控制能力的重要意义，激发听课兴趣，同时也为下一步反思自己的自我控制能力做好准备。

心有所思：引导学生探讨实际生活中自己的自我控制行为及感受，在反思自我的基础上，初步产生提升自我自控能力的愿望。

心有所悟：通过讲解自我控制的概念及五个自控层次，加深学生对自我控制能力的认识和理解，结合"糖果实验"的思考，让学生意识到自控力与自身发展和成长的重要关系，为下一步思考和学习提高自控能力的方法做好准备。

心有所动：是本课的核心环节，引导学生融入"糖果实验"的情景，从中寻找、总结提升自我控制能力的方法，并利用学到的方法，解决生活和学习中存在的实际问题。

心有所获：让学生意识到自控能力的提高是个循序渐进的过程，从现在开始，从小事做起，才能最终形成自控习惯。

（四）教学建议

1. 教学重难点

引导学生产生提高自我控制能力的愿望，了解培养自我控制能力的方法，并在实际生活中有意识地运用所学方法提升自己的自我控制能力。

2. 教学准备

多媒体课件、笔记本、笔、在网上下载糖果实验视频。

3. 课时建议

1课时。

二、活动过程示例

热身活动

阅读教材

（1）学生按教师要求阅读"心有所感"中红狐狸的故事。并思考：红狐狸的捕食过程给了你什么启示？

（2）学生自由发言，教师点评；"实际上，这只是狐狸在漫长的进化过程中逐步形成的一种猎获食物的本能。如果说，连动物为了达到某种目的都能控制自己,对于有思想感情的人来说不更应该善于驾驭自己吗?”进入课题。

主题活动(1)

1. 课堂练习

(1)同样的问题,问问你自己,你的自我控制能力如何呢?带着这样的思考,请同学们完成“心有所思”板块提出的两个问题:“1. 学习和生活中,哪些情况下,我需要自我控制? 2. 去完成这些需要自我控制的事情时,我有些什么感受?”

(2)学生分享,教师提问:“通过刚才同学们的分享,请问大家如何看待自我控制这种行为?”学生回答。

(3)教师总结:“生活中很多时候需要我们对自己的行为进行控制,比如:面对某件事,当你本不应该做,却又特别想做的时候,或者你不愿意做某件事,但又不能不做的时候。控制自己的行为可能会让内心出现焦躁不安、犹豫等感觉,但是一旦我们战胜自己之后,内心便会升腾起满满的成就感。”

2. 阅读材料

(1)教师过渡:“那么究竟什么是自我控制能力?你的自我控制水平究竟如何呢?让我们一起来看看‘心有所悟’中的描述。”学生阅读“心有所悟”中关于“自控能力的概念”和“自控能力的五个层次”部分的内容。

(2)教师提问:“同学们,你觉得你的自控力属于哪个层次呢?”学生回答,教师点评:“第五个层次的确很难达到,但这是我们努力的方向。那么自控能力对我们的生活究竟有怎样的影响呢?我们为什么要提高自我控制能力呢,让我们一起来看看‘糖果实验’的故事。”(教学建议:老师可以在网上下载“糖果的诱惑”视频,并在此处播放视频,让学生直接观看孩子们在面对糖果时的真实表现,提高课程的趣味性)

(3)学生阅读糖果实验板块,阅读后2人为一组,讨论“糖果实验”带来的启示。

(4)学生分享启示,教师总结:“自我控制不是对快乐说‘不’,而是帮助我们达成短期快乐和长期收获的平衡,让生活更有意义。心理学家研究发现‘自我控制能力是人类获得幸福和成功的关键,对人生的持续发展具有重要影响’。这就是我们为什么需要提高自我控制能力的重要原因。”

主题活动(2)

1. 课堂练习

(1)学生完成课堂练习："如何提高我们的自控能力呢？或许我们可以向'糖果实验'中的小朋友们学习些方法。请同学们4人为一组，完成'心有所动'板块中的表格，假如你是参与'糖果实验'的小孩，可以采取哪些做法，抵抗糖果的诱惑？并将这些做法概括、总结，指导你的学习和生活。"(教学建议：此处可以再次播放"糖果的诱惑"视频，引导学生关注，孩子们在面对糖果诱惑时采取的应对方法，并将这些做法罗列出来，提炼成具体的方法)

(2)小组分享，学生以小组为单位派出代表分享小组提炼的方法。

(3)教师点评："同学们都提出了自己的见解，很多都是可以借鉴的好方法。借此我们也可以看出，只要我们愿意去思考，办法总是会比问题要多，课本上也给出了一些简单易行的方法，供同学们参考。希望同学们不仅知道这些方法，更重要的是运用这些方法去解决自己生活和学习中的自控问题。"

2. 解决实际问题

(1)学生活动：教材罗列了三种学生比较容易出现的自控问题，教师可以请学生以第三者的身份去解决这些问题，提出可行的建议，同时也可以请同学们反思自己的学习和生活，找到自己需要在哪些方面提高自己的自控能力，做出改变。

(2)学生分享。

(3)教师总结："填表的过程中，同学们已经在思考，假如我们不控制自己的一些问题，长此以往，这些问题对自己的影响会很大，但是一旦我们下定决心去改变，并用科学的方法去提升自己的自控能力，改变之后，你的学习和生活会有很大的不同。"

拓展/升华

阅读材料

(1)学生活动：阅读"心有所获"板块内容。

(2)教师提问："通过本课的学习，你有哪些收获？"学生进行分享。

(3)教师总结："培养自我控制能力，要遵循小步递进的原则，你需要的是逐步增大自我控制的难度。当自我控制渐渐变成你的习惯，内心的矛盾和冲突就会越来越小，你也会越来越轻松，你也会因为自己的改变而感到充实和幸福。"

三、教学辅助资源

（一）相关心理学理论

关于自我控制，国内外还没有一个统一的、公认的定义，其内涵大体相当，归纳起来有以下几种比较有代表性的说法：（1）自我控制指目标受阻时个体抑制其行为或改变其行为发生可能性的能力；（2）自我控制指个人对自己的心理、行为和生理过程施加影响，并进行调节和控制；（3）自我控制不仅指服从权威及接受他人施加的行为标准，且指根据自我选择的信念和目标行事的能力；（4）自我控制指在没有外部约束的情况下，个人按某些方式行事的能力，而这些方式先前与其他方式相比发生的可能性要小；（5）自我控制是个体自我意识发展到一定程度所体现的功能，是一种个体内在能力，外在表现为一组相关行为；是个体自主调节（监控）自己行为使其与个人价值和社会期望相适应的能力。自我控制引发或制止特定的行为，主要包括五个方面：即抑制冲动行为、抵制诱惑、延缓满足、制订和完成行为计划、采取适应于社会情景的行为方式。纵观以上观点，不同研究者尽管对自我控制定义的界定角度不同，所涉及的范围也有差异，但却无本质差异，它们都表明自我控制是自我的一个重要功能，是个人对自身的心理与行为的主动掌握，它们都包含着一个共同的含义，即主动调节行动、抑制冲动，以使个体的行为符合个人或社会的期望。学生的自我控制能力，可以分解为自我分析能力、自我设计能力和自我管理能力。自我分析帮助学生全面地了解自己，它主要是学生进行的自我反思，明确自己的起点；自我设计帮助学生设定各阶段努力的目标，用于激发学生的斗志；自我管理帮助提高学生各方面的自我调节和对自身心态、行为的自我控制。自我分析、自我设计主要体现为对意志行动的准备阶段的自我控制，自我管理体现为对意志行动的执行阶段的自我控制。培养学生的自我控制能力，提高学生的意志发展水平的最终目的是促进学生的自我发展。

（二）典型案例（故事/实验）

1. 老师可在网上搜索“糖果的诱惑”视频

在主题活动（1）部分通过视频播放的方式让学生直观看到孩子们在面对糖果时的反应，生动有趣。在主题活动（2）的第一个部分（即向糖果实验的孩子学习方法的部分)，可以再次播放视频，请同学们观察孩子们在面对糖果诱惑时是怎么做的，总结提炼做法。

2. 引入活动替换

提前发给每位学生一个信封，并告知他们信封里有一封关于学生本人的非常重要的信，严肃要求同学们在正式上课之前都不能看。正式上课时，请同学们拿出信封。

提问：

（1）大家想不想知道这封信里有些什么？你看了吗？为什么？

（2）之前要求大家不能看，带给你怎样的感受？

小结：如果我拿到这封信，也会特别想看，甚至会想要提前拆开。在拿到信和上课期间，我们都有意识地控制了自己的好奇心，控制了自己的行为，这就是本节课要和同学们讨论的话题——自我控制。

（三）其他

1. 参考书目

[1] 简·博克，莱诺拉·袁. 拖延心理学[M]. 蒋永强，陆正芳，译. 北京：中国人民大学出版社，2009.

[2] 凯利·麦格尼格尔. 自控力[M]. 王岑卉，译. 北京：北京联合出版有限公司，2018.

2. 测评工具

自控测试：

请你仔细阅读每道题目后，判断每个题目多大程度上符合你自身的情况，并在对应的分数上画圈。每项得分越高，说明在自我控制的这个方面做得越好。

问题	非常不符	比较不符	不确定	比较符合	非常符合
1. 我能很好地抵御诱惑	1	2	3	4	5
2. 我难以改掉自己的坏习惯	5	4	3	2	1
3. 我是懒惰的	5	4	2	2	1
4. 我会说些不妥当的话	5	4	3	2	1

续表

问题	非常不符	比较不符	不确定	比较符合	非常符合
5. 我会去做某些对我有害但是有趣的事情	5	4	3	2	1
6. 我会拒绝去做那些对我有害的事情	1	2	3	4	5
7. 人们常说我有铁一般的自律意识	1	2	3	4	5
8. 我在专注做事方面有困难	5	4	3	2	1
9. 我能够有效地为长期目标而努力	1	2	3	4	5
10. 有时即使知道某些事情是错的，我也无法控制自己不去做它	5	4	3	2	1
11. 我有时会上网过度	5	4	3	2	1

本问卷使用建议：问卷仅做参考，可以在“心有所悟”部分使用，旨在引导学生了解自己的自控水平，本问卷没有计分统计，可以通过班上同学得分的比较，让学生体会差异。

附：本主题可以使用的心理活动

活动1：回答情景

请同学们诚恳回答下列问题（出示问题）

你面对学习任务时，是否有拖延的习惯？

拖延这种坏习惯给你带来了哪些烦恼？

高二：如果你仍然没有改变，你会因此付出哪些代价？会给关心你的人带来哪些影响？请详细描述，你看起来会怎么样？情绪怎么样？

高考：如果你仍然没有改变，你会因此付出哪些代价？会给关心你的人带来哪些影响？请详细描述，你看起来会怎么样？情绪怎么样？

高二：如果你成功改变，你将会得到什么样的回报？会给关心你的人带来多大的好处？请详细描述，你看起来会怎么样？情绪怎么样？

高考：如果你成功改变，你将会得到什么样的回报？会给关心你的人带来多大的好处？请详细描述，你会看起来怎么样？情绪怎么样？

请第一个问题回答否的同学回答下面的问题：如果你有拖延症，这种坏习惯会给你带来哪些烦恼？因为你没有拖延学习的习惯行为，高考时你将会得到哪些回报？会给关心你的人带来多少好处？请详细描述，你看起来会怎么样？情绪怎么样？

老师：通过刚才那个活动，我们内心已经生起了迫切去改变拖延行为的力量，现在我们就行动起来，一起制订拖延行为的改变计划。

活动 2：心理激荡

1. 故事引入

师：今天老师给大家讲一个故事，好吗？

师：王兵是一个高一学生，上课经常开小差。或是动动前面的同学，或是看着窗外发呆，多次受到老师的批评。而跟他同桌的小明则经常得到老师的表扬。

师：你认为王兵在课堂上的表现好吗？为什么？（让学生自由发表自己的意见）

师：请你猜猜，小明为什么会受到老师的表扬呢？（学生自由猜测，说说小明受表扬的原因）

2. 揭示活动主题：（计算机出示）王兵和小明在课堂上的不同表现

师：在课堂二、互动辅导、心理体验

计算机展示课文插图。

图片一：小英在课室坐累了，正打着哈欠。

图片二：小兵在课室坐不住，正在拨弄前边的同学。

图片三：小红在课室里，望着窗外的小鸟。

四人小组讨论交流：

（1）你认为小英、小兵、小红在课堂上的表现好吗？为什么？

（2）倾诉：你们有过上述的行为表现吗？有没有在课堂上开小差被老师批评的时候……当时你心里的感受怎样？

（3）经过讨论后，你有什么想法？

小结：很多同学可能都有过开小差、搞小动作的行为，经讨论，大家都知道这样做会影响我们的学习，是不好的。我们要学会控制自己的行为，在课堂上专心听讲。

计算机展示课文插图。

图片四：小明在课室里端坐着，专心听老师讲课。

图片五：小强在课堂上积极举手发言。

图片六：同学们正按老师要求，分四人小组认真地讨论。

讨论交流：

（1）你认为小明、小强等同学在课堂上的表现好吗？为什么？

（2）你能像这些同学那样，专心听讲、积极思考、大胆发言吗？

(3)课堂上专心听讲,积极发言有什么好处?

小结:同学们,只有在课堂上专心听讲、积极思考发言,才能取得良好的学习成绩。我们要向小明、小强学习,学会控制自己的行为,争取进步。我们应该怎样做呢?

活动 3:我的内心小剧场

四人一个小组,结合生活经验,选择一个主题体现两个自我的冲突,创作一个两分钟的剧本并表演出来。你们可以给两个自我取形象化的名字,如“手机怪兽”VS“英语学霸”,尽可能真实地还原内心挣扎的过程。

假如现在你左手边放着作业,右手边放着手机,你有两个选择:A. 先玩手机半个小时,然后再写作业;B. 先写完作业,然后再玩手机一个小时。你的答案是什么?

构思表演短剧如《手机的诱惑》等,表现人物的挣扎与选择。

总结:小剧场形象化地展示了我们每次做出有关意志力的决定时的内心挣扎。脑海中的两个自我经常较量,各有输赢。每次“冲动自我”打败“控制自我”的时候,你有什么样的感受?

活动 4:番茄工作法

同学们,自我控制不是让两个自我在较量中一方战胜另一方,而是学会如何接纳相互冲突的自我的存在,然后将掌控权放在自己手里,主导人生的剧情。有了这样的认识之后,我们要做的就是借助一定的方法,来让我们的行为更好地服务于我们的积极期待。这里给大家推荐“番茄工作法”,请看短片。

番茄工作法是简单易行的时间管理方法,由弗朗西斯科·西里洛于1992年创立。具体来说,包括“计划→开始→番茄钟(25分钟)→休息(5分钟)→番茄钟(25分钟)→休息(5分钟)……(4组后)阶段性休息”几个阶段。每次番茄钟结束后,请记录执行情况;阶段性休息时,请检查执行情况及重新判断计划是否合理。

单个的番茄钟会让我们在一段时间里高效、专注地完成任务,合理安排一整天的时间。下面,我们试着用番茄工作法来规划我们的一天吧。

让学生进行工作法安排。

在改变的路上没有捷径,只有不懈地坚持用科学的方法,每一天才会和之前不一样,每一天都会有新的进步。

第4课　做最好的自己——激发自身潜能

一、教材解读及教学建议

（一）设计意图

高二学生既没有高一时的雄心壮志，也没有面临高考的紧迫感，是一个容易出现分化、动荡和茫然的时期。一旦遇到挫折，特别是在考试、人际等生活中受到打击，就易自我怀疑、自我否定，产生焦虑等负面情绪。引导学生进行"自我"的内在探寻，清楚每个人都内藏巨大潜能，找到自己内在存储的且尚未激发的力量。指导学生在学习、生活中有意识地开发、掌握一定挖掘潜能的策略，就能更好地成就自己发展和前进的方向，成为最好的自己。

（二）活动目标

通过事例分析、讨论，使学生了解人的潜能是巨大的、多方面的，激发学生积极开发自身的潜能，知道发掘自己潜能的一些方法，培养学生多方面挖掘自己潜能的能力，并更大程度地发挥潜能，更好地实现自我价值。

（三）教材结构

本主题分为"心有所感""心有所思""心有所悟""心有所动""心有所获"五部分。

心有所感：本环节在澄清潜能概念之后，呈现身体与记忆有巨大潜能的两个事例，引发学生思考：别人能如此那般创造"奇迹"，作为常人的自己能有创造"奇迹"的可能吗？激发学生对本课题探究的兴趣与欲望。

心有所思：在"心有所感"感触到个别人能创造奇迹的基础上，通过呈现加德纳对个人潜能的研究，让学生通过回顾自己或身边发生的奇迹，旨在让学生明白人人都有潜藏的巨大潜能。通过绘制"我的潜能图"让学生对自己的潜在力量有意识地进行探索，同时较为清楚地知道自己的优势潜能。再通过一个故事，让学生思考，既然人人皆具有巨大潜能，为什么我们没有时时创造奇迹？是什么制约了我们潜能的发掘与发挥呢？目的是对潜能展开讨论，在讨论中对自己的潜能挖掘不足有一定的认识。

心有所悟：本环节的主旨是让学生从心理学的角度了解潜能相关研究，如影响潜能发挥的主要因素，如何发挥个人潜能，这些问题或现象出现或发生的根源，也就是给出本主题的心理学支撑点与开发潜能的具体策略。知识链接，目的是让学生更形象直观地了解潜能的力量。

心有所动：通过活动"我的潜能我做主"，引导具有相同潜能的学生有意识地对"开发"做进一步的认识与深入探索。着力让学生对自己潜能的内容、特点、完善策略、开发行动等都有较为清晰的认知，同时加上榜样人物的力量，能更坚定学生开发自我潜能的决心。本环节的目的是通过设计学生感到有用、有趣而且可操作的活动，达到让学生在认知层面和行为层面改变的目的，提升对生活的胜任感。

心有所获：通过名人名言以及对"人脑潜能"研究数据的呈现，从理论上进一步强化挖掘自己潜能的可能性。而活动"10 秒钟原地跳"的体验，则进一步坚定学生个体对自我潜能开发的信心与可操作性。本环节的目的是对本课主题升华。即强化人的潜能是巨大的，只要学生有意识地去发掘自我的优势潜能，有意识地训练，即可发生"奇迹"。

（四）教学建议

1. 活动重难点

重点：引导学生认识个体蕴藏着巨大的潜能；树立开发自我潜能的意识；了解开发潜能的方法，尝试开发自身潜能。

难点：如何引导探寻个体的优势潜能。

2. 活动准备

教师：（1）调查收集、概括整理学生实际生活中否定自我（如我不行、我不好等）的事例。（2）选取典型潜能开发的故事和设计潜能体验活动，制作课堂课件及整理精彩潜能开发的视频、歌曲、诗歌、名言警句等。

学生：（1）回顾自认为完美完成的任务、事件，自认为拥有的长项或优势。（2）搜集资料，查找自己认同或感兴趣的潜能事例和名言警句等。

二、活动过程

热身活动

1. 教师组织学生，观看生活中人们表现出的超强能力，如江苏卫视的《最强大脑》或阅读教材“心有所惑”中的两则故事，讨论书中的“思考”：“上述材料说明了什么？正常人都能创造奇迹吗？”

2. 学生分享自己或自己了解的潜能发挥的故事。

教师总结：我们每个人的生命都充满无限潜能，人与生俱来就有身体运动、记忆、学习和创造等巨大的多种潜能。只是人人都有自己不同的优势潜能。

主题活动（1）

1. 组织学生阅读教材“心有所思”的事例，分享并梳理此环节中的讨论：请相互交流自己创造或自己所了解的“奇迹”，说说这些“奇迹”是怎样做到的？

2. 组织学生绘制“我的潜能图”。组织学生对照语言、音乐、身体运动、人际交往、自我认识、数理逻辑、空间等方面的潜能，以“冰山”的形式，绘制自己的潜能图。

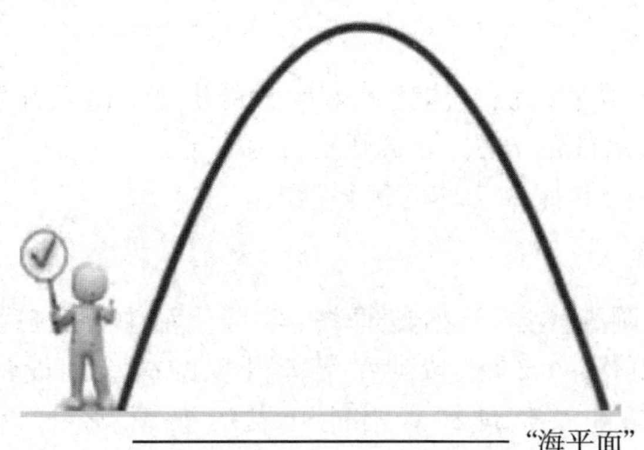

活动目的：（1）让学生在客观认识自己的基础上，体会到自己巨大的潜能所在。（2）通过自己的成长热身活动经历，认识到特长的形成过程就是潜能被开发的过程。人的潜能是可以不断被发掘的！（3）明确潜能的发掘也是有一些方法的，并不神秘，通过熏陶、学习、训练、比赛等，就可以把我们某个方面的潜能挖掘出来。

活动要求：（1）组织学生用笔画图。（2）用发展的眼光，客观地认识自己。做个有心人找出自己的潜能所在。

活动过程:(1)组织学生展示自己的潜能图。(2)现场采访,师生互动。采访以下四个问题:①海平面以上的能力是什么能力?海平面以下的是什么能力?②从你的潜能图上可以看到,几座“冰山”是有高有低的。为什么你会这样画?请简单介绍。③你觉得自己的潜能在哪儿?④你最擅长的能力是如何形成的?

教师引语:人的潜能是可以不断被发掘的!大家要做个有心人,用慧眼发现自己的潜能。潜能的发掘也是有方法的,同学讲的特长形成过程就给我们提供了鲜活的例子。发掘潜能的方法也并不神秘,通过熏陶、学习、训练、比赛等形式,就可以把我们某个方面的潜能一步步挖掘出来。

3. 组织学生探寻激发潜能的方法。

教师总结:现在我们认识到了人的潜能是巨大的、多方面的,所以我们应该善于发现自己的潜能,正确评估自己的潜能,以判断今后发展的方向,为自己的人生定一个正确的目标。从某种意义上讲,发现自己的潜能,是我们取得成功的重要条件。潜能在没有得到充分激发后会隐藏,我们应该打破固定的思维定式,认识到自己无限的潜能,抛弃畏难情绪,突破心理设限,坚持努力。也要经常给予自己积极的心理暗示和刺激,激励自己的热情,有利于潜能的释放。

主题活动(2)

组织学生进行活动“我的潜能我做主——挖掘优势潜能行动计划”。

目的:让学生较为清晰自己的优势潜能和激发、挖掘自己优势潜能的方法。此环节可以把优势潜能相同的同学分为一组,进一步讨论如何激发、挖掘自己的优势潜能。

教师总结:每个人身上都蕴藏着巨大的潜能,关键是你能不能发现,愿不愿意努力,有没有信心。一定要根据自身天赋、资质来开发自己的优势潜能,不求全责备,不妄自菲薄,同时要持之以恒。

拓展/升华

组织学生阅读教材中“心有所获”的故事。

目的:让学生在故事中感悟,我们未激发自己的潜能,可能是我们自己先给自己的心理设限。同时老师引导,潜能的激发与挖掘重要的是相信自己,积极行动。

教师总结:世界上每个人都是不同的个体,而在每个人身上都蕴藏着特殊的才能，那些才能犹如一位熟睡的巨人，等待我们唤醒他。上天绝不会亏待任何一个人，上天会给我们每个人无穷无尽的机会去发挥所长。只要我们能将潜能发挥得当，我们也能成为爱迪生，我们也能成为爱因斯坦。无论别人对我们评价如何，无论我们年纪有多大，无论我们面前的阻力有多大，只要我们相信自己，相信自己的潜能，我们就能有所成就。同学们，相信你们自己有巨大的潜能，行动起来，超越自我，充分利用好宝贵的学习时间，爆发你们的潜能吧！

三、教学辅助资源

（一）相关心理学理论

1983 年，美国哈佛大学教育研究院的心理发展学家霍华德·加德纳(Howard Gardner)出版了一本名为《智力的结构：多元智能理论》的著作。在书中，作者首次提出人类有着完整的智能“光谱”。这一论断突破了传统智力理论的假设：人类的认知是一元的，可采用单一的、量化的智力检测手段来测量人的智能。经过多年的研究，加德纳逐渐完善了自己的理论，明确提出人类存在多种不同的思维方式，他将人类的智能类型分成 8 种，分别是：语言智能、数学逻辑分析智能、空间智能、肢体动作智能、音乐智能、人际智能、内省智能、自然智能。加德纳相信，相对于过去在智力发展中狭隘地强调语言和数理逻辑智能，他的 8 种智能更准确地描绘了人类智力的面貌。加德纳的“多元智能”理论，对教育的方法和评价产生了广泛的冲击，在美国、日本等国家及中国港台地区的教育界都引起了广泛关注。

美国知名学者奥图博士说：“人脑好像一个沉睡的巨人，我们均只用了不到 1% 的大脑潜力。”一个正常的大脑记忆容量有大约 6 亿本书的知识总量，相当于一部大型电脑储存量的 120 万倍。如果人类发挥出其一小半潜能，就可以轻易学会 40 种语言，记忆整套百科全书，获得 12 个博士学位。

生命潜能管理就是以有系统的方法管理自我及周边资源，达成人生的目的。成功者与失败者的差别，是成功者能够自我管理、激励，并且做有效的时间分配，而失败者却不然。处理事件需知其轻重缓急，依危机事件（重要而紧急）、高生产力事件（重要而不紧急）等优先顺序来解决。以下的问题是世界上的顶尖成功者都思考过的，最终也都达到类似的结果，如果你也能一一找到答案，则你将有效地激起令人惊异的生命潜能。问句一：我生命的意义，即生命目的在哪里？人在世上若想快乐，必须感受到自己存在的重要性，如果连目的都不清楚，则会盲目一生，失去方向。做每件事知其意义，就容易找出好的方法去实践。请仔细考量并一再自问，这是非常重要的问题。问句二：我是谁？我的理想是要成为怎样的人？你必须找回自我，找回理想中要成为的人。这个问题的答案可以有很多个，你可以设定多项自我形象。问句三：我有哪些价值观和信念？找出想成为的理想人物，重新建立价值观与信念，由自己设计生命的架构，而不是让环境不断地影响你。问句四：我一生的策略是什么？你要用什么方法来实现生命意义，成为理想中的人，找回价值观和信念，找回生命的原动力？问句五：今年的五大目标是什么？问句六：目前的短期目标有哪些？问句七：每天所要实行的行动有哪些？以上问题的答案都可以不断地修正。

（二）典型案例

1. 日本一家报纸曾报道了一件有趣的事：一名日本妇女趁孩子熟睡之际外出购物，返家途中在巷口与人闲聊时忽听孩子在自家阳台上呼叫寻母，不幸从阳台上坠落下来，其母飞奔至楼下，竟奇迹般地接住了孩子。按理说三岁幼儿体重约十公斤，从十楼坠下，在重力加速度的作用下，在将近到达地面时的重量绝非常人能承受。这件事在日本引起了轰动。后来新闻界还专门请来举重运动员和世界级优秀赛跑运动员做了一个模拟实验，结果都是无法成功地接住也无法及时赶到出事地点。

2. 科学家曾经将一条梭子鱼和鲭鱼放在一个玻璃缸中。一般情况下，梭子鱼非常喜欢吃鲭鱼，看见鲭鱼就会扑上去。然后，他们将一个透明的玻璃放在两条鱼中间，每次梭子鱼看见鲭鱼游过来，要吃鲭鱼，每次都撞到玻璃上，撞得很疼。最后梭子鱼明白了，它也许永远不可能吃掉鲭鱼了。后来研究人员悄悄地撤掉了玻璃。梭子鱼和鲭鱼快活地嬉戏，再也没有吃掉鲭鱼的冲动。假如梭子鱼稍微尝试一下，一顿美餐就到口了。但是梭子鱼绝对不会这样冒险，甘心放弃了这顿美餐。被饿死的梭子鱼的故事是心理学中著名的强化消失定律实验，它说明了潜能在没有充分地激发后就会隐藏甚至是消失。

（三）其他

1. 活动：智者闯关

选取两人做家门把关者——“魔王”，其余的同学做智者。智者必须大声响亮、清晰无误、坚毅有力、发自内心地说出过关口令并做出与众不同的姿势或方式，才能过关回家。

（过关口令：我，***，坚决要做到每天锻炼身体30分钟！请允许我通过。过关姿势：不能与前面的“智者”雷同，有一点不同就行）

2. 视频《无限可能超越自己》

视频主要内容：一次人与自然的巨大较量，他若想成功征服珠峰，需要付出常人无法想象的努力。他将踏出的每一步，都必须投入刻苦训练、悉心培训。但前路仍有种种挑战有待一一克服，面对无法完成的任务，他不甘示弱，不断总结经验，反复磨炼，直到把穿越任务压缩到提前完成。亲密的伙伴、团队合作精神，带领着向目标奋进，无惧一切障碍，不懈努力，战胜困难！他说：“越接近顶峰，越容易令人选择放弃，除非我们为自己定下框框，否则人的潜能是没有限制的！”2001年5月25日10时，历时65日，19人团队，跨越无数冰雪断岩，成功登顶，无人伤亡。而他更是——全球首位登上珠穆朗玛峰的盲人！埃里克·韦汉梅尔，全球首位登上珠穆朗玛峰的盲人，在接受记者采访时说：“一个人如果不去尝试，就不知道他能做什么。一旦你去做了，你会发现一切可能，都会变成现实。”

教师归纳：学习的过程就像攀登高山，我们就快攀登到顶峰了，这时有些同学觉得很辛苦，出现高原反应了，脑子里面知识短路了，想放弃了，我们千万不能前功尽弃。要学习埃里克·韦汉梅尔，相信自己能够战胜困难，激发出我们强大的潜能，付出努力我们一定能够取得胜利！无论何种方法，最重要的是要付诸实践，要真正去做才行。我们每个人都在追逐梦想，但要把梦想变为现实，不仅需要我们不断发掘自己的潜能，更需要我们付出艰辛的努力和汗水，因为——没有人能随随便便成功！

3. 美国大企业家笛福森的故事

笛福森45岁以前一直是一个默默无闻的银行小职员。周围的人都认为他是一个毫无创造才能的庸人，连他自己也看不起自己。然而，在他45岁生日那天，他读报时受到报上登载故事的刺激，遂立下大志，决心成为大企业家，从此，他前后判若两人，以前所未有的自信和顽强毅力，破除无所作为的思想，潜心研究企业管理，终于成为一个颇有名望的大企业家。

故事的启示：经常给自己积极的心理暗示和刺激，激励自己的斗志，有利于释放潜能、超越自我。抱着积极的心态去开发你的潜能，越早激发越好。

4. 歌曲《相信自己》

5. 推荐书籍《人类的潜能》

[美]谢弗勒．人类的潜能[M]．石中英，涂元玲，译．上海：华东师范大学出版社，2006.

主要内容：《人类的潜能》是谢弗勒学术活动中后期的一部力作，书开篇是对人性的说明，意在说明人类潜能概念的实践动机，其次对潜能进行分析性重构，分析潜能如何与一些经验事实相关联。在全书的各个部分，都强调人类的符号性、选择、时间的连续性以及自主。

附：本主题可以使用的心理活动

活动 1：一边倒

1. 让每个同学伸出双手，握拳，使拳心朝向自己的胸前，当教师喊口令"一边倒"的时候，左手伸出大拇指，右手伸出小指头。

2. 教师再喊"一边倒"的时候，收回左手大拇指和右手小指头，同时伸出右手大拇指和左手小指头。

3. 如此反复，喊口令的速度不断加快，直至学生乱了阵脚为止。

注意事项：

1. 可选一位同学在前面带领大家一起做，动作与全体学生相反。

2. 口令应先慢后快。

活动 2：潜能小讲座

什么是潜能呢？

潜能是潜伏在我们自己身体当中、没有被发掘出来的能力（是人内在的一种能力，可能达到但尚未实现的能力）

我们每个人都是等待开采的潜能金矿，蕴藏着无穷的宝藏。科学家研究已经证明：人脑的能力大得惊人。要是人类能发挥自己大脑一半的功能，那么我们就可以轻易地学会 40 种语言，背诵整本百科全书，拿 12 个博士学位。

20 世纪的科学巨匠爱因斯坦，只开发了自己全部潜能的 1%—3%。这说明人有巨大的潜能，他在某一时刻会爆发出来，来看下面的小故事：

一个美国人的故事：

有一位被医生确定为残疾的美国人，名叫斯蒂文，他靠轮椅代步已生活20年了，他是赴越南打仗，被子弹打伤，经过治疗虽然保住性命，却再没法行走了。他整天坐轮椅，觉得这一生已经完了，常常借酒消愁。有一天，他从酒馆出来，照常坐轮椅回家，却碰上三个劫匪。动手抢他的钱包，他拼命呼喊、拼命抵抗，这下子惹怒了劫匪，他们竟然放火烧他的轮椅。轮椅一着火，斯蒂文忘记了自己是残疾人，他拼命逃走，竟然一口气跑完了一条街。事后，斯蒂文说：如果当时我不逃走，就必然被烧伤，或被烧死。我忘了一切，一跃而起，拼命地逃啊。逃了很远停下脚步，才发现自己会走动。现在他已在纽约找到一份工作，与正常人一样能行走。

听了这个故事，我们是不是为斯蒂文的变化感到高兴。从他的变化中，我们可以看到人有极大的潜能，他在紧张时产生了一种超常的力量，大得惊人的力量。

同学们，苏炳添跑得快不快？但是有一个普通妇女比他跑得还快。你相信吗，但这也是一个真实的故事。有一位年轻的母亲，在家照顾她两岁多的儿子，孩子睡着后，母亲把儿子放在小床上，她趁儿子熟睡这段时间去附近的菜市场买菜。当她买完菜走到居住的楼群时，由于惦记着儿子，她不由得朝自己居住的方向望了一眼。这一望不得了，发现四楼阳台上有个黑点在蠕动。糟了，是儿子，她大叫一声，疯狂地往前跑，边跑边喊，“孩子不要往外爬！”但是孩子哪里听得懂呀，他看到妈妈朝他挥手，兴奋地乱蹬乱舞，拼命往外爬。这时要上到四楼阻止儿子，已经来不及了，这位母亲于是就拼命地跑，刚好在儿子掉下来的一刹那，跑过去伸出双臂稳稳地把儿子接住了。

这件事立即轰动了当地的市民，电视台记者来了，要把这人间奇迹摄下来。于是，他们找到这位母亲，要她重复一次。这位母亲惊恐地摇摇头，死也不干。记者说，“不是让你的儿子重新试验，只是找个布娃娃从四楼掉下来，你再去接住”。这位母亲同意了。但是，一次、两次、三次，布娃娃都掉在了地上，怎么也接不住。这位母亲说：“这是因为孩子不是自己的，并且又是假的。”你看，孩子不是自己的就接不住，孩子是自己的就能接住。其动机如何，我们暂且不论，但足以说明，人的潜能是存在的。

所以潜能是什么啊！就是一只老虎在追一个老奶奶，结果——没追上，为什么？老奶奶爆发了巨大的能力。

全班一齐说：人在逃命的时候会全力以赴。我们要全力以赴！

活动3：喊出自信来

活动流程：

1. 每人写出两句自己最满意的自我激励的口号，然后熟读，默默背诵。

2. 辅导教师带领全班同学在教室里（或室外）列队，队形为U形。举起右手，用尽全力把自己的口号喊出来。要大声、坚定、自信地重复三遍，然后全班同学热烈鼓掌。

3. 教师现场小结赠言（根据具体情况拟定）。

注意事项：

心理辅导课开始之时，就应注意将课桌撤去。

第四章　学习心理辅导主题教学设计

第5课　行动的指南——学会制定目标

一、教材解读及教学建议

（一）设计意图

在教学中我们常常发现有这样一些学生：他们的学习生活就像做梦一般，没有特定的方向，没有特别想要实现的东西，没有任何向前的动力，整天迷糊地度过，机械地完成一些不得不做的任务……

通过课前问卷调查发现，在接受调查的学生中有13.8%的学生没有近期目标，52.8%目标模糊，而他们目标的达成情况不容乐观。哈佛大学关于目标的调查同样证明了有个明确的目标对于未来生活的意义是重大的。因此，在中学阶段，引发学生去思考这个问题，主动为自己设定一个明确的目标，并且习得一些促进目标实现的方法与技巧就显得尤为重要了。

（二）教学目标

1. 了解目标的意义和重要性。

2. 引导学生掌握目标设定与目标分解的方法，主动调整与完善自己的目标。

（三）教材结构

本课分为“心有所惑”“心有所思”“心有所悟”“心有所动”“心有所获”五部分。

心有所惑：通过学生中普遍存在的一个关于目标对行为影响的案例

故事,引导学生初步感受目标的重要性及其与现实生活的联系。

心有所思:让学生在两轮鼓掌活动中,亲自体验随意鼓掌和带着目标鼓掌,不同方式下任务完成情况的差异,引导学生思考目标在学习生活中的作用。

心有所悟:以哈佛大学关于目标调查的实验结果,证明长远目标对人生成功的重要作用,引发学生的内部动机。

心有所动:这是本课的核心环节,通过学生制定目标、参照 SMART 原则反复修改目标、参考马拉松冠军的经验分解目标、不断完善目标,最后将目标可视化等步骤层层深入、步步递进,目的在于让每一个学生都能拥有一个科学的、可达的、具有激励作用的目标。

心有所获:通过一段有哲理的话和一个北极星指引人们走出撒哈拉大沙漠的故事,让学生从中认识到如果只凭感觉,往往会陷入迷茫,而新生活是从选定方向开始的。

(四)教学建议

1. 教学重难点

目标设定与分解的方法,学会主动地为自己设定目标。

2. 教学准备

多媒体课件、音乐(目标可视化环节冥想配乐)、问卷调查(课前)。

3. 课时建议

1 课时。

二、活动过程示例

热身活动

案例分享:

(1)教师组织学生自行阅读案例。

(2)教师组织学生对案例中两个同学存在不同学习状态的原因进行分析。

交流分享内容,辅导教师可广泛收集学生意见,重点在于引导学生提出“目标”一词,并初步感受目标与现实生活的联系。

主题活动(1)

活动：掌声雷动。

(1)教师宣布规则并组织体验活动。

活动第一轮，教师尽量避免任何语言的暗示，让学生在无目标的情况下体验任务的完成情况。

(2)教师广泛了解学生的鼓掌数量，并引导学生对第一轮鼓掌情况进行思考：这是你能够达到的最大数量吗？为什么？

(3)教师宣布第二轮目标组织学生再次体验活动。

活动第二轮，在了解第一轮鼓掌次数的基础上，教师帮助全体同学选择一个适当的目标数字(通常是平均值稍高，大多数人通过努力能达到的)，通过言语鼓励，让更多的学生完成挑战。

(4)学生思考：前后两次鼓掌有差异吗？给你怎样的启示？

(5)教师总结：在任务的完成过程中，不是我们做不到，而是我们没有给自己设定目标，提出设定目标的重要性。

主题活动(2)

1. 阅读材料：《哈佛精英的人生轨迹》

(1)教师组织学生阅读材料。

(2)教师提炼关键材料中的重点内容，让学生感受一个清晰的、长远的目标对人生成功的重要性。

教师充分调动学生的情绪，为下一环节奠定情感基础。

2. 目标的制定

(1)以两年为限，学生自行设定目标。

此处教师可根据本班学生的学情和自己的教学目标，在时限上做调整，告知学生目标的设定可以是多方面的，避免学生把目标局限在学习方面。

(2)通过分享和观察的方式充分了解学生目标设定情况。

一定要在几乎所有同学都制定好目标后才进入到下一环节。如果有学生出现困难，教师可进行鼓励，并举例说明目标的内容。

3. 目标的修改

(1)教师引导学生思考并不是所有目标都能实现的原因，提出SMART原则。

(2)简单举例介绍5个原则。

(3)学生参照SMART原则，修改自己的目标。

修改后引导学生再次分享自己的目标，一一对照SMART原则，和学生共同探讨是否同时符合每一个原则，反复分享、反复提出意见、反复修改，最终达到至少三分之二的同学都能拥有一个正确的、科学的目标。

4. 阅读材料《马拉松冠军的智慧》

（1）学生阅读材料，讨论从山田本一故事中得到的启示，教师在分享中提炼出目标的分解。

（2）学生学习山田本一的经验，结合 SMART 原则分解自己的目标。

教师引导学生分享自己的目标分解情况，分解的重点在于每一个子目标都要符合 SMART 原则，子目标之间的距离适度，即每一个子目标都具有一定的挑战性，但又并非难以实现。

（3）教师引导学生冥想，将自己的目标视觉化。

教师可配上一段轻松的音乐和温馨的指导语，让学生平静下来去冥想与感受。

拓展 / 升华

1. 阅读一段话

（1）学生阅读教材“心有所获”内容，感受《爱丽丝漫游奇境记》中经典语录的深刻哲理。

（2）教师再次点明主题，做出总结。

也可先请学生谈谈这段话告诉我们的深刻哲理，教师再做总结，注意点题。

2. 阅读材料《新生活是由选定方向开始的》

（1）学生自行阅读材料，教师给学生充分的时间用以反思与感悟。

（2）教师提出希望。（结合学生的实际情况，可提出“高一是一个新的起点，鼓励学生在高中开始的阶段给自己设定一个前进的方向”）

三、教学辅助资源

（一）相关心理学理论

1. 目标的概念

目标是指组织（或个人）活动预期达到的目的或结果。

2. 目标的分类

（1）按照层次：目标可分为愿景、使命和具体目标。

（2）按照内容：目标可分为总目标、中间目标和具体目标。

（3）按照时期：目标可分为长期目标、中期目标和短期目标。

（4）按照数量：目标可分为单元目标和多元目标。

（5）按照稳定性：目标可分为静态目标和动态目标。

3. 目标的心理功能与利用

（1）定向功能拓展/升华

目标的定向功能是指目标能使人们的行为按照一定的指向进行。心理学上把目标看成是一种刺激，合适的目标可以诱发一个人产生需要，当需要与目标之间存在一定的差距时，人的心理就会出现紧张状态，在一定条件下，这种紧张状态便转化成动机，促使人们去从事某种活动，努力迫近所要达到的目标。

（2）控制功能

目标能使人们有效地控制自己行为的轨迹，抑制不符合目标的其他需要，以确保人们既定的方向和目标的实现。

（3）激励功能

巨大的动力源于远大的目标。目标的激励作用表现在四个方面：第一，明确的目标能直接诱发行为动机；第二，在人们遭遇困难和挫折时正是目标赋予人们力量，勇敢地迎接挑战和克服困难；第三，当接近奋斗目标时，目标给人以鼓舞；第四，目标的实现会给予人们满足感和自信心，并促使人们向更高的目标迈进。

（4）凝聚功能

共同的目标是群体动力的源泉，对一个组织而言，如果部门或其成员不了解组织的目标和组织赋予自己的工作目标，就会随意行动，甚至会发生无谓的纠纷，相互抵消力量。

（5）反馈功能

有效的管理是一种反馈系统，将管理的各个环节连接到一起，并使其成为一个回路。因此，反馈作为管理的重要环节，是活动或行为是否有效的一个重要指标。

4. 目标导向理论

目标导向理论把人的行为分为三类：

（1）目标导向行为，指为寻求达到某种目标而表现出来的行为。

（2）目标行为，即达到目标、满足需要的行为。

（3）间接行为，指为满足将来的需要而出现的行为。

行为科学家研究发现，对目标导向行为来说，随着对目标的不断接近，动机的强度也不断增强，这种趋势直到达到目标或遭受挫折后才停止。对于目标行为来说，情况则有所不同，当目标行为开始后，动机的强度反而有逐渐减弱与降低的趋势。因此，应经常交替利用目标导向行为和目标行为，使行为动机保持在较高水平。

（二）典型案例（故事/实验）

保险销售员的故事

有个同学举手问老师："老师，我的目标是在一年内赚 100 万！请问我应该如何计划我的目标呢？"

老师便问他："你相不相信你能达成？"他说："我相信！"老师又问："那你知不知道要通过哪个行业来达成？"他说："我现在从事保险行业。"老师接着又问他："你认为保险业能不能帮你达成这个目标？"他说："只要我努力，就一定能达成。"

"我们来看看，你要为自己的目标做出多大的努力，根据我们的提成比例，100 万的佣金大概要做 300 万的业绩。一年 300 万业绩，一个月就是 25 万业绩，每一天就要 8300 元业绩。"老师说，"每一天 8300 元业绩。大概要拜访多少客户？"

"大概要 50 个人"，"那么一天要 50 人，一个月要 1500 人，一年呢？就需要拜访 18000 个客户。"

这时老师又问他："请问你现在有没有 18000 个 A 类客户？"他说没有。"如果没有的话，就要靠陌生拜访。你平均一个人要谈上多长时间呢？"他说："至少 20 分钟。"老实说："每个人要谈 20 分钟，一天要谈 50 个人，也就是说你每天要花超过 16 个小时在与客户交谈上，还不算路途时间。请问你能不能做到？"他说："不能。老师，我懂了。这个目标不是凭空想象的，是需要凭着一个能达成的计划而定的。"

点评：目标不是孤立存在的，目标是计划相辅相成的，目标指导计划，计划的有效性影响着目标的达成。所以在执行目标的时候，要考虑清楚自己的行动计划，怎么做才能更有效地完成目标，是每个人都要想清楚的问题，否则，目标定的越高，达成的效果越差！

迷雾中的遗憾

1952 年 7 月 4 日清晨，加利福尼亚海岸起了浓雾。在海岸以西 21 英里的卡塔林纳岛上，一个 43 岁的女人准备从太平洋游向加州海岸。她叫费罗伦丝·查德威克。

那天早晨，雾很大，海水冻得她身体发麻，几乎看不到护送的船。时间一个小时一个小时的过去，成千上万人在电视上看着。15小时之后，她又累又冻得发麻。她觉得自己坚持不了了，就叫人拉她上船。船上，她的母亲和教练都告诉她海岸很近了，叫她不要放弃。但她朝加州海岸望去，除了浓雾什么也看不到……

人们拉她上船的地点，离加州海岸只有半英里！

后来她说，令她半途而废的不是疲劳，也不是寒冷，而是因为她在浓雾中看不到目标。查德威克小姐一生中就只有这一次没有坚持到底。

点评：这个故事讲的是目标要看得见，够得着，才能成为一个有效的目标，才会形成动力，帮助人们获得自己想要的结果。

（三）其他

1. 冥想指导语（推荐音乐：班得瑞《雪之梦》）

请你找个舒适的坐姿，闭上眼睛，伴着舒缓的音乐，深呼吸……你的呼吸逐渐放慢，你的心情也随之放松。现在，让我们坐着时光穿梭机，一起来到两年后的某一天……

今天是个特别的日子，刚刚下过小雨的天空格外清新，你突然想起在两年前的心理课上，你坚定地写下了那个目标，今天，终于实现了！那是一个怎样的目标呢？它将带给你怎样的生活？请你仔细地将这种生活在脑中描画出来。用了两年的努力，目标终于实现了！你的心情如何呢？请你细细地去体会内心的感受。

你还记得一路走来的心路历程吗？回想两年来，几乎在每一个小目标实现的过程中，你都曾遇到过各种各样的困难，多少次你想要放弃，但是最终你都坚持了下来，请你回过头，一一看看当时的情景，体会每一时刻的心情……现在看起来，两年的付出终于有了回报，对此你又有何感受呢？带着这些感受，让我们回到时光穿梭机中，让它带我们回到现在，我数十个数字，你会感到越来越轻松，10、9……请你慢慢睁开眼睛，静静地回到现实中来。

2. 测评工具（此表用于课前调查）

调查问卷

班级：__________担任职务：__________

亲爱的同学：

为澄清您的目标管理现状，现做以下调查，请大家如实填写，此问卷为您保密。

1. 你习惯为自己制定目标吗？

经常( )偶尔( )从不( )

2. 你的目标达成情况怎样呢？

超越目标( )基本实现( )偶尔实现( )从未实现( )

3. 你近期最大的目标是：

4. 你准备如何来实现这个目标？

5. 实现这个近期目标的有利条件有哪些？

（1）

（2）

（3）

6. 实现这个目标有哪些阻碍？

（1）

（2）

（3）

问卷结束，谢谢配合！

附：本主题可以使用的心理活动

活动1：未来畅想曲

教师讲述：引题。

教师：同学们，你们设想过自己的未来吗？生命的旅行将如何到达理想的彼岸？自己将成为怎样的一个人，从事什么工作？取得怎样的成绩？这些“不切实际”的想法其实是非常有意义的。下面让我们一起来做一个非常有趣的游戏。

1. 教师指导学生做“看未来”的游戏

（关掉教室的灯光，把窗帘拉上）请学生找一个舒适的坐姿，闭上眼睛，身体放松，情绪放松，静下心来，平稳呼吸。

在悠扬的音乐背景下，听着引导语，渐渐地进入时间隧道，看自己的“将来”。

导语：“每一个人都从过去走到现在，又从现在走向将来。大家在自己的生活道路上前进，前进。看到了一些你曾经向往的事情变成了现实。”

“时间在慢慢地流逝，5年了，你看到了5年之后的自己，你在做什么？”（稍做停顿）“我们继续前进，时间慢慢地流逝。10年了。这时，你又在哪里？从事什么职业？”（稍做停顿）“再往前走，时间不断地流逝。

15 年了，我们又看到了 15 年之后的自己，身体是否健康？工作是否取得成绩？少年时的梦想是否实现？”

（停顿一会儿）“大家慢慢地睁开眼睛，回到现实。”

（教师在讲导语时，要做到声音低沉、平稳、缓慢，留有空间，令人产生联想）

2. 交流分享活动

先以四人小组为单位交流分享“看未来”的经历。交流时可提出这些问题：看到自己的将来了吗？如果没看见，想一想，为什么看不见？然后请几位学生参加全班交流。

3. 总结

同学们对未来的梦想或设想即是每个人的人生目标。而目标就是你通过活动希望得到的结果。每个同学看到的景象并不一样，因为每个人的理想是不同的，实现的程度也不一样。目标有理想目标（长期目标）和现实目标（阶段目标）之分。理想目标的实现需通过一个个阶段目标的实现来完成，并在阶段目标的实现过程中根据社会需要、环境的改变和自身兴趣的转移而不断地修正。一个恰当的人生目标应当介于理想和现实之间。人生是由过去、现在和将来三个环节组成的连续统一体。人生的意义不在于过去，也不在于未来，而在于人的现实活动，在于对现实的突破和超越。

活动 2：情景讨论：目标是海上航行的灯塔

1. 出示材料

在一个跳高实验中，实验对象被分成两组，第一组，教练不作任何技术指导，只根据每个人的特点和差异，每天确定不同的跳高目标。另一组也不作任何技术指导，不具体确定跳高目标，完全随实验者自己的意愿，想跳多高就跳多高。经过一段时间的实验，有目标的一组与无目标的一组出现了明显的差异。

2. 小组讨论

两个组的跳高成绩为何出现明显差异。

3. 教师归纳

这个实验充分说明：人在一个确定的目标下，会调动一切积极因素，从心理到生理努力实现自己的目标。没有目标，生活就是盲目的，人就不会运用和发挥自己的智慧才能，就会无所事事、庸庸碌碌、虚度光阴。确定积极的人生目标，能帮助我们掌握自己的生活，最大限度地开发潜能，充分发挥自己的聪明才智，服务于社会的发展，实现自己的人生价值。

活动3：检视自己

1. 你曾经有过哪些目标？

提示：包括学习方面的，人际关系方面的以及其他日常活动方面的，如游泳、学自行车、放风筝等。

2. 你认为哪些成功了？哪些失败了？

3. 原因是什么？

4. 交流分享“问卷”的前两个问题。

活动4：讲述名人故事

1. 教师向学生介绍约翰·戈达德的故事：

约翰·戈达德，是英国皇家地理学会的会员和纽约探险家俱乐部的会员。他出生在洛杉矶，从小就充满了幻想。15岁那年，他把自己一生想干的事情列在一张表上，题名为“一生的志愿”，列表上写着：“到尼罗河、亚马孙河和刚果河探险，登上珠穆朗玛峰、乞力马扎罗山；驾驭大象、骆驼、鸵鸟和野马；探访马可·波罗和亚历山大一世走过的道路；主演一部《人猿泰山》那样的电影；驾驶飞行器起飞降落；读完莎士比亚、柏拉图和亚里士多德的著作；谱一部乐曲；写一本书；游览全世界的每一个国家；结婚生子；参观全球……”每一项都编了号，一共有127个目标。现在约翰·戈达德在经历了8次死里逃生和难以想象的艰难困苦后，已经完成了其中的106个目标。他说下一个目标就是游览中国的长城。约翰·戈达德的话就是“我决不轻易放弃任何一个目标，一有机会到来，我总是准备就绪”。

2. 小组讨论：约翰·戈达德是怎样为自己确立目标的，又是怎样付诸行动的？你听了约翰·戈达德的故事有什么感想和体会？

3. 教师对自己的人生进行回顾与展望，与学生分享成长的喜悦。

（教师介绍小时候的梦想、对未来的设计以及人生格言）

4. 请学生静静地回顾自己的人生，思考自己的未来，写自己《一生的志愿》及人生格言。

要求：认真思考，想想自己究竟有些什么愿望，不管暂时有无实现的可能，写下来。郑重写上自己的姓名、班级、学号与日期，作为送给老师的珍贵礼物。

我们约定30年后再启封，看看自己的愿望实现了多少。

活动 5：心理透析

1. 分享将梦想变成现实的策略，设计实现目标的计划或方案。

2. 教师讲述：

"人无志不立，立志不定，终不济事"。理想是人生的灯塔，志向是生活的路标。高中时代，正是立志的最好时机。马克思就是在高中时代立下了选择"最能为人类福利而劳动的职业"的远大理想，并为此奋斗终生。毛泽东同志在青年时代读到一本《世界英雄豪杰传》，他为书中介绍的华盛顿、林肯、拿破仑、彼得大帝等的英雄业绩所感染，即给自己起名"子任"表示要以救国救民为己任。科学史上许多大科学家，也都是在中学时代立下攀登科学高峰的宏伟志愿，为人类做出了杰出的贡献。明代学者王守仁说："志不立，天下无可成之事。"如果你想为祖国的繁荣富强大干一番事业，那就应该早早确立自己远大的理想。一个人到了高中时代还浑浑噩噩没有明确的志向，就会造成终生的遗憾。

3. 出示配图多媒体：向学生介绍"立志"的三个心理过程：

动机斗争——确立目标。目标要具体，可操作。如"我要考上某某大学"等等。

暗示成功——相信梦想能实现。梦想是很有力的暗示，虽然梦想不一定会实现，但没有梦想却是"零"：如果一开始就感觉自己会输，那么肯定会失败。

自我激励——实现目标。每个人都能通过暗示或自我暗示激励自己。一种最有效的形式就是记住一句话，以便在需要的时候这句话能从下意识心理状态闪现到意识心理状态。梦开始时总是可望而不可即的，唯有不断地自我激励才能获得成功。

4. 小组讨论：对"立志"的三个心理过程的理解。

第 6 课　记忆的诀窍——与遗忘对抗

一、教材解读及教学建议

（一）设计意图

学生在学习过程中，几乎所有的知识都需要记忆的参与。记忆能力是学生学习能力的重要组成部分。进入高中以后，学生普遍觉得课程紧，要记的内容多,大脑整天忙不过来,经常出现“记得快,忘得快”的现象。其实,学习任务繁重只是造成这种现象的原因之一,更重要的原因在于很多同学对记忆的规律不了解,找不到适合自己的记忆策略。因此,学生必须进一步加强意义记忆,由机械记忆为主转向意义记忆为主。了解遗忘规律,掌握记忆方法和技巧很重要。

(二)教学目标

1. 引导学生分析、发现自身记忆的特点。

2. 指导学生了解科学有效的记忆方法,掌握提高记忆力的必要策略。

3. 学生学习遗忘规律,结合自身实际,提高自己的记忆能力。

(三)教材结构

本课分为“心有所惑”“心有所思”“心有所悟”“心有所动”“心有所获”五部分。

心有所惑:用一个学生感到记忆力下降,学习吃力的案例引出本课话题,引起学生对记忆方法的思考。

心有所思:通过两个活动让学生体验运用科学的记忆方法去完成任务的重要性。

心有所悟:让学生进一步认识科学高效的记忆方法,以提高记忆的效率。

心有所动:帮助学生进一步分析寻找适合自己的记忆方法。

心有所获:巩固本课学习的记忆诀窍,学习遗忘曲线规律,了解影响遗忘的因素,通过重复记忆策略来应对遗忘。

(四)教学建议

1. 教学重难点

(1)指导学生分析、发现自身记忆特点。

(2)探索适合自己的记忆策略。

2. 教学准备

(1)收集关于记忆的视频、短片,例如:中央电视台关于《百家姓》的记忆视频,《鲁豫有约》关于吕超 1 分钟内记住观众随机说出的 48 个数字的视频。

（2）学生6—8人分组。每个小组准备空白的记忆卡片。

（3）教学记忆卡片。

3. 课时建议

1课时。

二、活动过程

热身活动

1. 案例分享

（1）播放视频。

（2）教师组织各小组讨论为什么视频里的那些人能有如此惊人的记忆力。

交流分享内容，辅导教师可以视实际情况引导，如记忆是不是有规律可循。

2. 阅读教材

（1）学生阅读教材“心有所惑”内容，并思考：你在学习中遇到过哪些与记忆相关的困惑，是怎样解决的？

（2）学生自由发言，教师简要点评，进入课题

主题活动

1. 现场采访

（1）教师现场采访班上记忆力较好的同学，请他们分享自己的经验故事。

（2）教师就现场采访中学生的表现，组织讨论，探讨原因。

2. 记忆·探索

（1）教师用事先准备好的记忆卡片组织瞬时记忆体验活动；教材中“心有所思”提供了活动方案，教师可根据实际情况增加类别，如诗词、英文单词等。

（2）教师组织学生进行充分讨论，寻找适合自己的记忆方法。

（3）头脑风暴：如何提高自己的记忆效率？该设计对应教材的“心有所悟”内容，目的在于让学生充分认识科学记忆方法的重要性和实用性，摸索总结出适合自己记忆习惯的方法。

3. 设计·分享

（1）学生以组为单位，设计制作自己的记忆卡片。学生在课堂上都

会根据教师讲课的内容记笔记，但是往往记了以后就扔在一边，没有合理利用，这个环节教师可以根据学生的具体情况指导学生用记忆卡片的方式归纳总结学科内容，提高学习和记忆效率。

（2）学生分小组讨论，设计符合各个学科的“记忆卡片模板”。根据教材“心有所动”列出的表格，可以适当拓展。

（3）每个小组在全班交流、分享自己的“记忆卡片模板”。

4. 阅读教材

学生阅读教材“心有所动”内容，并根据教材建议，思考和完成相应的表单。

拓展 / 升华

1. 阅读教材

学生阅读教材“心有所获”内容，并自由发言、交流。

2. 音乐记忆法

（1）播放王菲歌曲《明月几时有》。

（2）要求学生现场默写苏轼词《水调歌头》。

三、教学辅助

（一）相关心理学理论

1. 概念

记忆（memory）：存储和提取信息的容量。

编码（encoding）：信息的最初加工，从而导致记忆中的表征。

存储（storage）：被编码材料随时间的保持。

提取（retrieval）：被存储信息在随后某一时间恢复。

2. 什么是记忆

（1）认知心理学把记忆作为信息加工的一种方式来研究。

（2）有意识参与的记忆叫作外显记忆，无意识的记忆叫作内隐记忆。

（3）陈述性记忆是对事实的记忆；程序性记忆是对如何做的技能的记忆。

（4）记忆过程通常被分为三个阶段：编码、储存、提取。

3. 感觉记忆

（1）感觉记忆系统有很大的容量，但保持时间很短。

（2）映像记忆短时间地保存我们看到的世界。

（3）回声记忆保留我们听到的刺激。

4. 短时记忆和工作记忆

（1）短时记忆容量有限，在不复述的情况下，保存时间很短。

（2）保持复述可以在一定程度上延长短时记忆材料的保留。

（3）可以通过把无意义的项目加以组块，构成有意义的组群，从而增加短时记忆的容量。

（4）短时记忆的提取非常有效。

（5）广义上的工作记忆包括短时记忆。

（6）工作记忆的三个组成部分为我们时时刻刻体验外部世界提供了资源。

5. 长时记忆：编码和提取

（1）长时记忆包括你对世界和对自己的全部记忆。长时记忆的容量是无限的。

（2）你对信息的记忆能力取决于你对编码和提取线索的匹配程度。

（3）复习和提取时的上下文相似，有助于提取。

（4）系列位置曲线是用上下文的不同特征来解释的。

（5）提取线索允许你从长时记忆中提取信息。

（6）情节记忆指的是有关个人经历的事件的记忆。语义记忆是关于词语或概念的意思的记忆。

（7）当提取的线索不能够引发特定记忆时，就会出现记忆的干扰。

（8）信息的加工越深入，回忆的效果越好。

（9）编码过程和提取过程的相似，对于内隐记忆来说十分重要。

（10）多次复述以及好的记忆方法可以改善记忆的成绩。

（11）一般来说，"知道感"能够准确地反应记忆中的信息的可获得情况。

6. 长时记忆的结构

（1）概念是思维的记忆块。它们是为了某种目的，把记忆中的各种各样的部分组织在一起的产物。

（2）原型描述了一个概念的平均范例。

（3）概念通常是分等级组织的，从一般到初级水平再到特别水平。

（4）图式是更复杂的认知束。

（5）所有这些记忆结构都是为解释新信息提供预期和背景。

（6）回忆并不是一个简单的重复，而是一个重新构造和选择的主动加工过程。

（7）过去的经验和目的影响你的回忆内容。

（8）新信息会使回忆出现偏差，可以使目击者的证词由于过去事件的进入而变得不可信。

7. 记忆的生物学方面内容

（1）不同的脑区（包括海马组织、杏仁核、小脑和大脑皮层）被证明与不同类型的记忆有关。

（2）遗忘症病人的实验帮助研究者更好地理解了不同类型的记忆在大脑中是如何获得并表征的。

（3）脑成像技术使我们更多地了解了记忆的编码和提取的脑基础。

（二）典型案例（故事/实验）

许多成功的人都善于利用形象记忆和形象思维。很好地利用形象记忆和形象思维，不仅有利于大脑右半球的开发，能促进大脑右半球机能的发展，而且形象的运用能够使人较快地进入记忆状态，促进思维和记忆的效果。学会运用形象和美好的形象，是学习成功的一个窍门。日本记忆专家保坂荣之介说，掌握了这个窍门，“你就一定可以掌握充分发挥自己良好记忆力和注意力的方法。一旦掌握了这个诀窍，你的记忆力、注意力完全可以达到你所期望的高度，不要说是以前的3倍，就是5倍、10倍也不在话下”。

形象记忆法是由日本能力开发研究所所长保坂荣之介先生总结提出的。保坂先生依据大量的研究和个案分析，总结出一套开发大脑功能，提高记忆力和集中注意力的有效方法，这套方法简称形象记忆法。这套方法不仅具有很强的科学性和实用价值，而且步骤简明，便于操作。这套方法在日本发表后受到教育、企事业各界的热烈欢迎，按照形象控制法进行训练的人，能够大幅度地提高记忆力和集中注意能力，从而大大提高工作和学习效率，接受训练的学生非常明显地提高了学习成绩。

美国第十六届总统林肯是位具有伟大人格和辉煌人生的总统，他被美国人当作圣贤。林肯小时候，父母都是垦荒者，收入很低，生活贫困。一日三餐，勉强充饥，根本没有钱买玩具和书。父母白天到外面去做工，晚上回来。七岁的林肯每天都要去野外拣树枝、挖树根弄柴禾，并把它们背回家，堆到住室的旁边，以供全家做饭和取暖之用。由于生活贫苦，林肯小时候只上了四个月的小学，就辍学了。此后再没有受过正规的学校教育。林肯后来具有的丰富知识,是他长期刻苦自学获得的。对于少年林肯来说,最愉快的是晚饭后那段时间,妈妈给他们讲各种各样的故事,林肯和姐姐就坐在树桩上,侧耳静听,这时少年林肯仿佛被带到梦一样的世界。

靠着长期刻苦自学,林肯获得了渊博的知识,而且他还学会了做人,人品高尚,又具有敏锐的观察力、出色的记忆力和很强的工作能力,赢得了美国国民的拥护被选为总统。有趣的是,原来与他竞争总统的一个候选人西沃德,曾经是哈佛大学法律学教授兼任纽约州长。此人的学识和经验在共和党里是首屈一指的,可是他没有竞争过林肯,总统交椅被林肯夺走了。西沃德在林肯手下当了总理。但是,自尊心很强的西沃德是不甘心在林肯手下工作的,因为林肯连小学都没有毕业。然而西沃德在林肯手下工作一段时间后,他对林肯的人品和工作能力,特别是对林肯敏锐的观察力和记忆力佩服得五体投地。

大家一定想知道林肯的记忆力为什么这样出色,他学习的奥妙是什么?

原来林肯那强烈的求知欲和出色的记忆力,似乎是由于他儿童时代的回忆。每当他要学习知识,或要记忆某一事物时,头脑里总会回想起少年时代坐在树桩上听母亲讲故事那种欢乐愉快的情景,以及母亲给予他的激励。

这个故事可以说明,在良好的心境下学习,学习效率非常高。

第二个故事是讲保坂荣之介先生少年时代的学习故事。

保坂先生小时候,特别喜欢玩,上山捉鸟,下河捕鱼,各种游戏都会玩。但是他不爱学习,学习成绩总是下等,在初中一年级500名学生中,他的学习成绩被排在第470名,被老师认为是脑子笨的学生。可是,保坂的父亲却不这么看,父亲常常鼓励他说:“你下河捕鱼,上山捉鸟,下棋都干得非常出色,这就说明你的头脑比一般人好。如果把这种精神用到学习上,学习成绩肯定会提高的。”父亲的鼓励使保坂增强了学习信心。而且,当时的保坂也觉得成绩这样差,没脸见人,应该好好学。一旦下了决心,又有很强的自信心,记忆力和学习效果之好,连他自己也感到惊讶。他从初中二年级暑假开始努力学习和补课,很快他的学习成绩就经常进入前10名。后来上了大学,工作后长期从事智力开发研究和应用工作,并担任了日本能力开发研究所所长,成为日本知名的学者。

（三）教法建议及活动资料

1. 对学生熟悉的诗词混乱排序

河飞日香生瀑千烟炉流布一层海挂九照直尽河落下是尺三银疑紫千天白

穷日依山黄入上流欲里目更看川楼遥前

答案：

李白《望庐山瀑布》：

日照香炉生紫烟，遥看瀑布挂前川。

飞流直下三千尺，疑是银河落九天。

王之涣《登鹳雀楼》：

白日依山尽，黄河入海流。

欲穷千里目，更上一层楼。

（1）词首变字母对比

rapid（迅速的）— sapid（有趣的）

deplete（使空虚）— replete（充满的）

read（阅读）— dead（死亡的）

（2）词中变字母对比

condemn（谴责）— contemn（藐视）

masque（假面舞会）— mosque（清真寺）

clash（冲突）— crash（坠落）

（3）词中减字母对比

patient（耐心的）— patent（专利）

genius（天才）—genus（种类）

stoop（屈从）— stop（停止）

附：本主题可以使用的心理活动

活动1：扑克练习

进行扑克牌记忆练习，特别是要反复练习去记一副扑克，尽量缩短记一副扑克的时间。进一步则可以去记几副牌、几十副牌。

活动2：数字练习

练习去记100个甚至数百个毫无规律的数字，做到快速记忆。在短短几分钟之内记住，正背反背，随便抽中间一位也能准确地说出来。

其原理是运用地点定桩记忆，把数字图像化，背诵时能够靠这些桩位准确说出，包含把数字编码成图像，背诵时再转化成数字的过程。原理不难，最主要的还是练习。

活动 3：词汇练习

找出数十组毫无规律的中文词汇，尝试在最短时间内把它们一个不漏地记住。对于英语单词来说，则需要经常进行英语单词的记忆练习。

熟能生巧，加上合理的记忆方法，学习词汇和单词可以先从简单的联想法开始，把几个词汇组成画面在脑海中呈现出来，让无规则变成有规律，记忆也更清晰深刻。

活动 4：瞬时记忆训练

让孩子看一张画有数种动物的图片（或东西，实物也可以），限定在一定时间内看完，开始时间可长些，逐渐减少看的时间，将图片拿走后，让孩子说出图片上有哪些动物。

如果他记住的不多，可以将动物分类记，如兽类有几种，鸟类有几种，鱼类有几种，这样就能记得快些。

活动 5：历史事件大比拼

先让同学背对黑板，然后写题，在黑板上写上年龄日期，不可按顺序，随机写 20 个左右，然后在年份下面写上对应的历史事件。写完后让同学转过头来，在规定时间内让同学记忆年份下对应的历史事件，擦掉时间，让同学们写出年份并写出对应的时间。

第 7 课　时间去哪儿了——科学管理时间

一、教材解读及教学建议

（一）设计意图

时间是一种宝贵的资源，它具有不可替代性和不可逆转性。对学生来说，很少有比学会如何科学地管理、使用时间更重要的事情了。有研究表明，在学生群体中，有 71.3% 的人在时间管理方面有问题；52% 的人时间价值感较差，意识不到时间的有效性和宝贵性；49% 的人时间管理效能感较差，无法有效地安排自己的时间；45% 以上的人无法按照事情的重要性安排自己的时间。本课目的在于指导高一学生审视自己的时间使用、管理状况，寻找适合自己的时间管理方式，提高时间的使用效率，尽快进入理想的学习状态。

（二）教学目标

1. 引导学生反思自己的时间管理状况，了解自己常常感觉时间不够用、完成不了特定任务的原因。

2. 基本掌握和运用“四象限法”“统筹法”等必要的时间管理方法。

3. 初步学会如何科学、有效地管理在校生活时间，体会到时间管理的效能。

（三）教材结构

本课分为“心有所惑”“心有所思”“心有所悟”“心有所动”“心有所获”五部分。

心有所惑：通过谜语和一个调查报告引出时间的重要性，同时也提醒，大多数人的时间管理需要改善，引起学生的兴趣和共鸣。

心有所思：指导学生完成时间管理自评问卷和我的时间流水账问卷，阅读最后通牒效应，让学生了解自己目前的时间使用、管理现状。

心有所悟：提供有特色的时间管理方法：四象限法和统筹法，让学生学习了解切实可行的时间管理办法。

心有所动：指导学生按照“心有所悟”中的方法对自己的日常事件进行分类，并完成属于自己的“日计划”。

心有所获：为学生拓宽视野，提供科学管理时间的小方法。

（四）教学建议

1. 教学重难点

重点：通过讨论、总结自己在校一周中的学习生活情况，引导学生发现导致自己时间不够用、在有限的时间内不能完成任务（或完成任务效率不高）的因素（事件）。

难点：通过同学们小组讨论，引导学生了解如何去科学、合理、高效地利用每一天的在校生活时间。

2. 教学准备

教学辅助幻灯片制作。

3. 课时建议

1 课时。

二、活动过程示例

（一）热身活动

本模块对应教材“心有所惑”内容，旨在引出主题，激发学生兴趣。

1. 学生阅读教材内容。

2. 请同学分享他们已知的有关时间的谜语、成语、名言警句，激发学生参与活动的积极性。

3. 交流分享内容，辅导教师可以视实际情况而定。

（二）主题活动 1

这个活动对应教材的“心有所思”内容，旨在让学生更直观地了解时间的去处。

有人曾做过一个有趣的统计：如果一个人能活 72 岁，那么娱乐活动 8 年，闲聊 4 年（有人还要增加 1 年），打电话 1 年，吃饭 6 年，等人 3 年，打扮 5 年（可能还要多花上一倍的时间），睡觉 20 年，生病 3 年，阅读书籍 3 年，旅行 5 年，工作 14 年。每个人只有一部分的时间用在学习上，不好好地计划使用，会大大降低生活质量。

在纸条上标示的 0 到 100 中画上均等的 10 个刻度，标示为年龄，一个刻度代表十年。撕掉已经过去的岁月。

撕掉不可能活到的岁月（请学生假设自己可以活多少岁）。

撕掉娱乐、睡觉等非学习时间。

老师组织讨论交流：

（1）此时此刻，当你拿着自己剩下的“生命时光”的时候，有什么特别的感受吗？

（2）从此刻开始，你有什么新的打算？

交流分享内容，教师及时将学生的发言进行总结、补充。

（三）主题活动 2

生活事件的性质与分类：

这个活动对应教材的“心有所悟”和“心有所动”两部分内容，旨在让学生学会科学的时间规划方法。

设计意图：引出管理时间就要管理事件。按照“重要—紧急”模式对生活事件进行四个象限的分类。在对生活事件进行排序时，引出疑问，为什么要将第二象限放在第一位。

1. 时间中充满了事件，所以我们能管理的是事件。事件性质：

在生活中，我们经常会碰到重要先生和紧急先生。

重要先生：“我管理处理的事情都很重要，它跟一个人的理想、目标关系密切，必须要认真履行，一丝不苟地完成。”

紧急先生：“我管辖的事情十万火急，必须马上得到处理，拖延不得。这些工作一旦完成，马上就能见到效果，别人都会称赞你能干，当然有一些事情还会很有趣。”

2. 生活事件的分类：四个象限，如果要大家给事件排一个顺序，大家会怎么做呢？

总结：有的同学将“紧急性”放在前面，有的同学将“重要性”放在前面。美国在 20 世纪 50 年代对美国精英人士的研究带给我们的答案是：2—1—4—3。那么究竟这四个象限所代表的事件是哪些呢？为什么第二象限放在最前面了呢？带着这个疑问我们来做一个实验。

四象限法则设计意图：引导学生深入理解四象限，领悟为什么第二象限成为首选。

1. 实验：瓶子的故事。所用物品：大石块、小石头、沙子、水。在这样的一个瓶子中怎样才能放最多的东西呢？如果瓶子就是我们的时间，充分利用瓶子的空间就等于充分利用我们的时间。那瓶子带给我们的启示有哪些呢？如果我们先放沙子或者水等它们充满了空间，那最后的结果又是怎么样的呢？

（1）做重要的事情：如果不先把大石头摆进去，等小石头、沙子或水填满了空间，大石头就再也进不去了。

（2）我们的生活也可以很休闲：先将大石块摆进去，不但可以放进非常多的石块，还可以在空隙间填进无数的小石子、沙子和水。

2. 神秘的四象限：大石块、小石头、沙子、水究竟分别代表了哪个象限呢？带着这个问题我们来看看处于这四个象限的事件有哪些。

(1)大家还记得那个结果吗？第二象限被美国的精英人士当作首选，那第二象限，在学习中“重要不紧急”的事件有哪些呢？这类事件带给你的感受是怎么样的呢？哪个同学可以举例呢？这类事件往往是跟一个人的理想、目标关系密切，必须要认真履行，因为它不紧急所以带给我们的焦虑程度不高。

(2)第一象限，在学习中“紧急重要”的事件有哪些呢？这类事件带给你的感受是怎么样的呢？哪个同学可以举例呢？总结：这类事件往往是跟我们的理想、目标关系密切，必须要认真履行，一丝不苟，但同时又因为它紧急所以带给我们的焦虑程度很高。既然大家都知道第二象限很重要，但为什么我们的生活中经常充满了第一象限的事情呢？总结：比如，老师星期五布置的作业，这是一件“重要而不紧急”的事情，但我们经常会放在星期天的晚上去做，导致这件事变成“重要而紧急”的事情。第二象限的事件因我们拖拉而变成第一象限，而使我们处于焦虑状态影响我们的健康。

(3)在学习中什么又是第三象限的事件呢？这类事件带给你的感受是怎么样的呢？哪个同学可以举例呢？总结：这类事件是和我们的理想与目标没有关系的，它也不是紧急的。大量的时间用在这里就等于浪费。

(4)在学习中什么又是第四象限的事件呢？这类事件带给你的感受是怎么样的呢？哪个同学可以举例呢？总结：这类事件是与我们的目标和理想无关，但是却又十分紧急，有时候我们会因为它的紧急而误以为它很重要。

(5)提问：那大石块、小石头、水、沙子分别代表什么呢？总结：大石块代表重要的事情，可以是第一象限也可以是第二象限，具体代表什么这要看你怎么去安排。我们尽量不要让第一象限的事情出现太多，因为这对我们的身心健康都有危害。沙子和水就代表不重要的事件，我们可以在大石头，即重要的事情做完之后去做那些不重要的事情。

讨论：

(1)请同学按照教材内容，自由发言，谈一谈自己学习、生活中认为的重要紧急、重要不紧急、紧急不重要、不重要不紧急的事情分别有哪些？（教师可以板书在黑板上）

(2)引导学生进行分析讨论，对所说的事情一一核对是否符合四象限分类要求。

(3)梳理、树立正确的事件分类，同时教会学生在事件、时间发生冲突时，学会放弃。

（4）指导学生完成“心有所动”中的四象限表格（以本学期为时间段）。

（5）教学生学会拒绝：每说一个“行”，就说一个“不”，我们无法同一时间完成两项任务，因此，当我们要做一件事时，就要在这一时间段拒绝另一件事。不要给自己过多负担，量力而行。

（6）“心有所悟”中的统筹法、“心有所动”中的“日计划”表均可以作为课外阅读材料，时间、条件允许也可作为重点来讲解。

（7）交流分享内容，教师及时将学生的发言进行总结、补充。

（四）拓展延伸

对应教材的“心有所获”内容，旨在让学生对科学的时间办法有更多了解。

三、教学辅助资源

（一）相关心理学理论

帕累托的二八定律：在任何事物中，最重要的、起决定性作用的只占其中一小部分，约 20%；其余 80% 尽管是多数，却是次要的、非决定性的。在平时的学习、生活中，想把所有精力和努力平均分配给每一门课程、每一件事情——“一碗水端平”——是不可取的。明智的做法是：充分关注重要且紧急的事情，将有限的精力投注在它们身上，从而取得事半功倍的效果。

（二）典型案例（故事／实验）

1. 拖延症之歌（国外的音乐视频，可以在视频网站上搜索到）

2. 克服“拖延症”：当你要做一件事情时，请尽快地行动，尽快地完成任务，尽量别让它成为“紧急又重要”的事。事情有轻重缓急之分，如果每一件事情都力求完美，耗尽精力，到头来可能是事半功倍。但是，任务在离规定的完成时间较远时，总是不那么容易引起我们的注意和紧张的。正是由于这种心情使我们放松警惕，等事到临头时，才发现它的艰巨。因此，别被远方的大象所迷惑，尽早去实施计划。

3. 故事：死神的叹息。

深夜，一个危重病人迎来了他生命中的最后一分钟，死神如期来到了他的身边。此前，死神的形象在他脑海中几次闪过。他对死神说：“再给我一分钟好吗？”死神回答：“你要一分钟干吗？”他说：“我想利用这一分钟看一看天，看一看地。我想利用这一分钟想一想我的朋友和我的亲人。如果运气好的话，我还可以看到一朵绽放的花。”死神说：“你的想法不错，但是，很抱歉，我不能答应你。我们留了足够的时间让你去欣赏，你却没有去珍惜，你看一下这份账单：在过去60年的生命中，你有三分之一的时间在睡觉；剩下的40多年里你经常拖延时间；你曾经感叹时间太慢的次数达到了10000次。上学时，你拖延作业；成人后，你抽烟、喝酒、看电视，虚掷光阴。你做事拖延的时间共耗去了36500个小时，折合1520天。做事马虎，使事情不断要重做，浪费了300多天。你工作时间和同事聊天，把工作丢到了一旁毫无顾忌；你经常埋怨、责怪别人，找借口、找理由、推卸责任；你还常常和无聊的人煲电话粥；还有……”

说到这里，这个危重病人就断了气。死神叹了口气说：“如果你活着的时候能节约一分钟的话，你就能听完我给你记下的账单了。哎，真可惜，世人怎么都是这样，还等不到我动手就后悔死了。”

附：本主题可以使用的心理活动

活动1：时间的主人

活动目的：

帮助学生对放学后的宝贵时间做出适当的安排。

活动流程：

1. 辅导教师引言：如果你在某一天晚上七点才吃完晚饭，却有11项事情要利用这一晚上来做，而你又必须在十点半以前上床睡觉，请问你将如何进行？

2. 分组讨论：可以照你的经验或你的意愿自由回答。

3. 训练：在下面的11项事情后面，均列有三种时间选择，请先就你需要的时间在三者中择一，然后将所有选择的事，依照你的意思排列出实施的先后次序，并将次序号码填入事项前的空格，例如你认为“写日记”当最先做即排在（1）。以此类推，一一填好，在十分钟内作答完毕。

请注意：若时间不够分配，在11项事情中，你最多可删去3项，至少需选出8项，而所有事情运用的时间，总数不得超出三个半小时。

（ ）准备第二天的小考（ ）

（ ）写第二天要交的作业（ ）

（ ）写日记（ ）

(　)协助做家务(　)

(　)预习第二天上课的教材内容(　)

(　)做自己喜欢做的事(　)

(　)和父母谈话(　)

(　)看电视(　)

(　)阅读课外书籍，包括报纸、杂志(　)

(　)逛街(　)

(　)玩游戏(　)

4. 进行小组协调讨论注意事项

所列出的事项与时间可依各学校生活情况的不同，加以增删修改。

活动 2：生活馅饼

活动目的：

帮助学生对自己的生活安排做具体的、客观的、系统的分析与检查。

活动流程：

1. 请各位估计一下，在下列各项中每项所占用的时间，然后把你自己的馅饼按各项的比例加以分割，画在个人的纸张上。

(1)睡眠

(2)上学

(3)上网

(4)家庭作业

(5)体育锻炼

(6)帮妈妈做家务

(7)看电视

(8)吃饭

(9)复习功课

2. 等每个学生都画好自己的“生活馅饼”后，小组讨论下面几个问题：

(1)你对目前使用时间的情形满意吗？

(2)在你的理想中，应该怎样使用时间？现在画一个圆圈代表你的理想的生活“馅饼”。

注意事项：

这种方法不但可应用于时间的分配，亦可应用在金钱、精力的使用上。

活动 3：生命量尺

教师：作为高中生，学习是我们的主要任务，我们在管理时间之前先来体验一下有多少时间可供我们学习，现在每人拿起手上的纸条，我们来制作一个生命量尺，把纸条分成10份，写上10、20、30……100。假如我们的生命就是手中这个纸条，把这段时光放在桌子上。我们发现生命量尺变短了。假设我们每个人都能活到100岁，这样的一段生命对我们来说应该是漫长的。

（1）现在请你剪去从60岁开始往后的这一段属于我们退休的年龄（动手剪）。

（2）请同学们再剪去从30岁开始属于我们工作的时间（动手剪）。把这段时光放在桌子上，生命量尺变得更短了。

（3）老师发现有些同学有点舍不得了。今年我们已经是高一的学生，十六七岁了，剪掉这部分已经过去的学习时间。

（4）请剪掉睡觉、上厕所、吃饭、聊天、走神，以及不知道干了些什么事情的时间。

请将你的学习时间与生命量尺相对照，你想说什么？学生发言。

教师小结：不量不知道，一量吓一跳，原来在校学习的时间是如此的短暂，与漫长的人生相比，它少得可怜。

活动4：猜谜语

1. 导入

假设你有一个账号，这个账号每天进账86400元，每年进账31536000元，每晚12点进账消失，每年元旦后结算扣除。

打一两个字的词语，谜底是什么？

答案：时间。

恭喜你，答对了！我注意到刚才在我播放这个谜语的过程中，有的同学在感慨，要是每天有那么多钱，那么多财富就好了。那大家有没有发现其实我们每天确实拥有这么多的财富？如果我们把元换成是秒，这些财富不都是我们的了吗？我们有了钱要投资要存起来，这些都是对金钱的管理，以便让钱更多。那么面对这么一大笔时间财富我们要不要管理呢？（学生回答：要）

今天我们就来谈谈如何管理好我们的时间财富。

设计意图：吸引学生的注意力，调动学生情绪，引出本节课的主题。

活动5：故事分享

在一次时间管理的课上，教授给学生们做了一个实验，他拿出一个空瓶子，然后往里面装满鹅卵石，问在座的学生瓶子满了吗？学生都回答满了。教授又拿出一些小石子装到了瓶子里，摇了摇又装进去一些，这时他又问学生满了吗？学生回答满了。教授说你们继续看。他又拿出一袋细沙子,倒了进去,当他再问学生的时候,没有人回答了。最后教授拿出一瓶水,倒进了看上去已经被鹅卵石、小石子、沙子填得满满的瓶子里,水仍然没有溢出来。教授问全班的学生从这个实验中你们得到什么启示。有个学生站起来回答:“时间就像海绵里的水,只要挤总还是有的。”教授说:“你说得很对,但不是我要告诉你们的最重要的启示,我想告诉你们的是,如果你不先把最大的鹅卵石装进去,以后就再也没有机会把它装进去了。”学生恍然大悟。这就好像是在生活中,每天我们都有很多的事情等着去处理,如果你分不清主次,分不清优先顺序,用那些不重要的小事占去了大量的时间,结果真正重要的事情却没有去做,不得不去事后补救,永远都在做时间的救火队员。

在我们的生活中,面临的许多事情,常常会让我们不知所措。而事实上,事情总有轻重缓急,根据活动的重要程度、完成的时间限制,我们可以把活动分为4类。

生活分类表

紧急重要	不紧急但重要
紧急但不重要	不紧急不重要

(1)请同学将时间馅饼里的活动分别归入这个表格。

(2)讨论如何安排这4类事情,做个管理时间的高手。

总结:

1. 做事有计划——明白自己将要做什么。
2. 懂得处理事情的轻重缓急——懂得做先做的事。
3. 重要的事重点对待——要用大部分的时间来做。
4. 事不能拖拉——今天能做的事今天做。

设计意图:明确自己时间管理上存在的问题,体验处理事情的计划性,学会任务优先级的确定。

活动6:案例分析——我的苦恼

1. 情景展现

我叫王明,是班级的学习委员,又是校学生会的干部,还是课题研究小组的骨干,平时总是需要面对许多学习与工作任务。比如星期一下午,我刚走进校门,便碰到我的好朋友对我说:“今天16:35我们一起去图书馆看体育杂志吧。”刚到班级又看见黑板上写着“今天16:30—17:20学校进行英语演讲比赛预赛”,我这才想起自己是班里的参赛选手之一。

这时门外突然一个学生会的干部找上来说,团委李老师让我今天

16：40 召集高一年级全体学习委员开会，商量明天演讲比赛的事情。刚坐到位子上，课题组的组长跑过来对我说："今天 16：35 我们课题小组成员碰个头，商量一下周六研究性学习的事，你可有主要任务啊。"组长刚走，物理老师走进教室，对大家说："今天 16：30 奥赛辅导的同学到物理实验室讲评昨天的试卷，只有王明等几个同学得了满分。"哎，今天怎么这么多事情都凑到一起了啊，我该怎么办呢？

2. 信息提炼

今天 16：30—17：20 要做的事情：

（1）16：30 物理奥赛讲评，自己得了满分。

（2）16：30—17：20 学校英语演讲预赛，班级参赛选手之一。

（3）16：35 去图书馆看体育杂志。

（4）16：35 召集课题组成员开会，自己承担主要任务。

（5）16：40 召集学习委员开会，关于明天演讲比赛的事情。

时间段	计划内容	重要性排序	要做的事情
中午休息时间（11：40—13：15）	去图书馆看杂志	5	告诉好朋友周一中午再一起去看
	学校英语演讲比赛预赛竞赛	1	参加学校英语演讲竞赛（16：30—17：20）
	听物理作业讲评（已掌握）	4	向物理老师请假
	着急学习委员开会（委托他人）	2	寻找协助开会的人，并告知其会议内容与要求（明天演讲比赛）
	课题组讨论研究性学习事情（周六）	3	与课题组商量另定讨论时间（周六外出）

第 8 课　课堂学习"金钥匙"——提高课堂学习效率

一、教材解读及教学建议

（一）设计意图

课堂是学生学习的主要现场，课堂学习的质量决定了学习的成败。

然而,对高中生尤其是高一新生而言,课堂学习还存在诸多的困难或问题。事实上,多数学生仍然习惯于初中阶段的"依赖式学习",缺乏自己的方法,不会学习。因此,不少初中时成绩优异的学生升入高一却纷纷"掉队",面临很大的学习挑战。本主题属于"学习版块",其目的在于指导高一学生审视自己的课堂学习状况,寻找适合自己的课堂学习方式,尽快适应高一学习,进入比较理想的学习状态。

(二)教学目标

1. 引导学生体会高中学习特点,审视自己的课堂学习现状。
2. 指导学生明白课堂学习低效的主要症结,初步掌握提高课堂学习效率的主要策略。
3. 指导、鼓励学生结合自己实际,摸索形成适合自己的、个性化的课堂学习方式。

(三)教材结构

本主题分为"心有所惑""心有所思""心有所悟""心有所动""心有所获"五部分。

心有所惑:引发学生对自己课堂状态、课堂效率的关注。

心有所思:就课堂分心的典型表现组织学生探析原因,同时引导学生"审视"自己的课堂状态。

心有所悟:该部分旨在讨论课堂学习的"软件",即"筛选过滤问题""多种感官参与""及时反思"三种重要的课堂学习策略。引导学生从"课前""课中""课后"思考提高课堂效率的方法。

心有所动:该部分旨在讨论课堂学习的"硬件",即个性化预习、个性化笔记、课后自我反思清单等。建议重点对"个性化笔记"做充分的讨论。

心有所获:该部分是对主题的拓展和深化。可重点通过对学习风格的讨论,为学生提高课堂效率提供更多的思考角度。

(四)教学建议

1. 教学重难点

指导学生分析、评估自己的课堂学习状态;摸索适合自己的"预习—听课—笔记—反思"课堂学习方式。

2. 教学准备

（1）先期调查（班主任、学科教师、学生），初步了解学生课堂学习的现状。

（2）学生8—10人一个小组。每组学生先期：了解高中学习的特点；收集名人、学者等关于课堂学习方法的经典故事；初中生课堂笔记的典型样例。

（3）学生先期完成《知觉通道的偏爱测定量表》（附后），初步了解自己的学习类型。

（4）制作"金钥匙"奖状。

3. 课时建议

1.5 课时。

二、活动过程

热身活动

1. 成果分享

（1）学生以组为单位，交流、分享：高中学习特点；名人、学者的高中课堂学习方法。

（2）教师组织各小组成果在全班交流，分享，讨论。

交流、分享的内容，辅导教师可以视实际情况而定。

2. 阅读教材

（1）学生阅读教材"心有所惑"内容，并思考：你是否考虑过寻找适合自己的一把"钥匙"，提高课堂学习效率呢？

（2）学生自由发言，教师简要点评，进入课题。

主题活动

1. 情景表演

（1）学生以组为单位，围绕"课堂分心"主题，聚焦2—3个典型表现，模拟情景。

（2）教师就课堂分心的某些典型表现，组织讨论，探讨原因。

教材中提供了"课堂分心"的两个普遍表现——"吃不饱"和"吃不了"，教师需结合学生情景表演中的典型表现，组织讨论话题，提高讨论针对性。

2. 设计分享

（1）学生以组为单位，结合课前准备的“初中生课堂笔记典型样例”，看一看，议一议，建议的讨论话题：

——为什么要做课堂笔记？

——常见的课堂笔记误区？

课堂笔记的目的是协助提升听课效率，它应该是思维的“辅助工具”。但实际情况是，学生往往把做笔记等同于抄写板书。

——在我的经验中，课堂笔记对听课有帮助吗？

——我的课堂笔记的一般“格式”或特点是什么？

（2）学生根据自己的经验，结合小组讨论，设计一个个性化的“课堂笔记模板”。

（3）小组推荐一个优秀的“课堂笔记模板”，在全班交流、分享。

拓展 / 升华

1. 阅读教材

学生阅读教材“心有所获”内容，并自由发言，交流。

2. “金钥匙”

（1）围绕“如何提升课堂学习效率”，每一个学生结合自己学习本主题后的收获，提供一条“小贴士”。

（2）班级评选最有价值的 10 条“小贴士”，作为课堂学习的“金钥匙”。

（3）为提高学生参与兴趣，教师可预先制作并为学生颁发“金钥匙”奖。

3. 黑板报

本主题结束后，教师可建议学生：以“课堂学习金钥匙”为主题，准备一期板报。

三、教学辅助资源

下面提供了《知觉通道的偏爱测定量表》，以帮助学生了解、评估自己的学习类型。

指导语：阅读下列每一个句子，在符合你的一项中打“√”：

题　目	符合	一般	不符合
1. 看比听能记住更多的内容	符合	一般	不符合
2. 看书面的说明比听口头说明更容易	符合	一般	不符合

续表

题 目	符合	一般	不符合
3. 喜欢记录或笔记以便日后阅读复习	符合	一般	不符合
4. 用铅笔或钢笔书写时用力很大	符合	一般	不符合
5. 看图表或视觉指示时需加以解释、提示	符合	一般	不符合
6. 喜欢做摆弄器具的工作	符合	一般	不符合
7. 擅长并喜欢绘制图表	符合	一般	不符合
8. 能敏锐地辨别出不同的声音	符合	一般	不符合
9. 学习材料抄写几遍后记得最牢	符合	一般	不符合
10. 能理解并根据地图上的图示说明看地图	符合	一般	不符合
11. 通过听讲座或磁带学习效果较好	符合	一般	不符合
12. 爱玩硬币和钥匙	符合	一般	不符合
13. 通过大声重复朗诵字母比在纸上拼写字母记忆单词效果更好	符合	一般	不符合
14. 读报比听收音机更能理解新闻材料	符合	一般	不符合
15. 学习时喜欢吃口香糖或零食	符合	一般	不符合
16. 记忆的最佳方式是将所学材料在头脑中想象出一张图片	符合	一般	不符合
17. 通过书写或抄写学习生字	符合	一般	不符合
18. 对教材的内容愿听老师讲而不愿自己看	符合	一般	不符合
19. 擅长玩拼板玩具和走迷津	符合	一般	不符合
20. 喜欢通过眼睛看来学习	符合	一般	不符合
21. 了解新闻喜欢听收音机而不愿看报	符合	一般	不符合
22. 通过阅读参考资料来获取感兴趣的有关信息	符合	一般	不符合
23. 与他人接触如握手、拥抱感到很舒服	符合	一般	不符合
24. 听口头说明比看书面说明容易	符合	一般	不符合

1. 各学习类型对应的题目

视觉型：2,3,7,10,14,16,20,22

听觉型：1,5,8,11,13,18,21,24

动觉型：4,6,9,12,15,17,19,23

2. 计分方法及解释

“非常符合”记 5 分,“完全不符合”记 1 分,属于中间记 3 分。根据各学习类型对应的题目,分别求得视觉型、听觉型、动觉型的总分。哪种类型的得分最高,则更可能属于哪种学习类型。

附录

活动 1: 舒尔特表

一张方纸上画 25 个方格,把 1—25 的数字打乱顺序写在方格中,这就是舒尔特表。用计时的方法,让学生按数字顺序用手指出 25 个数字。印制不同的 10 张分给学生进行训练,一张一张训练,能在 25 秒内完成为及格,训练时间由学生自定,利用课余时间灵活掌握,坚持这种训练,既可以培养学生的有意注意,又可以发展视定向的搜索的速度。

活动 2: 蒙眼画画

人人都认为睁着眼睛画画比闭着眼要画得好,因为看得见,是这样吗? 在日常工作中,我们自然是睁着眼的,但为什么总有些东西我们看不到? 当发生这些问题时,我们有没有想到可以借助他人的眼睛? 试着闭上眼睛,也许当我们闭上眼睛时,我们的心就敞开了。

目标:

1. 使学员明白单向交流方式与双向交流方式可以取得不同效果。

2. 说明当我们集中所有的注意力去解决一个问题时,可以取得的结果。

游戏过程:

所有学员用眼罩将眼睛蒙上,然后分发纸和笔,每人一份。要求蒙着眼睛将他们的家或者其他指定东西画在纸上。完成后,让学员摘下眼罩欣赏自己的大作。

讨论:

1. 为什么当他们蒙上眼睛,所完成的画并不是他们所期望的那样?

2. 怎样使这一工作更容易些?

3. 在工作场所中,如何解决这一问题?

变化:

1. 让每个人在戴上眼罩前将他们的名字写在纸的另一面。在他们完成图画后,将所有的图片挂到墙上,让学员从中挑选出他们自己画的那幅。

2. 教员用语言描述某一样东西，让学员蒙着眼睛画下他们所听到的，然后比较他们所画的图并思考，为何每个人听到同样的描述，画出的东西却是不同的，在工作时呢？

所需时间：10—15分钟

教具：眼罩，纸，笔

游戏的启示：

1. 游戏看似很简单，但要成功地完成非常不容易。

2. 一个人去完成这个任务是相当简单的事情，但如果一个人做的工作由几个人来做，它比一个人干时还要不容易完成，因为几个人之间将形成许多的相互关系，制造出许多新工作，因此团队的力量不容忽视，这可以引申到帕金森定律。

3. 如果小组中有任何一个人不同于组织的共同节奏，轻质塑料棍将无法保持水平下降。

第9课　另辟蹊径需有法——掌握创造性思维的方法

一、教材解读及教学建议

（一）设计意图

高中阶段是学生创造性思维迅速发展的重要阶段，许多高中生对发展自己的创造性思维具有极大的热情。引导学生掌握创造性思维的方法，在实践中发展自己的创造性思维是这一学段心理健康教育的重要任务。本主题属于“学习版块”，其目的在于引导高中生掌握创造性思维发展的基本方法，尝试发挥创造性思维，提高创造能力。

（二）活动目标

1. 了解创造性思维及其特点，明白人人都有创造的潜能。
2. 掌握创造性思维的常用训练方法，培养创新意识。

（三）教材结构

本课分为“心有所感”“心有所思”“心有所悟”“心有所动”“心有所获”

五部分。

心有所惑：本部分的主要目标是让学生发现创造的机会存在于我们生活中，每个人都有创造、创新的机会，关键是我们能否发现和把握这种机会，引出本课教学的主题。

心有所思：本部分的主要目标是让学生联系人类社会的创造发明事件和生活实际，进一步明白人具备创造性思维，具有创造的潜能，特别是从自身的“创造经历”出发激发创造的欲望，树立创造的信心。

心有所悟：本部分的主要目标是帮助学生正确地认识“创造性思维”的基本含义和特征，以及创造力强的人所具有的心理品质。

心有所动：本部分的主要目标是告诉学生培养创造性思维的几种基本方法，并对学生进行创造性训练。

心有所获：本部分的主要目标是对学生进行升华，提高学生对创造性思维的感悟、认识，自觉地增强创造意识、提升创造能力。

（四）教学建议

1. 教学重难点

教学重点：创造性思维方法训练。

教学难点：打破学生的定式思维。

2. 教学准备

能够引发学生兴趣的创造性活动或游戏；对常见事物的用途或功能做出新解。

3. 课时建议

1 课时。

二、活动过程示例

热身活动

该设计对应教材“课序”“心有所惑”的内容，目的在于通过生活中的具体事例，生成相应的问题情境，进而引出本课教学的主题；初步唤醒学生的生活经验，让学生明白本课的学习是源于生活，并将回归于学习生活的。

1. 案例分享

（1）分享本班学生所知道的创造性思维的案例。

（2）教师组织学生发表对案例的看法。

交流分享内容，辅导教师可以视实际情况进行引导。

在实际教学时，可对学生交流分享的内容进行梳理和归类，将内容聚焦到与“创造”有关的环节或细节，引导学生将关注点聚焦到“创造性思维”这个主题上。

2. 阅读教材

（1）学生阅读教材“心有所惑”内容，并思考：免换芯自动铅笔的发明创意给了我们什么启发？

（2）学生自由发言，教师简要点评，进入课题。

实际教学时，教师宜注意从创造性思维的不同环节、不同角度板书学生的发言要点，使讨论聚焦于本课的教学主题。

主题活动（1）

该设计对应教材“心有所思”“心有所悟”的内容，目的在于通过分析别人的创造发明和自己的创造经历，明白“人人都具备创造性思维，都具有创造的潜能”。发明创造的关键是“激发自己的创造性思维，掌握创造性思维的方法”。总体上可考虑采取“由远及近”“由人到己”的思路，引导学生将“发明创造”与自己的学习生活经历联系起来，感受创造性思维的重要性，并结合心理学理论对自己和别人的“创造发明”过程加以分析，为后续的感悟、体验、升华奠定基础。

1. 神奇的创造

（1）组织学生讨论分析别人的创造故事。

（2）教师以学生的讨论分析为基础，引导学生发现这些创造发明的共同之处有哪些。

教学过程中，教师宜引导学生聚焦于故事主人公的思维过程，并重点分析与思维过程有关的一些品质。

（3）学生联系自己的经历，反思自己在面临“难题”时创造性解决问题的过程。

教学过程中，教师宜引导学生将自己的思维过程与前面故事的主人公的思维过程进行比较分析，尝试发现创造性思维的共同特点有哪些。

2. 创造性思维的特征

（1）学生阅读教材，明白独特性、变通性、流畅性的基本含义。

（2）教师结合创造性思维的事例，讲解独特性、变通性、流畅性的含义。

该设计对应教材“心有所悟”的内容，旨在澄清学生的一些错误认识。

教师在讲解独特性、变通性、流畅性时，要说明这些特征需要经过长期的训练才能形成。

主题活动（2）

该设计对应教材“心有所动”的内容，目的在于让学生通过亲自参与“创造性训练”体会如何应用基本的创造性思维方法，并在创造性思维训练中获得成功创造的体验，为形成创新意识、自觉提升自己的创造能力，把“创造性训练”升华为自觉行动奠定基础。

1. 打破定式思维

（1）学生阅读教材《打破定式思维》，并讨论定式思维在创造性地解决问题时会有哪些不足。

（2）学生尝试“巧打绳结”，并讨论“完成这项任务的关键是什么”。

（3）教师演示如何“打绳结”，并讲解“巧”在哪里，突出强调“巧”的根本原因是打破了定式思维。

“巧打绳结”的基本方法是：首先，将绳子平放在桌子上；然后，双手交叉，用手分别抓住绳子的两头；最后，抓紧绳子的两头，将双手恢复到正常状态，绳子自然就打结成功。

定式思维对创造发明有着禁锢作用。教学过程中，可利用常见物品让学生说出不同的用途，并追问学生每一种用途利用了物品什么性质。

2. 尝试发散性思维

（1）学生阅读教材《尝试发散性思维》，讨论“头脑风暴法”的基本规划，思考如何才能进行发散性思维。

（2）教师引导学生运用“头脑风暴法”解决“雾霾问题”或教师认为学生可能解决的其他问题。

（3）学生小组汇报各自讨论的过程和结果，并互相点评、比较各自在哪些方面有独创性。

教师宜结合“雾霾问题”或其他问题，引导学生遵守、体验发散思维特别是头脑风暴法的基本规则，尽可能地解放学生的思想，打破已有的思维定式。

3. 善用“和田 12 动词法”

（1）学生阅读教材《善用“和田 12 动词法”》，结合教材提供的事例进行创造，思考如何才能做到“善用”。

（2）随机抽取学生进行汇报，交流自己创造的基本思路、运用的方法以及可能改进的内容。

（3）根据学生的反思提出新的任务，让学生尝试应用“和田 12 动词法”加以解决。

教师宜结合学生的思维过程和结果进行点评、引导学生互评，引导学生发现自己思维中的“不足”，并尝试改进。

拓展／升华

该设计对应教材“心有所获”的内容，目的在于通过师生互动，进一步促进学生形成自觉的创新意识、积极尝试创造性思维、主动提升自己的创造能力，把“创造性训练”升华为自觉行动。

1. 阅读教材

（1）学生阅读教材“心有所获”内容，并自由发言交流。

（2）教师总结：创新需要具备哪些基本品质。

活动过程中，教师与学生的互动不宜仅局限于本部分教材内容，可以考虑结合本课的创造性训练活动，进一步深入思考如何才能更好地创新，在反思性体验中进一步改进和升华。

2. 在生活中创新

针对自己日常生活中司空见惯的事物，尝试从新视角加以理解，进行创新性改进。

活动过程中，教师宜强调指出创新方法的综合应用，提醒学生及时调整自己认识问题和解决问题的思路。

三、教学辅助资源

（一）相关心理学理论

1. 相关概念

（1）创造性思维

创造性思维是指以灵感为诱导，综合运用多种思维方式，能产生出新颖性思维结果的思维。

（2）创造力

创造力是个体不受成规的束缚而能灵活运用知识、经验，产生新思想，或发现和创造新事物的能力，是成功完成某种创造性活动所必需的心理品质。作为其重要成分的发散思维，在一定程度上能反映创造能力的高低。

（3）发散思维

发散思维也叫求异思维，是指从已有的信息出发，沿着不同方向思考,重新组织记忆中的知识,产生多样性答案的思维形式。它与创造性思维关系密切,是创造力水平高低的决定因素。

（4）聚合思维

聚合思维也叫辐合思维或求同思维,是指从已有的信息出发,根据熟悉的知识和经验、按逻辑规则来获得问题的最佳答案的思维形式。

2. 相关理论

（1）创造力的特征

美国心理学家吉尔福特认为,发散思维表现于外部行为,就代表个人的创造力,其特征包括：第一,变通性,能随机应变,不易受功能固着等心理定式的干扰；第二,流畅性,能在较短的时间内表达出较多的观念；第三,独特性,对事物有不寻常的独特见解。

（2）创造性思维的过程

英国心理学家沃拉斯把创造性思维分成了准备期、酝酿期、豁朗期和验证期四个阶段。

准备期是指创造性思维形成之前,对问题相关知识的理解与累积。在这一阶段,最重要的是明确创造目的,掌握丰富的经验,收集广泛的信息和掌握必要的技能。酝酿期是思维创造准备期得不到结果而将问题暂时搁置,等待有价值的想法自然酝酿成熟而产生出来。豁朗期是指经过潜伏性酝酿期之后,具有创造性的新观念可能突然出现,也就是常说的灵感。验证期就是对豁朗期提出的想法给予评价、检验或修正。

（3）创造力与智力的关系

强调发散思维在创造力中的重要性,并不排除聚合思维的作用。人在进行创造性活动时,既需发散思维,也需聚合思维,任何成功的创造性都是两种思维整合的结果。与一般能力具有以下关系：第一,总体来说,人的创造力与智力有正相关的趋势；第二,但智商高(智力分数在 130 分以上)的人,其创造力未必都高；第三,创造力高者必须具有中等水平以上的智力。这表明智力是创造力发展的基本条件,但不是充分条件。智力水平低,创造力不会高；但智力水平高,创造力也不一定高。研究表明,高创造力者有如下人格特征：兴趣广泛、语言流畅、具有幽默感、反应敏捷、思辨严密、从众行为少、自信心强、喜欢研究抽象问题、生活范围较大、社交能力强、抱负水平高、感情开放、不拘小节等。

（二）典型案例

1. 创新实验

链子问题

心理学家西尔维拉做过这样一个实验：她让被测试学生们玩一个“小链子变大链子”的游戏，告诉他们：“你们面前有4个小链子，每个链子有3个环。打开一个环要花2分钱，封合一个环要花3分钱。开始时所有的环都是封合的。你的任务是要把这12个环全部连接成一个大链子，但花的钱不能超过15分。”你们也可以自行尝试解决这个问题。

实验中的3组学生都有半小时的时间来解决问题，第一组学生半小时中有55%解决了问题；第二组学生在半小时解决问题的过程中，中间插入半小时做其他不相干的事情，结果有64%的人解决了问题；第三组学生在半小时中间插入了4小时做其他事情，结果有85%的人解决了问题。在这个实验中，主试要求被试大声说出解决问题的过程，结果发现第二、第三组被试回头来解决链子问题时，并不是接着刚才未完成的解决法去做，而是像原先那样从头做起。

2. 创新故事

打狗棍

很久很久以前，一个乞丐讨饭的时候遭到一条狗的攻击，这令他惊惧不已，再次去讨饭的时候，他便捡了一块石头放在身上。然而不幸的是，这次他遭到了两条狗的攻击。他虽有一块石头护身还是被狗咬了。再次讨饭的时候，他便揣了两块石头放在身上。可这次他遭到了三条狗的攻击。又一次讨饭的时候，他索性揣上了四块石头在身上。可这次恰恰遭到了群狗的攻击，因而依然是被狗咬了。最后为了有效地对付狗的攻击，他不得不背着一篓子石头去讨饭。后来，这个乞丐大着胆子放下石头拿起棍子还击狗，结果令他大吃一惊，棍子三下两下就能将狗打散，既可以打单狗，也可以打群狗。

启示：一根棍子胜过无数的石头，思维一转天地宽。沿着一条思维发展下去不仅不能解脱，也许会被束缚得更紧。思路的突破，必须完全脱离旧的思维轨迹，闯入新的领地纵横驰骋。荆棘可能处处会有，但新路、大路、活路也往往从这里展现。

鬼谷子与创新思维

相传中国古代著名军事家孙膑的老师鬼谷子在教学中极善于培养学生的创新思维,其方法别具一格。有一天,鬼谷子给孙膑和庞涓每人一把斧头,让他俩上山砍柴,要求“木柴无烟,百担有余”,并限期10天内完成。庞涓未加思索,每天砍柴不止。孙膑则经过认真考虑后,选择一些榆木放到一个大肚子小门的窑洞里,烧成木炭,然后用一根柏树枝做成的扁担,将榆木烧成的木炭担回鬼谷洞。意为百(柏)担有余(榆)。10天后,鬼谷子先在洞中点燃庞涓的木柴,火势虽旺,但浓烟滚滚。接着鬼谷子又点燃孙膑的木炭,火旺且无烟。这正是鬼谷子所期望的。

也是“买一赠一”

美国宣传奇才哈利十五六岁时,在一家马戏团做童工,负责在马戏场内叫卖小食品。但每次看的人不多,买东西吃的人更少,尤其是饮料,很少有人问津。

有一天,哈利的脑瓜里诞生了一个想法:向每一个买票的人赠送一包花生,借以吸引观众。但老板不同意这个“荒唐的想法”。哈利用自己微薄的工资作担保,恳求老板让他试一试,并承诺说,如果赔钱就从工资里扣,如果赢利自己只拿一半。于是,以后的马戏团演出场地外就多了一个义务宣传员的声音:“来看马戏,买一张票送一包好吃的花生!”在哈利不停地叫喊声中,观众比往常多了几倍。观众们进场后,小哈利就开始叫卖起柠檬冰等饮料。而绝大多数观众在吃完花生后觉得口干时都会买上一杯,一场马戏下来,营业额比以往增加了十几倍。

分级火箭改变“科学结论”

以前人们无法想象火箭能飞向月球,因为这对质量和速度有相当高的要求。科学家们经过精密计算得出结论:火箭的自重以及原料的重量至少要达到100万吨。如此笨重的庞然大物,无论如何也无法飞上天。

于是在很长一段时间里,科学家都一致认定:火箭根本不可能被送上月球。后来有人提出,分级火箭的想法,问题豁然开朗。第一级将火箭送出大气层时便自行脱落以减轻重量,使其他部分轻松地接近月球。

仅仅是垃圾吗?

1974年,美国政府为清理给自由女神像翻新扔下的废料,向社会广泛招标,但很长时间没有人投标。在法国旅行的麦考尔公司的董事长知道消息后,立即飞往纽约,看过自由女神像下堆积如山的铜块、螺丝和木料后,未提任何条件就签字了。当时不少人对他的这一举动暗自发笑,因为这2000多吨的垃圾既不能就地焚化，也不能就地挖坑深埋，送到垃圾厂更是运费高昂。而且纽约的垃圾处理有很严格的规定，搞不好就会受到环保组织的起诉。

就在人们拭目以待的时候，他开始组织工人对废料进行整理：让人把废铜熔化，铸成小自由女神像；把木头加工成底座；废铅、废铝做成纽约广场的钥匙；甚至把自由女神像身上扫下来的灰尘都包装起来，出售给花店。不到3个月的时间，他让这堆废料变成了359万美金，其中每磅铜的价格整整翻了一万倍！

（三）创造性经典测试

1. 五个最为经典的创意能力测试

（1）Alternative Uses 替代性用途测试

这一测试是J.P.Guilford在1967年发明的，方法很简单，选择一件日常生活中随意可见的常用物品，如椅子、咖啡杯、砖头……在两分钟时间内，尽可能多地说出这一物件的用途，越多越好。

举个例子，“回形针”有哪些用途？你可以说出几种？

固定纸张、袖扣、耳环、可以DIY一个迷你的长号、紧急情况下可以帮你重启路由器、绕线器、书签……

替代性用途可以用来测试你的思维发散能力：

流利性——想到的用途越多越好；

原创性——能想到多少罕见的一般人想不到的奇妙用途；

灵活性——你想到的答案能跨越多少不同的领域（比如，袖口和耳环都属于配件，他们属于同一领域）；

精细性——你的答案是否足够富有细节性，比如，用来做“绕线器”这一答案的精细性就比“书签”这一答案来得高。

（2）Incomplete Figure 未完成的图形测试（托兰斯创造思维测验）

这一测试是由20世纪60年代的心理学家Ellis Paul Torrance创造的，所以这一方法又称托兰斯创造思维测验the Torrance Test of Creative Thinking（TTCT），是目前应用最广泛的创造力测验，适用于各年龄阶段。

托兰斯创造思维测试中最常用的一系列就是不完整的图形测试。给你一张未完成的抽象图形，你来将它画完整，如下图：

下面这两张是来自 Daily Beast piece 对上面两张图做的完整图形，是不是很有创意？

（3）Riddles 脑筋急转弯

在电影《霍比特人》中，比尔博·巴金斯用谜语和脑筋急转弯打败了怪物，其中有一道脑筋急转弯是这样的，“有一个盒子，没有铰链，没有钥匙，没有盖子，但是里面却藏着金黄色的宝藏，请问这盒子是什么？”一开始可能会被这道题难倒，百思不得其解，但灵光乍现，就会恍然大悟，答案是“鸡蛋”。

心理学家喜欢用脑筋急转弯来测试大脑的潜力和发散性思维能力。不过与“替代性用途试验”不同，脑筋急转弯更多的是测试你以不同的方法来解决问题的能力。

自己来试试

下面是近来研究出来的一道热门的急转弯，专门用来测试人在疲惫状态下的创意能力。

某个小镇中有一个男人，同时娶了20个老婆，20个老婆全都健在，而且没有任何一个是已经离异的，更重要的是，这个男人并没有触犯任何法律。请问这个男人是谁？

（1）Remote Associates 远距离联想测试

远距离联想测试是研究创造力问题的一种测验方法。最早是萨乐诺夫·梅德尼（Sarnof Mednick）在1960年前后设计的一种测验。通常，提供几个相隔较远的词组，猜测它们共同的关联词。

如，“盐、深、沫”，它的关联词是“海”。

“竹、水、护照、食物”，它的关联词是“节”。

萨乐诺夫·梅德尼认为，创造性思考是将联想得来的元素重新整合的过程。新结合的元素相互之间联想的距离越远，这个思维的过程或问题的解决就更有创造力。他认为有创造力的人的联想不同于一般人。有创造力的人他们有广泛的联想，一个元素可以与许多其他元素连接；而一般人的元素连接则比较少。

下面自己来试一试吧：

时间—头发—弹力

礼仪—圆形—网球

疼痛—猎人—白菜

（2）The Candle Problem 蜡烛测试

蜡烛测试是1945年德国心理学家 Karl Duncker 设计的，专门用来测试人们解决创造力难题的能力。

实验对象会领到一根蜡烛，一盒图钉，一盒火柴，要解决的问题是：

把点着的蜡烛固定到墙上，并且蜡不会滴到下面的桌子上。

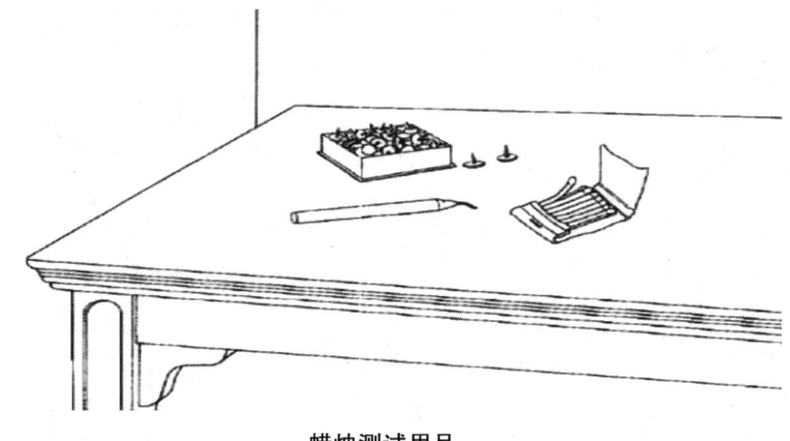

蜡烛测试用品

这项测试挑战你的思维定式、认知偏见，它们让你无法以正常的方式使用熟悉的物品。

2. 托兰斯创造性思维测验

本测验由美国明尼苏达大学教育心理系主任托兰斯教授设计，适用对象为从幼儿到研究生。本测验共分词语测验、画形测验和声音词语测验3部分。

（1）词语测验

包含7个分测验。前3个围绕一幅难理解的图画展开。如：一个有着尖耳朵、穿着尖鞋的小精灵，站在小溪中望着他（或她）自己的倒影。

①问题罗列：列举所能想到的有关画中事物的所有问题，且不能是看一眼就可回答的问题（如：精灵的耳朵是尖的吗）。

②原因猜测：列举图上所画事件的各种可能原因。

③结果猜测：列举图上所画事件的各种可能结果。

④物体改进：提供一只猴子或一头大象比较呆板的素描图，要求列举能想到的各种可改进之处，使该动物变得更有趣。

⑤用途变通：列举马粪纸盒（或罐头盒）的非常用途。

⑥非常问题：列举能够想到的有关马粪纸盒（或罐头盒）的各种不寻常的问题。

⑦假设推断：这是一类传统的创造力测试题——“假如……将会发生什么？”要求回答：假如云层低得只能看见人们的脚，将会发生什么？

（2）画形测验

①构建图画：提供一个彩色的香肠状（或蛋形）的图形，剪下贴在另

一页空白纸上，要求以此作为基础，画出一幅具有想象力的图画。

②完成图形：提供10个简单的抽象图形（如下图所示），要求添加内容，使之成为有意义的图形并注明其名称。

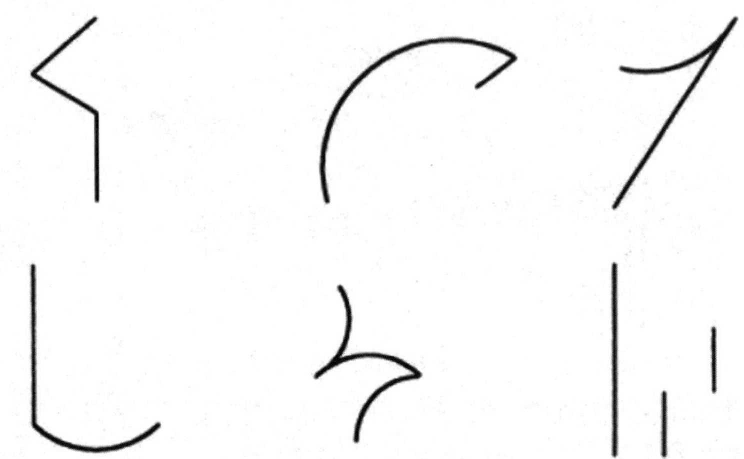

③圆形（或平行线）组图：提供两页纸的圆形（或平行线），要求组合成完整而有意义的图画。

（3）声音词语测验

在声音词语测验中，全部指导语和刺激都用录音磁带的形式呈现。它包括2项分测验。

①音响想象：采用4个被测者熟悉和不熟悉的音响系列，各呈现3次，让被试分别写出所联想到的物体或活动。

②象声词想象：将10个模仿自然声响的象声词各呈现3次，也让被试分别写出所联想到的事物。

在这3套测验中，记分分别从不同的方面进行。词语测验从流畅性、变通性和独特性3个方面记分；画形测验除以上3个方面外，还对精致性进行记分；声音词语的测验只记独特性得分。

3. 参考读物

李士，甘华鸣编．创新能力训练和测验[M]. 合肥：中国科学技术大学出版社，2008.

附：本主题可以使用的心理活动

活动1：潜力无限

教师：现在我们请10位同学上来做一个小游戏。这10个同学分为一队，把乒乓球从队首传到队尾。游戏规则是必须按照顺序，并使乒乓球接触到每个同学的手。现在全班比赛，看看哪一队能在最短的时间内完成这一游戏，赢了的那一组可以获得一份神秘的奖品。在游戏过程中，可以让学生进行多次尝试，并且教师可以从旁提示学生："还可以再缩短时间，你们还有潜力可挖。"最快的方法：抛开传递的方式，把手扣成圆筒状，摞在一起，形成一个通道，让乒乓球像自由落体一样地从上落下来，既按了顺序，同时也接触了每个人的手，时间是0.5秒。结束后学生谈游戏感受。

教师总结：不同的思维方式——不同的行为结果。

活动2：脑力激荡

同学们，趁着大脑思维的余温还未散去，向自己活跃的思维发起挑战吧。而猜脑筋急转弯就是当思维遇到特殊的阻碍时，要很快地离开习惯性思维，从别的方面来思考问题的方法。

训练1：小王是名优秀士兵，在站岗值勤时明明看到有敌人悄悄向他摸过来，为什么他却睁一只眼闭一只眼？

训练2：妻子："糟糕，亲爱的，你送给我的钻石戒指，落到红茶里去了……"结果，戒指又平安回到了妻子的手上，而且一点也没有弄湿的痕迹。这难道是奇迹吗？

训练3：美丽的公主结婚以后就不挂蚊帐了。为什么？

训练4：有半瓶酒，瓶口用软木塞塞住，不准敲碎瓶子，不准拔去木塞，不准在塞子上钻孔，怎样喝到瓶子里的酒？

训练5：一个学生住在学校里，为什么上学还经常迟到？

答案1：他正在瞄准靶子。

答案2：戒指掉进红茶罐子里了。

答案3：她嫁给了青蛙王子。

答案4：把木塞推进瓶子里。

答案5：他住的学校，不是他上学的学校。

学生讨论回答，每道题两分钟。

活动3：如何培养创新思维

测一测：创新思维测验

A 物品的非传统功能举例

把纸夹在一起

袖扣

耳环

迷你长号模型

用来捅路由器 reset 键的东西

夹住耳塞线使之不会缠起来

书签

这个测试从几个方面考察你思维的广度：

流畅度——你能想出多少种用法

原创性——你能想出多么异乎寻常的用法（比如“重启路由器”就比“把纸夹在一起”更不寻常）

灵活性——你的答案涉及了多少领域（袖扣和耳环都是饰品，它们属于同一领域）

详细程度——你的回答有多少细节（“避免耳机线纠缠起来”比“书签”有更多细节描述）

试试看：你能想出一把勺子有多少种用途吗？

两分钟时间，开始！

B 假设人们眨巴眼睛就能把自己从一个地方运送到另一个地方，结果会出现哪些事情？（时间 3 分钟）

活动 4：情境问题解决

从前有一个国王，在大臣们的陪同下，来到花园散步。国王瞧着面前的水池，忽然心血来潮，问身边的大臣：“这水池里共有几桶水？”众大臣一听，面面相觑，全答不上来。国王发旨：“给你们三天时间考虑，回答上来重赏，回答不上来重罚！”请问，你能帮帮这些大臣吗？

国王很不高兴，此时，有个大臣诚惶诚恐地伏地奏道：“国王，息怒，我等不才，城东门有个孩子很聪明，是不是把他唤来一试？”不多时，那个孩子便被领进大殿，他落落大方，进了皇宫毫无怯意，国王便将那问题讲了一遍，示意让人领小孩到池塘边去看一下，那孩子天真地笑道：“不用去看了，这个问题太容易了。”国王一听乐了，说：“哦，那你就讲吧。”孩子眼睛眨了几眨，说：“要看那是怎样的桶，如果桶和水池一般大，那池里就是一桶水；如桶只有水池的一半大，那池里就有两桶水；如桶只有水池的三分之一大，那池里就有三桶水，如……”“行了，完全对。”国王重赏了这个孩子，众臣一个个呆若木鸡，自愧弗如。

活动 5：判断开关对应灯泡的游戏

一共有两个屋，一屋里有 3 盏灯（普通灯泡）、另一屋有 3 个开关（一个开关只对应一个灯），每个屋只能进一次，请你说出哪个开关对应哪盏灯？

答案：

各进有开关那屋，先按一个开关，在旁边等会儿，再按一个，一共按了两个。然后进到有灯的房子里，用梯子爬上去摸灯泡，由于两盏亮了的灯发热时间有长有短，所以温度上有差异，于是可得知这两盏对应的开关，剩下没亮的就不用说了。

第10课　融会贯通有妙法——掌握知识组织策略

一、教材解读及教学建议

（一）设计意图

高中阶段，很多学生会出现成绩分化，一些初中成绩优异的同学，到了高中会出现成绩下滑明显或成绩进步缓慢的现象。其中一个重要原因是不会学习，还没有形成使用学习策略——知识组织策略的习惯。本主题属于“学习版块”，其设计的目的就在于引导学生掌握有效的知识组织策略，改善学习习惯，提升学习能力。

（二）活动目标

1. 学生体验、认识到知识系统化的重要性，养成主动掌握知识组织策略的意识。
2. 学生学习和掌握几种必要的知识组织策略，重点学习“思维导图”。

（三）教材结构

本主题分为“心有所惑”“心有所思”“心有所悟”“心有所动”“心有所获”五部分。

心有所惑：通过对“知识碎片化”材料的阅读，引发学生对知识系统性的思考。

心有所思：呈现知识缺乏系统性的三种常见现象，引导学生结合自身实际情况进一步思考。

心有所悟：进一步了解“归类”“纲要”两种主要的知识组织策略。

心有所动：学习和初步掌握一种有效的知识组织策略——思维导图。

心有所获：属于知识拓展内容。学生了解比较系统的学习策略，为改善学习提供更多的视角。

（四）教学建议

1. 教学重难点

学生体会、练习如何画“思维导图”，并能结合自己的学科学习进行初步的应用。

2. 活动准备

（1）准备牵线木偶。

（2）如条件允许，制作本主题的 PPT。

（3）彩色铅笔、A4 纸。

（4）收集绘制效果出色的思维导图样本。

3. 课时建议

2 课时。

二、活动过程示例

热身活动

1. 展示牵线木偶

2. 阅读“心有所感”版块内容

揭题：教师引导出牵线木偶的特点：牵好线，行动自如；牵不好线，手忙脚乱。

牵好木偶的线不容易，在学习中牵好自己的线、做到融会贯通也不容易。

让学生领会融会贯通的重要性。

主题活动（1）

1. 情景表演

学生以组为单位，模拟“心有所思”部分，聚焦 2—3 个典型表现，进行情景表演。

学生阅读“心有所思”部分，教师引导学生试着解释刚才同学情景表演中的现象。

2. 阅读·讨论

（1）阅读“心有所悟”版块，了解知识组织策略的概念及分类。

（2）交流分享：谈谈自己在学科中已经用到的“归类”和“纲要”策略，

效果怎样。

阅读后教师可以组织学生做一做归类与记忆实验,体验一下。

主题活动(2)

1. 理解“思维导图”

什么是思维导图?和我们的知识结构图的区别在哪里?

教师:思维导图其实就是重复和模仿发散思维。它和知识结构图最大的不同在于三个要素。

(1)发散

在制作思维导图的时候,我们不是总结而是要学会利用发散思维来思考和绘制。下面我们来做个“幸福”小练习体会一下:

①请在纸上写下“幸福”一词,然后用圆圈起来。

②以它为中心,画10个像树枝一样的分支。

③试着在1分钟之内,自由联想,将想到的关键词写在这些分支上。

如果可以请写10个以上,写完后可以看看你周围的同学有没有写出和你一样的关键词,你会发现人越多,大家共用的词就越少。所以联想是非常奇妙的,它证明我们有无限的潜能。

(2)想象

思维导图有图像记忆的特点,在绘图的过程中,大脑进行创造和想象的潜能会被激发出来,而我们也能在这个过程中感受到乐趣,让我们的学习变成有趣的事。所以我们再来做一个小练习,唤醒你的艺术细胞:

试着将“幸福”一词换成图像,然后在分支上把自己联想的东西也用图画的形式表示出来。你有什么感受?

(3)层级分类

展示“幸福”主题的思维导图。

教师:刚才的练习只是很小的思维导图,当我们的联想进一步延伸的时候,就会出现层级,但有的时候会很乱,这里就需要我们归类,重新绘制一个思维导图,所以很多时候我们的思维导图并不是一次就能够完成的。

2. 尝试画“思维导图”

(1)学生阅读“心有所动”部分制作思维导图的步骤和关键点。

(2)学生结合自己的学习,选择一个主题试着绘制一幅思维导图。

3. 完善思维导图

以上为1课时,思维导图的大部分绘制工作由学生课后思考和完成。

4. 学生分组展示、交流自己绘制的思维导图,并相互评价各自的思维导图,自己独立地进一步完善思维导图。

“教学辅助资源”中提供了一幅思维导图,教师还可以再搜集一些规范的、比较有创意的思维导图供学生参考。

拓展/升华

阅读·讨论

（1）学生阅读教材“心有所获”内容。

（2）交流：你平时在学习中运用到了哪些策略？对你的学习有哪些帮助？

（3）制订一个适合自己的学习策略方案。

教师可根据学生具体情况在“学习策略表”里任选几个策略详细讨论(详细解释见“教学辅助资源”)。讨论时教师一定要注意引导学生从怎样的学习策略才是适合自己的、才能有助于提高学习效率等方面来讨论。

三、教学辅导资源

（一）相关心理学理论

固定同化点

在学习的过程中,学生原有的某些核心知识起着非常关键的作用,被称为“同化固定点(Anchorage)”,它就如同码头的锚桩,新知识就如同船只,锚桩固定船只后,被固定的船只才可以固定更多的船只。学习困难的同学,其认知结构一定缺乏某些必要的同化固定点,从而导致其认知结构的不完整和不合理。因而,对于学习困难的同学,首先应该检视的就是自己的知识结构。特别是诊断自己缺乏哪些重要的同化固定点,并给予修复。

（二）常用的思维导图绘制软件

思维导图除了手绘,还可以在计算机上绘制,目前常用的思维导图绘制软件有：iMindMap、MindManager、MindMapper、FreeMind、ShareMind等。

（三）学生画的思维导图

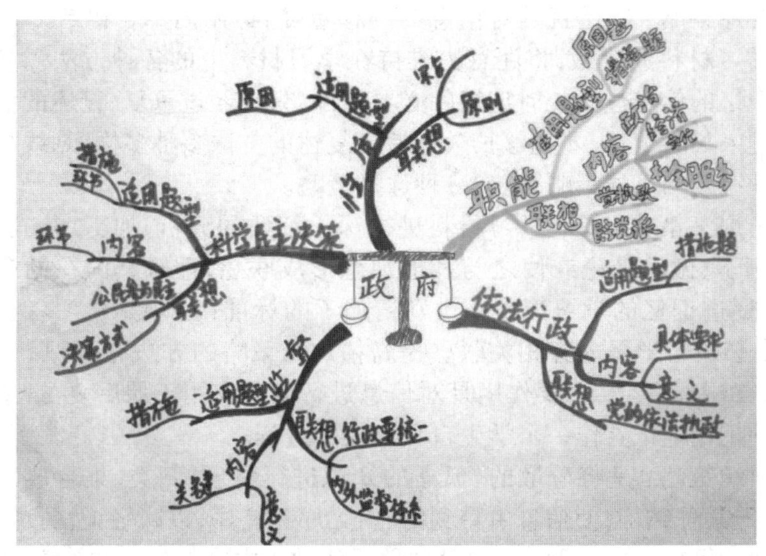

高一政治

（四）监视领会策略

监视领会是指学习者头脑中有明确的领会目标，在整个学习过程中始终注重实现这个目标，根据这个目标监控学习过程，包括寻找重要细节，找出要点等。一些研究表明，许多学生都缺乏这种监视领会策略，例如在英文阅读时，常常是以重复（如再读、抄笔记等）为主要策略。建议缺乏这种策略的学生使用以下策略以监控并控制自己的领会过程：（1）变化阅读的速度，以适应不同课文领会要求上的差异。对于比较容易的章节快速阅读，抓住作者的整体观点；对于较难的章节，则放慢速度。（2）容忍模糊。如果某些陈述不太明白，要继续读下去，不要中止，作者可能会在后面对此加以补充说明。（3）猜测。当不太理解某些内容时，要养成猜测的习惯，猜测其含义，并且读下去，看看自己的猜测是否正确。（4）重读较难的段落。重新阅读较难的段落，尤其是当信息仿佛自相矛盾或模棱两可时，此时运用重读往往是最有效的。

（五）学习方法策略解释

迈克卡尔根据学习策略覆盖的成分将其分为三类，包括认知策略、元认知策略、资源管理策略。第一，认知策略，包括复述策略、精加工策略和组织策略；第二，元认知策略，包括计划策略、监视策略和调节策略；第三，资源管理策略，包括时间管理、学习环境管理、努力管理和支持策略。

复述策略：复述就是对信息的一种重复，运用内部言语或外部言语重现学习材料或刺激，将注意力维持在学习材料上的各种方法。复述是短时记忆的信息进入长时记忆的必要条件，只有经过重复、复述的信息才能够进入长时记忆，才能够长久保持。复述的方法多种多样，划线技术就是一种有效的复述策略，也是一种选择策略。

精加工策略：指对学习材料进行深入细致的分析、加工、补充细节、举出例子、做出推论或使之与其他观念形成联想，理解其内在的深层含义，并促进记忆的学习策略。辨别精加工的标准：必须是学习者自己产生的；必须与学习内容相关联。提高精加工策略的方法有两种：一是记忆术；二是记笔记，主要作用是对信息进行编码和用于课后复习，新近的研究则把记笔记看作一个学生自我监控的过程。

组织策略：是将分散的、孤立的知识进行整理、归类，集合成一个整体，带上某种结构，使信息由繁到简、由无序到有序，以减轻记忆负担。

计划策略：指自己安排和筹划学习活动的内容与顺序的策略。

监控策略：指自己监督和检查学习活动的执行情况的策略。

调节策略：指根据获得的反馈信息和结果及时调整和采取补救措施的策略。

时间监督策略：应做到统筹安排学习时间，高效利用最佳时间，灵活运用零碎时间。

学习环境管理策略：良好的学习环境对学生保持良好的心态具有重要作用。

努力策略：为了维持自己的意志努力，需要不断进行自我激励，包括激发内在动机、树立正确的学习信念、选择有挑战性的任务、调节成败的标准、正确归因、自我奖励等。

支持策略：求助不是自身能力缺乏的表现，而是获取知识、增长能力的一种途径，是一种重要的学习策略。

附：本主题可以使用的心理活动

活动1：复述策略

比一比：以一列同学为一组，每组同学由最前面的人开始传话，传话时不能让其他人听到传话的内容。看看哪个小组迅速又准确！

第一句，正规旅行社依法绝不在街头散发小广告、小传单、名片。

第二句，正规旅行社不会承诺先旅游，后收费，以低价引诱游客。

第三句，正规旅行社有固定的经营及发车场所，而"黑车"没有。

第四句，不要相信在公交站牌上张贴的虚假旅游广告。

第五句，上车后二次收费、增加自费项目或者是进购物店。

说一说：为什么传话的内容会出现错误？如果我们看过所传的话的内容，结果会有所不同吗？

教师：在学习过程中，综合调动所有感官，学习的效果将会更好，眼睛看、耳朵听、嘴巴练、动手写，恰当运用复述策略。

活动 2：策略共享

背一篇古诗，看谁背得又快又好。

望江南·梳洗罢

温庭筠

梳洗罢，独倚望江楼。

过尽千帆皆不是，斜晖脉脉水悠悠。

肠断白蘋洲。

小组内讨论交流，请成绩好的同学向大家介绍经验。

说一说：同学们通过组内的交流与讨论，以及全班的共同分享，你得到了哪些好的学习策略？

活动 3：心空互动

我们每天要做的事情与要学的内容很多，如果不分先后顺序和轻重缓急，就会手忙脚乱、丢三落四。合理地制订一个计划或者日程安排表，这些烦恼就没有什么可怕的了。

每个人有不同的情况，应该根据自己的习惯来制订相应的计划或者日程安排表，不能照搬其他同学的。那么如何制订自己的计划或者日程安排表呢？

（1）列出任务内容。在自己的作业本上写出与生活和学习有关的内容，比如：吃饭、睡觉、洗衣服、上课、做作业、自习等（越详细越好）。

（2）任务内容分类。把自己列出的内容按照不同的标准进行分类，比如可以先按照学习和生活把它们分成两个大的方面，然后再进行细小的分类，但注意不要太细。

（3）分类任务排序。在每个类别中，根据自己的实际情况，并结合教学计划，把它们按照轻重缓急排序。

（4）划分时间段。把一天的时间（24小时）划分为不同的时间段，比如白天（清晨、上午、中午、下午、傍晚）和晚上。

（5）列出休息安排。分好的时间段中安排出合理的休息时间，并写上自己喜爱的一些兴趣与爱好。

（6）匹配任务内容与相应的时间段。把生活和学习内容以及兴趣爱好与相应的时间段进行对照匹配。

（7）制作计划表。画出表格，并把相应内容填写在表格中。

活动4：心情回味

接上一活动：

（1）你做完自己的计划安排表，有什么样的感觉？是不是感觉很轻松了？

（2）想一想自己的计划安排表还有什么没有考虑到的吗？如果想不到，就把自己的计划安排表展示给同学看，让其他同学帮忙纠正自己计划中不合理的地方。

（3）看看同学的计划安排表，从同学的安排中学习他们合理的计划。

（4）把自己的计划安排表复制几份，分别贴在不同的醒目的位置。

活动5：心雨欣声

学习“六先六后”学法

（1）先计划后学习

学习是一个系统工程，是由浅入深、由少到多、逐步深入的过程。只有订好计划再学习，学习才是有计划、有目的、有针对性的，才能克服学习中的盲目性、忙乱性。

（2）先预习后听讲

有的同学认为，反正老师要讲，课前预习是多余的；有些则认为，反正有些内容看不懂，预习等于“瞎子点灯——白费蜡”，这些看法往往是造成学习成绩下降的原因之一。预习是课前“侦察”，可打有准备之仗；预习可使新旧知识联系，有利于掌握新知识；预习可以克服听课的盲目性，提高学习效率；预习可使听课更专心，与老师配合更默契，从而提高自学能力。此外，预习的科目以自己学习上有困难的基础学科为主，每天预习所花的时间，要服从整体计划。

（3）先复习后做作业

古人云：“温故而知新。”复习是巩固、消化和深化学习内容的重要环节，回家后应把当天学的知识认真复习一遍，该记的记下来，该理解的理解透了，然后再做作业。做作业时，第一不要看书，第二不要问别人，第三要有时间限制，只有这样，作业才有实际价值。假如每次作业都是先复习，然后像考试一样对待，那就等于一天一次考试，就不会出现作业100分、考试答不上来的情况了。

（4）先调整心态后参加考试

考试的心态非常重要，同样水平的孩子，以不同的心态走入考场就会有不同的结果。心态良好、斗志昂扬就会促进思维，临场发挥就好；心态不好、紧张焦虑就会抑制思维，临场发挥就不佳，所以考前一定要调整好心态。

（5）先独立思考后请教别人

没有独立思考是学不好知识的。思考可以对知识理解得更深刻，可以使所学的东西更扎实，可以使大脑变得更灵活。所谓学问，就是要又学又问。问是读书的钥匙，是思考的中介，是深钻的体现。当遇到学习上的困难时，应在自己思考的基础上求得别人帮助，但最好不要只问答案，而要共同探讨，以求拓展思路。

（6）先打好基础后灵活思维

学习必须先打好基础，就是把书本上最基本的概念、定理、公式牢牢掌握，尤其是基本概念。如果概念不清楚，即使死记硬背了一些知识，哪怕是很用功也是不中用的。所以每当出现一个新概念时，必须搞清楚它的内涵和外延，还要注意它同其他概念的区别，切不可概念还没掌握就急于去做题，以至陷入题海而不能自拔，那等于拿钝刀砍柴，既费时又费力，事倍功半。当然，光打好基础还不行，还要灵活思维。要把书本上的知识经过自己的理解变成有血有肉的知识，能发挥，能运用，能创造。

第11课　成功源自坚持——培养顽强的学习毅力

一、教材解读及教学建议

（一）设计意图

毅力也叫意志力，是人们为达到预定的目标而自觉克服困难、努力实现的一种意志品质，它对成功有决定性作用。学习毅力指个体为完成学习任务而持续地克服困难的能力，它对学生的学习至关重要。高二是高中学习阶段的一个分化时期，部分学生会在面对困难时，因缺乏学习毅力而选择放弃。本主题属于“学习版块”，其目的在于指导高二学生了解缺乏学习毅力的表现和原因，尝试培养自己的学习毅力。

（二）活动目标

1. 引导学生思考、发现自身学习毅力可能存在的不足；
2. 指导学生发现缺乏学习毅力的表现，分析成因，找到锻炼学习毅力的诀窍；
3. 通过体验活动，让学生找到学习生活中培养学习毅力的方法。

（三）教材结构

本课分为“心有所惑”“心有所思”“心有所悟”“心有所动”“心有所获”五部分。

心有所惑：阅读钟道隆教授学习英语的故事，让学生思考钟道隆教授成功的原因，明白毅力在成功的道路上所起的巨大作用。

心有所思：通过学生分享身边的毅力故事，进一步强化毅力是成功必不可少的条件；通过完成“学习毅力小测试”活动，让学生发现自身存在的学习毅力的不足。

心有所悟：向学生揭示学习毅力的概念，并呈现高中生缺乏学习毅力的表现，及其原因；从原因入手，指导学生发现锻炼学习毅力的诀窍。

心有所动：向学生表明学习是需要长期坚持的过程，会受到各种干扰。除了要有正确的学习方法，还需要坚韧的学习毅力，并通过活动让学生找到培养毅力的方法。

活动一：举手大挑战，让学生体验坚持过程中会遇到的困难，感受坚持到成功所带来的愉悦，并迁移成功的经验到学习中；

活动二：小海的困惑，通过解决小海学习中遇到的问题，让学生找到在学习生活中培养学习毅力的方法。

心有所获：通过揭示成功者与大多数人的区别，再次说明毅力是成功不可缺少的必要条件。

（四）教学建议

1. 教学重难点

教学重点：通过体验活动，让学生探究培养自己学习毅力的方法。

教学难点：让学生使用培养毅力的方法有意识地锻炼自己的学习毅力。

2. 教学准备

先期调查（班主任、学科教师、学生），初步了解学生的学习毅力现状和缺乏毅力的表现。

多媒体课件。

3. 课时建议

1 课时。

二、活动过程示例

热身活动

1. 案例分享

（1）分享本班学生缺乏学习毅力的行为表现，让学生猜猜是谁，引起学生对学习毅力的关注。

（2）教师组织学生发表对案例中行为表现的看法，谈谈这些行为可能会带来什么影响或后果。

学生分享时，辅导教师引导学生思考、发现缺乏学习毅力会对自己的学习产生负面的影响。比如，不能坚持每天朗读、记忆单词，那么他在考试中，总会因写错单词而丢分；不能坚持每天练习计算题，那么他在考试中，总会因为计算错误而丢分。

2. 阅读教材

（1）让学生阅读教材“心有所惑”中钟道隆教授学习英语的故事，并提问：钟道隆教授仅仅花了一年时间，就从一个几乎不懂英语的门外汉，变为中国代表团的正式翻译，对于这个真实的故事，你有什么看法？

（2）学生自由发言，教师从毅力对成功的重要作用进行点评，引出课题。如“正是因为钟教授每天坚持不懈地努力，让他在英语学习上取得了巨大的成功。可见毅力对取得成功有着巨大的作用”。

主题活动（1）

1. 毅力故事分享

（1）组织学生分享身边的毅力故事（强调发生在身边的、真实的故事，可以是父母、亲人、朋友和同学身上发生的学习上或生活中的故事）。

（2）教师就学生分享的案例，点出故事中毅力所起到的重要作用。如“正是因为他的坚持，让他取得了进步；正是因为他有顽强的毅力，让他克服了难关！”

该设计对应教材的“心有所思”内容，目的在于通过分享“身边的毅力故事”，思考学习毅力的重要意义，并引发学生关注自身的学习毅力情况。

2. 学习毅力小测试

（1）学生完成学习毅力小测试，了解自身学习毅力现状，同时明确自身缺乏学习毅力的具体行为表现。

（2）教师总结测试结果，并进行过渡，引出“心有所悟”板块。如：“测试结果中选择‘是’的越多，则说明学习毅力存在的问题越多。学习毅力是可以通过锻炼来培养的，只要我们发现问题，找出原因，进行针对性的训练，就可以提高我们在学习中的毅力。”

3. 澄清缺乏毅力现象的表现

（1）向学生呈现学习毅力的概念，使学生明白什么是学习毅力。比如提问：“同学们，学习毅力究竟是指什么？请举手发言。”

（2）引导学生思考缺乏学习毅力可能出现的表现。比如提问：“同学们思考缺乏毅力会有什么表现？请同桌交流 1 分钟后，举手发言。”

（3）教师总结缺乏毅力的表现，并分析成因。缺乏毅力的表现包括：依赖性强，自主学习能力差；随意性强，缺乏明确的学习目标；自制力弱，缺乏持之以恒的精神；坚韧性弱，缺乏自觉克服困难的信心和勇气。缺乏学习毅力的主要原因有：学习动机不足、缺乏鼓励和指导、兴趣和成就感不足、缺乏责任感和感恩之心等。

4. 总结锻炼毅力的诀窍

（1）引导学生思考培养学习毅力可以怎样做。比如提问：“同学们，学习毅力可以怎样培养？请同桌交流 1 分钟后，举手发言。”

（2）教师总结培养学习毅力的诀窍。具体有：培养学习愿望和兴趣；坚定学习信心；明确学习目标和计划；积极行动，从基本的、简单的做起；克服学习中的消极心理；同学间的相互鼓励和支持。

主题活动（2）

1. 举手大挑战

（1）教师宣布活动规则，并组织学生进行体验活动。

讲规则时，需要注意明确要求：站在教室中的走道等空位处，身体要站直，不能依靠桌椅等物件，双手须一直与地面平行。挑战任务本身很困难，要顺利完成非常不容易，所以在活动过程中，教师须加强言语鼓励，并且不断报时，让更多的学生完成挑战。

（2）挑战结束后，让学生分 4 人小组，就教材中举手活动设计的问题进行 4 分钟讨论。要求小组中有专人记录，并准备好发言人。

（3）小组发言人，在全班交流、分享讨论的结果。

（4）教师总结，总结内容包括重复学生分享内容的关键词；可以迁移到学习中的经验等，并且把可以迁移到学习中的经验进行板书。学生感受可能有“累！但是完成了挑战感觉很愉快、很满足！”，“痛并快乐着！”，“遗憾没能坚持到最后”，“如果再来一次，我一定能坚持到最后”。可以迁移到学习中的经验：同学间的相互鼓励，可以让我们坚持下去；面对困难带来的痛苦，告诉自己，放弃前，再坚持一会儿，可能痛苦就过去了；平时加强练习，就能顺利完成；把整体拆分为一个一个小的阶段等。

2. 小海的困惑

（1）请学生阅读教材“心有所动”中“小海的困惑”，同样以4人为小组进行5分钟讨论。要求根据上一个活动中得到的可以迁移进学习的经验，帮助小海解决问题，同时填写活动中的两份表单，并推荐发言人在全班分享。

（2）小组发言人，进行全班交流、分享。分享的时候，教师应鼓励学生分享出更多不同的看法，并将学生发表的观点进行提炼，然后分类板书。

（3）教师总结，对黑板上板书内容进行总结，重复较好的建议。

拓展 / 升华

1. 阅读教材

（1）学生阅读教材“心有所获”内容，教师要求学生创作或提炼或分享“毅力格言”。

（2）教师总结，再次强调毅力对成功的重要意义。

2. 课后作业：做一份学习毅力培养计划表

从《学习毅力小测试》选“是”的题中，选出自己最需要改变的一条，根据今天学到的内容，制订一份计划表，尝试培养自己的学习毅力。

三、教学辅助资源

（一）相关心理学理论

毅力也叫意志力，是人们为达到预定的目标而自觉克服困难、努力实现的一种意志品质；毅力，是人的一种“心理忍耐力”，也是一个人完成学习、工作、事业的“持久力”。当它与人的期望、目标结合起来后，它会发挥巨大的作用；毅力是一个人敢不敢自信、会不会专注、是不是果断、能不能自制和有没有忍受挫折的结晶。

在心理学角度上，与毅力相关的传统概念包括：坚持不懈、勇敢、（抗打击）恢复力、雄心壮志、成就感需求、责任心。

毅力的重要意义

1. 毅力对成功有决定意义

在所有的成功者中，有没有毅力，坚强不坚强，对他们的成功起着决定性的作用；而对失败者来说，缺乏毅力几乎是他们共同的毛病。所以毅力这个东西，极其重要，也很可贵。毅力会帮助你克服恐惧、沮丧和冷漠；会不断地增强你应付、解决各种困难问题的能力；会将偶然来的机遇转变为现实；会帮助你实现他人实现不了的理想……因此，古今中外的先人、哲人、伟人、名人，都对它作了高度的评价。

2. 毅力是实现理想的桥梁

毅力是实现理想的桥梁，是驶往成才的渡船，是攀上成功的阶梯。

通往成功的道路往往是充满荆棘、坎坷不平的，会有许多障碍险阻。有作为的人，无不具有顽强的意志、坚忍不拔的毅力。我国古代大医药学家李时珍写《本草纲目》花费了二十七年；进化论创始人达尔文写《物种起源》用了二十多年；天文学家哥白尼写《天体运行论》用了三十年；大文豪歌德写《浮士德》用了六十年，而郭沫若翻译《浮士德》就用了三十年；马克思写《资本论》用了四十年。这些中外巨人的伟大成果无一不是理想、智慧与毅力的结晶。还有一些科学家为坚持真理付出了鲜血与生命。例如，赛尔维特发现了血液循环，被宗教徒活活烤了两小时；布鲁诺提出了宇宙无限、没有中心的思想，被罗马教廷关了 7 年，最后被判火刑。顽强的毅力是他们成为巨人的一个重要必备条件。

缺少毅力的人

毅力是人的一种好品质，谁都想具有这种品质。但是，是不是所有的人都会具有？不一定。一般来说以下这样的人是很难具有毅力这种品质的。

1. 心不专者

心不专者，不会有毅力。唐人张文成在《游仙窟》中曰：“心欲专，凿可穿。”可是有的人就是做不到这一点，不专一，目标太多，期望值有无数个，好高骛远，一个目标还没有达到，就想到了另一个，这山望着那山高，什么都是三心二意，虽很努力，却是竹篮打水一场空，因为缺乏恒心，结果什么事情都办不了，什么事情都办不好。的确，一个人做事若无恒心，那是什么事情都做不成的。

2. 不自信者

不自信者，不会有毅力。这类人对自己缺乏信心，不相信自己的力量，事情还没有办,考虑的却是失败了怎么办?往往是进一步,退两步,结果呢?因为没有自信,夸大了自己的弱势,让弱势遮住了自己的优势,自己就显得毫无力量……这类人的失败,不是由于他人,而是在于自己,也就谈不到什么毅力不毅力的了。

3. 不果断者

办事不果断者,不会有毅力。这类人独立性差,没有主见,干工作缺乏办法,没有气派,优柔寡断,前怕狼、后怕虎,总有说不清的顾虑,总是担心这个或那个,就是不担心成功。这类人还有一个毛病:容易接受他人的暗示和影响,因而经常改变自己的初衷,将事情搞得不伦不类。

4. 不自制者

不能自制者,不会有毅力。这类人不能压抑欲望,随心所欲,想怎么干就怎么干,好情绪,好冲动,不能顺从理性,不知道如何克制自己,因而本是属于可敬可赞的雄心壮志,常被那些卑小的欲望所干扰,事情最终一败涂地。

5. 不能忍受挫折者

不能忍受挫折者,不会有毅力。为什么有的人大落之后能东山再起?就在于他能忍受得住挫折,忍受得住失败,忍受得住考验,忍受得住痛苦,坚持信念,不停顿地前进,不停顿地拼搏、奋斗,因而能屡扑屡起,终于成为伟人。所以拿破仑这句话还是很有道理的:“人生之光荣,不在永不失败,而在能屡扑屡起。”

毅力能够决定我们在面对困难、失败、诱惑时的态度,看看我们是倒了下去还是屹立不动。如果你想减轻体重,如果你想重振事业,如果你想把任何事做到底,单单靠着“一时的热劲”是不成的,你一定得具备毅力方能成事,因为那是你产生行动的动力源头,能把你推向任何想追求的目标。具备毅力的人,他的行动必然前后一致,不达目标绝不罢休。

(二)典型案例

“延迟满足”实验

发展心理学研究中有一个经典的实验,称为“延迟满足”实验。实验者发给 4 岁被试儿童每人一颗好吃的软糖,同时告诉孩子们:

A. 如果马上吃,只能吃一颗;

B. 如果等 20 分钟后再吃,就给吃两颗。

有的孩子急不可待，马上把糖吃掉了；而另一些孩子则耐住性子、闭上眼睛或头枕双臂做睡觉状，也有的孩子用自言自语或唱歌来转移注意消磨时光以克制自己的欲望，从而获得了更丰厚的报酬。研究人员进行了跟踪观察，发现那些以坚韧的毅力获得两颗软糖的孩子，到上中学时表现出较强的适应性、自信心和独立自主精神；而那些经不住软糖诱惑的孩子则往往屈服于压力而逃避挑战。后来几十年的跟踪观察，也证明那些有耐心等待吃两块糖果的孩子，事业上更容易获得成功。

实验证明：自我控制能力是个体在没有外界监督的情况下，适当地控制、调节自己的行为，抑制冲动，抵制诱惑，延迟满足，坚持不懈地保证目标实现的一种综合能力。它是自我意识的重要成分，是一个人走向成功的重要心理素质。

心理学者的研究表明，毅力是欲望向财富转换过程中不可缺少的条件。毅力在跟欲望结合之后，便形成了百折不挠的巨大力量。

备选活动：

蹲马步大挑战

活动规则：站在教室中的走道等空位处，上身要挺直，不能依靠桌椅等物件，双手收拳放于腰间。下身成马步姿态站立，双脚开立与肩同宽，膝关节弯曲，大小腿接近 90 度。保持姿势不动 10 分钟，挑战成功。

活动讨论：让学生分 4 人小组进行讨论。要求小组中有专人记录，并准备好发言人。问题 1. 刚才的活动中，你有什么体验？问题 2. 挑战成功的经验，有哪些可以迁移到我们的学习中？

活动分享：小组发言人，在全班交流、分享讨论的结果。

活动总结：总结内容包括重复学生分享内容的关键词；可以迁移到学习中的经验等，并且把可以迁移到学习中的经验进行板书。

（三）测评工具

下面两项测试，分数可以在班级内进行比较，以发现或说明问题。

意志力测试

本测试共包括 26 个题目，对每个题目做五级评分：完全符合、比较符合、难以回答、比较不符、完全不符。所有题目得分之和就是总分，总分反映了意志力的水平，总分越高，说明意志力越强。

1. 我很喜爱长跑、爬山等体育运动，但并不是因为我的天生条件适合这些项目，而是因为这些运动能够增强我的体质和毅力。完全符合 / 比

较符合 / 难以回答 / 比较不符 / 完全不符

2. 我给自己订的计划，也常常因为我自己的原因不能如期完成。完全符合 / 比较符合 / 难以回答 / 比较不符 / 完全不符

3. 假如没有出乎意外的原因，我每天都很早起床，从不睡懒觉。完全符合 / 比较符合 / 难以回答 / 比较不符 / 完全不符

4. 我的作息时间没什么准，完全靠一时的兴趣与情绪决定，常常突然生变。完全符合 / 比较符合 / 难以回答 / 比较不符 / 完全不符

5. 我信奉"凡事不干则已，一干就要干好"的格言，并尽量照做。完全符合 / 比较符合 / 难以回答 / 比较不符 / 完全不符

6. 我认为凡事不必太认真，做得成就做，做不成就算了。完全符合 / 比较符合 / 难以回答 / 比较不符 / 完全不符

7. 我对待一件事情的态度，主要取决于这件事情的重要性，即该不该做；而不在于对这件事情的兴趣，即想不想做。完全符合 / 比较符合 / 难以回答 / 比较不符 / 完全不符

8. 有时我临睡前发誓第二天要开始干一件重要的事情，但到第二天这种干劲又没有了。完全符合 / 比较符合 / 难以回答 / 比较不符 / 完全不符

9. 在工作和娱乐发生冲突的时候，即使这种娱乐很有吸引力，我也会马上决定去工作。完全符合 / 比较符合 / 难以回答 / 比较不符 / 完全不符

10. 我常因读一本妙趣横生的小说或看一个精彩的电视节目而忘记时间。完全符合 / 比较符合 / 难以回答 / 比较不符 / 完全不符

11. 我下决心坚持的事情（如学外语），不论遇到什么困难（如工作忙），都能够持之以恒，坚持不懈。完全符合 / 比较符合 / 难以回答 / 比较不符 / 完全不符

12. 如果我在学习和工作中遇到什么困难，首先想到的是先问一问别人有什么办法。完全符合 / 比较符合 / 难以回答 / 比较不符 / 完全不符

13. 我能长时间做一件无比重要也无比枯燥的工作。完全符合 / 比较符合 / 难以回答 / 比较不符 / 完全不符

14. 我的爱好一会儿一变，做事情常常是"这山望见那山高"。完全符合 / 比较符合 / 难以回答 / 比较不符 / 完全不符

15. 我只要决定做一件事，一定说干就干，决不拖延到第二天或以后。完全符合 / 比较符合 / 难以回答 / 比较不符 / 完全不符

16. 我办事喜欢拣容易的先做，困难的能拖就拖，实在不能拖时，就三下五除二干完拉倒，所以别人不大放心让我干难度大的事。完全符合 / 比较符合 / 难以回答 / 比较不符 / 完全不符

17. 对于别人的意见和说法，我不喜欢盲从，而喜欢分析、鉴别一下才

决定自己的态度。完全符合 / 比较符合 / 难以回答 / 比较不符 / 完全不符

18. 凡是我认为比我能干的人，我都不大怀疑他们的看法。完全符合 / 比较符合 / 难以回答 / 比较不符 / 完全不符

19. 遇事我喜欢自己拿主意，当然也可以听一听别人的建议作为修正。完全符合 / 比较符合 / 难以回答 / 比较不符 / 完全不符

20. 生活中遇到复杂莫测的情况时，我常常举棋不定，拿不定主意。完全符合 / 比较符合 / 难以回答 / 比较不符 / 完全不符

21. 我不怕做我从来没有做过的事情，也不怕一个人独立负责重要的工作，我认为这起码是一个锻炼自己的好机会。完全符合 / 比较符合 / 难以回答 / 比较不符 / 完全不符

22. 我生性就胆小怕事，没有百分之百把握的事情，我从来不敢做。完全符合 / 比较符合 / 难以回答 / 比较不符 / 完全不符

23. 我和同事、朋友、家人相处，很有礼貌和气量，从不无缘无故发脾气。完全符合 / 比较符合 / 难以回答 / 比较不符 / 完全不符

24. 如果和别人发生争执，有时虽明知自己不对，我却忍不住要说一些过头话，甚至辱骂对方。完全符合 / 比较符合 / 难以回答 / 比较不符 / 完全不符

25. 我从来就希望做一个坚强的、有毅力的人，而且我深信"功夫不负有心人"。完全符合 / 比较符合 / 难以回答 / 比较不符 / 完全不符

26. 我更相信机会，很多事实证明，机会的作用大大超过个人的艰苦努力。完全符合 / 比较符合 / 难以回答 / 比较不符 / 完全不符

毅力测试

本测试共包括 8 个题目，对每个题目做五级评分：1 代表非常不符、2 代表比较不符、3 代表不确定、4 代表比较符合、5 代表非常符合。所有题目得分之和就是总分，总分反映了毅力的水平，总分越高，说明意志力越强。请你仔细阅读每道题目后，判断每个题目多大程度上符合你自身的情况，并在对应的数字上画圈。

题目	非常不符	比较不符	不确定	比较符合	非常符合
1. 新的想法和计划有时候会让我无法专心于已有的想法和计划。	1	2	3	4	5
2. 挫折不会使我感到气馁。	1	2	3	4	5
3. 当着迷于某个想法或计划不久过后，我会对其失去兴趣。	1	2	3	4	5

续表

题目	非常不符	比较不符	不确定	比较符合	非常符合
4. 我是一个努力学习和工作的人。	1	2	3	4	5
5. 我经常设定一个目标,但不久后又改变追求另外一个目标。	1	2	3	4	5
6. 我很难让自己专注于一个要好几个月才能完成的任务。	1	2	3	4	5
7. 无论什么事情,只要我开了头就要完成它。	1	2	3	4	5
8. 我很勤劳(我不轻言放弃)。	1	2	3	4	5

附:本主题可以使用的心理活动

活动 1:情景分析

简介:1992 年西班牙巴塞罗那奥运会,半决赛比赛中,雷德蒙的起跑很不错,在离终点还有 150 米的时候,他的右脚跟腱伤势复发,他无法站立倒在赛场上,当他看见医护人员拿着担架朝他奔来的时候,他下决心一定要完成比赛,他跳着站起来,回到他的跑道,强忍着疼痛,但他已经没有办法再跑,只能一跳一拐地慢步向前,但他坚持要把这段赛程比完。

看完了这段视频,同学们有什么感想呢?请你用一个词语概括。

学生:

1. 同学们拿出卡片写概括词语。
2. 成果分享:同学们谈感受,谈对概括词语的理解。
3. 词语分类:积极意向、消极意向。

活动 2:讲述坚持与成功的故事

有一回,苏格拉底对着学生说:“今天我们只学一件最简单,也是最容易的事,每个人把手臂尽量往前伸,然后再用力往后甩。”这位有名的希腊大哲学家示范做了一遍,然后对学生说:“好了!就这样,从今天开始,每人每天做三百下,大家都可以做到吗?”学生们认为那只是举手之劳,有什么做不到呢?过了一个月,苏格拉底问学生:“原先我们要求每人每天甩手三百下,有哪些人做到了?”结果有百分之九十的同学很骄傲地举手,还带着胜利者的欢呼。又过了一个月,苏格拉底又问同样的问题,结果坚持下来的学生只剩下百分之八十。一年后,苏格拉底再一次问大家："请告诉我，一年前请大家每天做甩手的运动，有多少人坚持到此刻？"有同学几乎忘了这件事，也有人默默低下了头，觉得有些羞愧。此时，有一个人举手，这位同学就是希腊另外一位著名的哲学家——柏拉图。

引入：柏拉图的成功并不是偶然的，是因为他可以坚持下来。

活动3：十分钟计划——理解坚持

我有一个小小的梦想，希望能考上重点大学，我给自己制订了10分钟计划——完成作业后每天各读10分钟的英语单词和语文课文。刚开始的5天，我很有毅力，每天都能够坚持下来。第六天，今天作业有点多，写完有点晚了，要不今天就不读了吧。第七天，今天周末，隔壁房间妈妈在看《中国好声音》，比赛好激烈啊，我也去看一会儿吧。第八天，学的内容越来越多了，真不知道今天该读点什么。第九天，仿佛已经忘了10分钟计划这件事情了。

启发学生思考：这样的情景你是否似曾相识？

当在面临类似情景的时候，你们有什么好的方法来帮助你的小伙伴吗？

学生活动：拒绝外界的诱惑，有计划性，要克制自己的欲望，克服自己的惰性，要专心……

活动4：举手礼

要求：全体学生按体操队形站立，每个人举起右手臂，伸直过头顶，身体不准晃动，坚持若干分钟，看谁能坚持到最后，谁能够坚持更长的时间。起初时间可以短一些，当有学生表示困难，难以坚持的时候，教师要有意激励团体的力量，比如说"就这么短时间是吗？大家同意结束吗？现在只过了3分钟""还要不要继续"等。活动进行过程中，教师可以在队列中巡视，看到举手艰难的学生，小声给予鼓励。随着时间的延长，小组教师要对自己的小组学生进行激励，可以喊口号，朗诵诗句，甚至可以领着大家一起唱歌。此活动可以循序渐进地进行，鼓励学生不断突破极限。从最初的3分钟到最后的30分钟，既是个人战胜自己的胜利，也是团体同心协力、相互激励的胜利。

第12课　澄清你的认知——学会合理归因

一、教材解读及教学建议

（一）设计意图

学情分析：归因指个体对自己或他人的行为的原因加以解释和推测的过程，它反映的是个体对于引起某个事件原因的认识。由归因所得出的原因其实是个体的一种主观解释，未必是引起事件的真正原因。但是，这种未必准确的主观解释往往比真实的原因更能影响个体的情绪、行为等各个方面。因此归因不是一个独立的过程，而是上一次行为和下一次行为之间的重要环节。很多同学对学习生活中事件、现象的分析比较模糊，仅停留在表面原因分析的层面；对于找出的原因有哪些特点以及是否都有利于促进行为的改进，学生的认识比较欠缺。引导高二学生合理归因，并运用合理归因的方法澄清认知，学会分析问题。

（二）教学目标

1. 理解合理归因的重要性。
2. 掌握合理归因的原则和方法。
3. 学会运用合理归因的方法，试着解决认知问题，学会正确归因。

（三）教材结构

本课分为“心有所惑”“心有所思”“心有所悟”“心有所动”“心有所获”五部分。

心有所惑：通过对小明案例的分析，引导学生思考案例中的小明如何分析问题，这种分析会带来什么结果，通过引用学生日常发生的例子激发学生对归因，以及如果归因不当可能会造成结果的思考。

心有所思：通过三幅图片呈现三种高中生常见的情景，即学习下滑、评优落选、朋友疏远，让学生寻找造成以上三种情况可能的原因有哪些，引导学生区别分析出的原因具有的特点是内部的、外部的、可控的、不可控的以及稳定的、不稳定的。

心有所悟：澄清归因的概念，呈现心理学家韦纳三维归因理论的图表，解读三维归因理论，通过对心理学理论的解读让学生明白合理归因的重要性。

心有所动：结合“心有所惑”中的案例深入探讨小明的归因中哪些是合理归因，并通过“心有所思”中三个情景结合韦纳三维归因理论对学生进行归因训练。让学生对三个情景做出合理归因。通过活动引导学生有效解决问题。

心有所获：课堂小结再次让学生认识合理归因的重要性和意义。并引导学生运用合理归因的方式，澄清个人的认知。

（四）教学建议

1. 教学重难点

理解合理归因原则，学会合理归因。

2. 教学准备

多媒体课件。

3. 课时建议

1课时。

二、活动过程示例

（一）案例分析，引出主题

1. 案例呈现

引导学生思考：你如何看待小明对问题的分析？
他的分析会带来什么样的结果？
学生分享观点。
教师过渡：在遇到问题时，人们总是力图寻找其中的原因，有的人喜欢把原因归结于外界，有的则喜欢把原因归结于自己。

2. 引出主题

板书主题——澄清你的认知。

（二）明确概念，联系实际

1. 明确概念

归因是人们对他人或自己行为原因的推论，就是从可能导致行为的多种因素中认定原因，并判断其性质。每个人都有一套从经验出发，对行为及其原因之间联系的判断和观念。

教师过渡：简单地讲，同学们寻找事物原因的过程就叫归因。请结合“心有所思”的情景，分析可能导致情景中同学困惑的原因有哪些。

2. 联系实际

学生活动：结合情景完成“心有所思”表格中的内容。

小组分享交流，教师点评。

过渡：可见导致事情发生发展的原因是多种多样的，并不是每个原因都有利于事情往更好的方向发展，什么样的归因可以给人们带来积极的、有利的改变呢？

（三）总结归纳，解决问题

1. 总结归纳

教师引导：通过对“心有所思”情景的分析我们发现从自身内部找原因，才能更好地激发自我责任感，而不一味归咎于外部原因；同时也要尽可能找自己更容易控制、改变的原因，不过多归因于不可控、不可改变的原因。

知识呈现：韦纳的三维归因理论和原则。

<table>
<tr><td rowspan="3">三维度</td><td colspan="2">内部的</td><td colspan="2">外部的</td></tr>
<tr><td>稳定的</td><td>不稳定的</td><td>稳定的</td><td>不稳定的</td></tr>
<tr><td>可控的</td><td>不可控的</td><td>可控的</td><td>不可控的</td></tr>
</table>

如果把成功归因于自己的努力程度，就会增强今后努力行为的坚持性；如果把成功归因于任务难度等，就会降低自身努力行为的坚持性。

如果把成功归因于稳定性，如能力强，就容易增强自信；如果把成功归因于不稳定性，如运气好，则容易让人产生侥幸心理。

如果把成功归因于可控的内部因素，如自己非常努力，就能强化积极行为；如果把成功归因于运气或机遇等不可控的外部因素，易使人产生“守株待兔”的行为。

2. 解决问题

过渡：著名心理学家韦纳在总结以往对心理学中归因的研究基础上得出了三维归因理论，该理论认为人们对成功和失败的归因，会对以后的行为产生重大影响。掌握合理归因的原则和方法，可以帮助我们科学分析成败的原因，增强自信，积极行动，走向成功。

学生活动：根据对韦纳三维归因理论的理解，请对“心有所思”中的情景进行合理归因，并帮助“心有所惑”中的小明合理归因。

学生分享交流，教师总结。

（四）课堂总结，拓展升华

1. 课堂总结

过渡：今天的活动让我们了解了合理归因的意义，并掌握了合理归因的原则。不同的归因对人的行为会产生不同的影响。错误、消极的归因使人一味地怪罪客观条件，容易让人失去信心、放弃努力；正确的归因能激发人前进的动力，寻找解决问题的方法，不断取得新的进步。

2. 拓展升华

拓展活动：对自己最近的一次考试试卷做合理归因分析。

三、教学辅助资源

（一）相关心理学理论

韦纳三维归因理论。

（二）典型案例

不必怨愤

小王和小李是美术系的同班同学。小李毕业后依靠父亲的关系，进入某报社担任美术编辑工作。

不甚如意的小王，每次看见小李在报上刊出的作品，就痛骂报社只认人情，不认水平。但原来远不及小王的小李，由于报社的工作环境好，经常能接触最新的信息和作品，加上努力，几年后形成了自己独特的风格，有了不小的名声。

小王终于不再讥讽小李，因为长久地怨天尤人，他一时的怀才不遇变成了真正的外强中干，作品的水平，已经远远落后于小李了。

小王终于醒悟了，他奋起直追，几年时间，自己的绘画水平提高了一大截，名气也渐渐大了起来。奇怪，此时他对小李再也没有什么怨愤了。

（三）其他

心理学家张铁忠教授等人发现，中学生对学习成败的归因主要有以下6种类型：

把失败归之于自己脑子笨、能力差等稳定的因素，这种归因会使自己丧失信心，自暴自弃，放弃努力。

把失败归之于自己不努力等不稳定的因素，这种归因会使自己重燃希望，变得努力。

把失败归之于学习难度大等稳定因素，这会使自己学习积极性受影响，甚至会对相应学科失去信心。

把失败归之于运气不好等不稳定因素，这可能会使自己重新树立信心。

把成功归之于运气好等外在因素，这会使自己产生侥幸心理，下次不一定会努力。

把成功归之于自己能力强、努力程度高等内在因素，这既可能使自己满意、自豪，也可能使自己产生骄傲、自负等情绪。

附：本主题可以使用的心理活动

活动1：穿针引线

说明游戏规则：每组派两位同学参加。

一位同学拿针，一位同学拿线，在五秒钟内将线穿过针孔。

要求开始前两个人必须将手放下，时间到时拿针的同学必须放手。

其他同学监督，用数“5，4，3，2，1，停”来帮助计时。

寻找游戏中成功和失败的原因。

请参加游戏的同学谈谈成功或者失败的原因，如果再给你们一次机会，你们会怎么做？也请同组的其他同学发表看法。

同学们谈得很好，一个简单的穿针引线，同学们就分析了这么多“为什么”，同学们通过分析原因找到了自己努力的方向。应该说，在我们生活学习的各个侧面，都离不开成功和失败，也免不了要找找原因，寻找解决问题或获得成功的最佳方案。今天老师给大家带来这样一个课题——合理归因。

活动 2：考试之后

学生表演情景——考试之后。

旁白：考试后，高一某班的两位同学在教室里坐在一起闲聊起来。

甲：唉，这书读得真苦啊！

乙：喂，这次考试考得怎么样呀？

甲：唉，别提了，真是惨不忍睹啊！连哭的勇气都没有了。

乙：你平时够努力的，怎么会没考好呢？

甲：是啊，初中是“希望之星”，高一就成了“流星”！唉，看来自己真的不是学习的材料，再努力也恐怕没用了！你呢？

乙：我？我跟你一样，初中也算“希望之星”，现在成了“扫把星”！但是我认为自己不笨，之所以落到今天这地步，都怪老师没有把我们管好教好！你想，学生没学好，不怪老师，还怪谁呢？

分组讨论：

他们是如何归因的？

他们以后会怎么做呢？

过渡句：说别人容易说自己难，同学们对于别人的归因方式都发表了自己的看法，现在反过头来看看同学们的归因有什么特点。

活动 3：反口令

游戏导入：反口令。

游戏规则：教师给出口令，学生做相反动作。例如教师说“向左转”，那么学生就要“向右转”，教师说“向上看”，那么学生就要“向下看”。

寻找游戏中成功和失败的原因：

请参加游戏的同学谈谈游戏成功或失败的原因。

教师总结引出主题“合理归因”。

教师：刚才大家积极地寻找游戏成败的原因。其实在生活中我们经历很多事情，这些事可能成功，也有可能失败，无论成功还是失败，我们都会情不自禁地对我们的行为结果寻找原因，这个过程心理学上称之为“归因”。对于高中生的我们来说，学习是我们目前最重要的任务，我们平时也会经历大大小小的许多考试，每次考试结束后，我们都会不自觉地对我们的考试成败进行归因。

活动 4：归因成功

1. 教师提问“成功是什么”，学生进行自由发言。

多媒体屏幕播放成功的案例。

教师引导学生明确：成功就是设定一个目标，经努力使目标变成了现实的过程。所以有长时间积累起来的大成功,也有做对一道题的小成功,每天、每节课目标实现了的成功。更大的成功是由每天的点滴成功积累出来的。

2. 让学生讨论在平时的学习中如何积累小成功。

3. 学生观看高考状元的采访录,教师引导学生总结他们的心得。

多媒体播放《高考状元访谈录》。

(1)教师提问:这些高考状元在学习中有共性的东西吗?

(2)学生讨论。

(3)教师小结,高考状元具有学习策略的共性内容,即都在有意识或无意识地运用计划策略、监控策略、评价和调节策略。

4. 教师具体讲解元认知策略的重要性,以及在学习中的具体运用。

5. 高考状元及助他成功的品质。

(1)指导学生归纳伟人的共同特点,分别使用多媒体或投影写出讨论结果,内容如下:具备承受困难、挫折的耐力;勤奋、刻苦的精神;坚持到底的毅力;勇于探索、不断追求的信念。

(2)教师小结,揭示话题。

活动 5:小小魔法师

通过趣味游戏激发学生课堂兴趣,并感知归因的普遍存在。

师:亲爱的孩子们,欢迎来到老师的心理课堂。今天,老师准备了一个有趣的小魔术,谁想来学一学?看看谁能成为咱班的小小魔术师!好,请你跟我这样做:首先,双手前平举,掌心相对。很好,现在我们将手在胸前交叉。重点来了,让我们把手指扣在一起,然后 321,转过来!

1. 用“之所以 ..... 是因为 ......”这样的句式来探究魔术成功和失败的原因。

2. 如果再给你一次机会,你会怎么做?

老师:一个简单的小魔术大家就分析了这么多“为什么”,有的孩子通过分析原因找到了自己努力的方向。像刚刚这样为一件事情的成功或失败寻找原因的过程,在我们心理学上有一个很专业的名词,叫作归因。这就是今天我想和大家一起探讨的话题。

老师:可以说,在我们生活学习的各个侧面,都离不开成功与失败,也免不了要找找原因,寻求解决问题或获得成功的最佳方案。那么同学们,我们在日常生活和学习中都做过哪些归因呢?

第五章　人际关系辅导主题教学设计

第13课　营造和谐的人际关系——掌握交往技巧

一、教材解读及教学建议

（一）设计意图

中学生正处在一个重要的发展阶段，身心变化大，情感情绪表现出丰富多变、矛盾的特点，一方面，多数同学由于受生活阅历、交往经验和自身品德修养的限制，缺乏与人交往的知识和技巧，容易在人际交往中出现偏差，造成不和谐的人际关系；另一方面，他们又有迫切的交往愿望，乐于与人沟通，渴望提高自己的人际交往能力。通过本课交往知识的学习，帮助学生调节不良情绪，提高交往中的品德修养，培养和增进接纳别人的意识，为赢得良好而和谐的人际关系，为今后的顺利就业和适应社会打下基础。

（二）教学目标

1. 了解交往的重要性，培养提高人际交往能力的意识。
2. 初步掌握人际交往的技巧和方法。

（三）教材结构

本课分为“心有所感”“心有所思”“心有所悟”“心有所动”“心有所获”五部分。

心有所感：通过对“古人请客”故事的阅读，思考问题：如果你是主人，你会如何做呢？让学生认识到生活中因缺乏交往技巧造成的误会无处不在。

心有所思：教师引导学生联系实际，对生活中存在的人际交往困惑展开讨论，通过讨论和测试了解自己的人际关系现状。

心有所悟：教师通过对人际交往概念的阐述和分析，帮助学生深入了解中学生人际交往的特点，以及在交往中可能产生的误区并给予正确的指导。现实生活中没有绝对的和谐，当然也没有绝对的冲突，只要主动沟通，合理表达，最终会化解矛盾，建构起和谐、温暖的交往氛围。

心有所动：通过活动，让学生学会审视自己的人际交往圈，了解自己与同伴的关系，进一步了解交往技巧和策略，提高人际交往能力。

心有所获：以名人名言的形式向学生展示提高人际交往能力的重要性。

（四）教学建议

1. 教学重难点

重点：初步掌握一定的交往技巧，改善自己的人际关系。

难点：主题活动中每个步骤的控制和语言引导。

2. 教学准备

主题活动中需要的道具、多媒体和背景音乐的准备。

3. 课时建议

1 课时或 2 课时。

二、活动过程示例

热身活动

1. 案例分享

（1）教师分享学生中人际交往处理不好的案例。

（2）教师组织学生发表对案例的看法。

交流分享观点，教师进行引导。

2. 阅读教材

（1）学生阅读教材“心有所惑”内容，并思考：客人为什么陆续都走了？如果你是主人，你会如何做呢？

（2）学生自由发言，教师简要点评（点评的关键词与主题相关，如掌握一定的交往技巧是营造和谐人际关系必须具备的），进入课题。

主题活动（1）

1. 故事分享，展开讨论

（1）组织学生分享身边的关于人际交往困惑的故事。

（2）教师就学生分享的案例组织讨论，点出其中人际交往的必要性和人际交往中出现困惑的普遍性。

该设计对应教材的“心有所思”内容，目的在于通过分享“身边人际交往方面困惑的故事”，引出对自身人际关系的思考。

2. 人际交往小测试

（1）学生完成人际交往小测试，了解自身人际交往现状。

（2）教师总结过渡：每个人在人际交往方面或多或少都存在困惑，需要真诚、勇敢地去交往并掌握一定的交往技巧和策略等。引出“心有所悟”板块。

3. 指导学生阅读“心有所悟”内容

（1）通过阅读使学生认识人际交往的重要性，了解良好的人际关系的积极作用（可组织学生自由发言，归纳总结良好人际关系积极作用的表现）。

（2）在学生发言的基础上，教师总结中学生人际交往中出现的四种现象。

主题活动（2）

1. 找朋友

（1）教师宣布规则并组织体验活动。活动过程中，可以采用合适的背景音乐，在音乐声响起后学生迅速行动起来，打乱学习小组的界限，开始新的自由组合，教师适时进行引导，注意语言指导，并注意对那些没有找到朋友的同学进行鼓励。

（2）活动结束后全班分享感受和体会。

（3）教师总结。不仅要总结学生分享的内容，还应将教师掌握的主动交往的观点、资源进行分享。交朋友是一件很容易的事情，但是，要成为长久的好朋友还要付出自己的真诚和努力。

2. “盲人”旅行

（1）教师宣布活动规则并组织体验活动。活动过程中，教师应注意掌握每个活动步骤规则要求。

①盲人旅行活动过程中不允许用语言交流，最好配置适当的背景音乐。不允许使用语言交流，使学生不得不运用肢体语言交流；可以使“拐杖”传达对“盲人”的关心，“盲人”也能更好地体会在黑暗中“拐杖”给

予的帮助。这样可以使学生尽快集中注意力进入到活动情境中去。同样，背景音乐的运用也能促使学生更快地进入活动情境。

②在角色互换的旅行中，"盲人"与"拐杖"最好任意组合，"盲人"事先不知道"拐杖"是谁。如果"盲人"事先知道搀扶自己的"拐杖"是哪位同学，就会影响到"盲人"对"拐杖"的判断，他的"旅行"就事先有了某种程度的信任感或者不信任感，就会直接影响到活动效果。例如"拐杖"是"盲人"比较熟悉的同学，在穿越旅行中，"盲人"就会比较放心。

③"盲人"戴上眼罩后原地转 3 圈，失去方向感后体验盲人的无助。"盲人"戴上眼罩转 3 圈后失去方向感，容易造成对周围的陌生感，这时候会期待有人来帮忙，所以有利于活动者进入情境。此外，在等待的过程中也会产生一种孤独感，如果"拐杖"能及时过来搀扶他，自然会有一种发自内心被关照的幸福感。

④障碍旅程的设计，应该有跨越、下蹲、上下楼梯等多种障碍。障碍设计复杂化是为了尽量创造一种比较困难的活动情境，使"盲人"的旅行变得有一些困难，从而有利于"盲人"更好地体会如果没有别人帮助的困难和被人帮助的快乐和幸福。

⑤人数单双数的控制问题。如果在活动中出现人数为单数的情况，教师要参与扮演，及时地帮助这位同学，而不要把他自己扔在那里，否则单数同学可能会产生一种被大家抛弃的感觉。

（2）体验活动结束后，组织学生分享扮演"盲人"或"拐杖"时的感受以及游戏中获得的启示。

（3）教师对学生的发言进行归纳总结：所谓"信任"具有双层含义，首先是信，即自信，相信自己是最棒的，没有任何困难能阻挠我们前进的步伐、能磨灭我们追求梦想的激情；其次是任，即责任，当别人将自己的生命安全交到你手中时，你要意识到自己肩上的任务是多么艰巨，你将用自己的身体，甚至生命去维护、去捍卫。

主题活动（3）

1. 适时赞美

（1）教师组织学生体验赞美他人和被他人赞美的感受。活动设计根据时间场地而定，比如：可以让学生赞美同桌，也可以叫学生拿出一张纸，对折再对折，裁成四份，然后选择四位要赞美的同学，分别写上赞美的话，之后交给被赞美的同学。

（2）学生自由发言，分享赞美和被赞美的感受（教师注意积极的点评和引导）。

（3）教师总结（赞美有技巧，真诚最重要）。

2. 恰当表达

（1）指导学生从“心有所惑”中故事里的尴尬联系自身，了解恰当表达的意义，也可以让学生讲一讲类似的故事。

（2）教师总结：经过修饰的语言比直白的语言让人容易接受。

拓展 / 升华

阅读教材：

（1）学生阅读教材“心有所获”内容，并自由发言交流（可要求学生自行提炼，以“交友格言”等方式做精彩分享）。

（2）教师总结。

三、教学辅助资源

（一）相关心理学理论——人际交往距离

交往双方的人际关系以及所处情境决定着相互间自我空间的范围。美国人类学家爱德华·霍尔博士划分了四种区域或距离，各种距离都与对方的关系相称。人们的个体空间需求大体上可分为四种距离：公共距离、社交距离、个人距离、亲密距离。

（1）第一种公众距离（Public Distance），可以到 360 厘米那么远。一般适用于演讲者与听众、彼此极为生硬的交谈及非正式的场合。在商务活动中，根据其活动的对象和目的，选择和保持合适的距离是极为重要的。

（2）第二种社交距离（Social Distance），大概是 120—360 厘米，就像隔着一张办公桌那样。一般工作场合人们多采用这种距离交谈，在小型招待会上，与没有过多交往的人打招呼可采用此距离。

（3）第三种个人距离（Personal Distance），大概从 45—120 厘米，就像伸手碰到对方那样，虽然认识，但是没有特别的关系。这是在进行非正式的个人交谈时最经常保持的距离。和人谈话时，不可站得太近，一般保持在 50 厘米以外为宜。

（4）第四种亲密距离（Intimate Distance），从 45 厘米—零距离，一般是亲人、很熟的朋友、情侣和夫妻才会出现这种情况。当无权进入亲密距离的人闯入这个范围时，会令人不安。在拥挤的公共汽车、地铁和电梯上，由于人员的拥挤，亲密距离常常遭到侵犯。于是，人们尽可能地在心理上保护自己的空间距离。在西方，当你在电梯或者公共交通工具里碰到拥挤的局面时,有一些不成文的规则是必须遵守的:你不能同任何人说话,即使是你认识的人;你的眼神必须始终避免同他人眼神的接触;面部不能有任何表情;人越拥挤,你的身体越不能随意动弹;在电梯里,你必须看着头上的楼层号码等。

（二）拓展阅读

早班车厢里的故事:20 年前,我们这帮地位低下、干着粗活的建设工人,每天早上挤早班车,半睡半醒的我们把蓬松的头发缩在脏脏的衣领里,阴沉着脸,互不搭理。一天,车厢里来了一个陌生的家伙,上车先和司机打招呼,又友好地和大家笑笑,但司机只是毫无表情地点点头,其余人也都态度冷漠。第二天,他更是笑容满面地问候大家,“各位早上好,祝大家一天都开开心心”。我们这帮粗人,对此感到诧异和莫名其妙。

从此,我们的早班车厢里每天都有这个人向大家问好。渐渐地,我们也开始和他搭话了。一天,他抱着一束鲜花走进车厢,大家猜说:“查理,这是送给女朋友的吗?”他点点头,大家热烈地鼓起掌来。从那天开始,他每天都带鲜花,我们的心情也变得轻松愉快起来。慢慢地,我们也有人带鲜花插入查理的那束花中。一张张黝黑的脸开始透出平常难见的柔情。“你好”,“你好”大家相互问长问短,兴致勃勃地开玩笑,分享听到的各种新闻。

后来有一天,查理没来,大家相约去看他,才知道他是一个公司的清洁工。再后来,得知他的一位朋友去世了,大家紧紧握住他的手,他的眼睛湿湿的。

启示:每个人隐藏的内心世界,正是别人希望发现的奥秘,只有真诚开放自己的内心,才能走进别人的内心世界。人和人的情感是一样的。只要你付出微笑,就会得到深深的友情,即使是陌生人、社会地位低微的人。交往是双方面的,“投之以桃,报之以李”,只有先付出真诚和微笑,才会收获他人的信任和尊重。

名言示人性:

赞美是照在人心灵上的阳光,没有阳光,我们就不能生长。

——莎士比亚

人类本质里最殷切的需求是渴望被人肯定。

——威廉·詹姆斯

人人都需要赞美,你我都不例外。

——林肯

一句赞美的话能当我十日的口粮。

——马克·吐温

附：本主题可以使用的心理活动

活动1：情感病毒（提高情商的游戏）

情感是人与人交往中的重要因素之一，强烈的感情尤其是负面的情绪会在人与人之间传播。

游戏规则和程序：

1. 第一轮：

（1）所有人围成一圈并闭上眼睛，主持人在圈外拍一下某学员的后背，确定“情绪源”。

（2）学员们睁开眼睛，散开，在屋里任意交谈交流。

（3）“情绪源”通过“眨眼睛”将不安情绪传递给其他三个人，而任何一个获得眨眼睛信息的人都要向另外三个人眨眼睛，将不安情绪再传染给他们。

（4）5分钟后，大家坐下来，“情绪源”、那三个被他传染的、被那三个人传染的……直到所有被传染的人都站起来，你会惊奇于情绪传染的可怕性。

2. 第二轮：

（1）治理不安情绪传染，就要制造快乐源，即用真挚柔和的微笑来冲淡大家不安的阴影。

（2）让大家围成圈，并闭上眼睛，告诉大家你将会从中选择一个作为“快乐源”，并通过微笑传递快乐，任何得到微笑的人也要将微笑传递给其他三个人。

（3）在学员的身后转圈，假装指定“快乐源”。然后让他们睁开眼睛，声称游戏开始。

（4）自由活动3分钟，3分钟后，让收到快乐讯息的同学举起手来，然后让大家指出他们认为的“快乐源”，你会发现大家的手指会指向很多不同的人。

（5）实际上根本就没有指定的“快乐情绪源”，是他们的快乐感染了他们自己。

活动2：穿衣服（增强队员间的信任和默契度的游戏）

沟通的一大误区就是假设别人所知道的与你知道的一样多，比如下面这个游戏就以一种很喜剧的方式说明了这一点给人际交往带来的不便。

游戏规则和程序：

1. 挑选两名志愿者，A 和 B，其中 A 扮演老师，B 扮演学生，A 的任务就是在最短的时间内教会 B 怎么穿西服（假设 B 既不知道西服是什么，又不知道应该怎么穿）。

2.B 要充分扮演出当学员的学习能力比较弱的时候，老师的低效率，例如：A 让他抓领口，他可以抓口袋，让他把左胳膊伸进左袖子里，他可以伸进右袖子里，以极尽夸张娱乐之能事。

3. 有必要的话，可以让全班同学辅助 A 来帮助 B 穿衣服，但注意只能给口头的指示，任何人不能给 B 行动上的支持。

4. 推荐给 A 一种卓有成效的办法：示范给 B 看怎么穿。

以下是工作指导的经典四步培训法：

（1）解释应该怎么做。

（2）演示应该怎么做。

（3）向学员提问，让他们解释应该怎么做。

（4）请学员自己做一遍。

第 14 课　拒绝的艺术——学会拒绝

一、教材解读及教学建议

（一）设计意图

在中学生人际交往中，有些时候需要我们主动地拒绝他人，使我们避免处于不利的情景，符合我们的主观意愿和遵守国家法律法规，这也有利于我们提高人际交往的能力，增强自信。本主题属于“人际版块”，其目的就是通过活动让学生体会到说“不”的重要性以及说“不”的方法。学会拒绝他人的无理要求是人际交往的一种重要技巧。

（二）教学目标

1. 认识学会拒绝在人际交往中的意义。

2. 理解不会拒绝的心理成因。

3. 懂得如何拒绝的方法。

（三）教材结构

本课分为“心有所惑”“心有所思”“心有所悟”“心有所动”“心有所获”五部分。

心有所惑：举《小伟的故事》（A），使同学们认识到不善于拒绝影响人的身心健康。

心有所思：与同学分享个人不会拒绝和善于拒绝的事例，体会在这些事件处理后的内心感受，发现善于拒绝的意义。进行适度拒绝能力小测试，了解拒绝也是一种能力的体现。

心有所悟：分析不善于拒绝他人的心理成因，从四个方面逐一探讨。拒绝他人也是一门人际交往的艺术，掌握拒绝的艺术有六种方法，教师依靠例证说明方法的实用性。拒绝的态度也很重要，在方法的基础上归纳了拒绝的六要和六不要，生动形象地加强了同学们如何拒绝的意识。

心有所动：设计了两个活动。活动一从五个不同的方面设计需要拒绝的情景，帮助同学们分析为什么要拒绝，如何拒绝。活动二利用心理AB剧形式，再现《小伟的故事》（B），深入讨论拒绝他人和被他人拒绝的两种情景，进一步对遭遇拒绝的人进行指导。

心有所获：拒绝是一种权利，就像生存是一种权利一样。拒绝是一种慎重思虑后的成熟，是对一个人胆魄和心智的考验。通过“‘勇敢’的士兵”故事再次阐明，我们需要拒绝他人时，要敢于拒绝，善于拒绝！

（四）教学建议

1. 教学重难点

指导学生懂得敢于拒绝，善于拒绝的方法。

2. 教学准备

（1）每人一张“适度拒绝能力小测试”问卷表。

（2）可以将小伟的故事AB剧提前制作成视频片段。

（3）如果有条件可以运用多媒体教学。

3. 课时建议

2课时。

二、活动过程示例

热身活动

1. 树立敢于拒绝的良好观念

学会拒绝是人际交往中的重要技巧。尤其对于成长中的青少年来说，学会拒绝不当要求的意义不仅在于展示自己的原则和主见，运用智慧维护良好的人际关系，更是面对社会不良诱惑与威胁时进行自我保护的有效防范。因此，在高一年级上这么一堂课具有非常重要的意义。

2. 在情景剧和心理测试中反思和觉察

（1）请学生观看情景剧《小伟的故事》A剧，引导学生进入生活情境。通过思考"你怎样看待小伟'维护'同学友谊的做法？"，我们会发现一味求全不但不能呵护友谊，还给自己带来痛苦。从剧中带领学生反思自己平时拒绝他人的事件，体会当时的情绪，在体验中帮助同学们分析我们不敢拒绝的主要原因。通过原因分析，同学们才能在认识上正视过去的行为，减少焦虑自责，勇于和那个不敢拒绝的自我作斗争。

（2）在不拒绝他人的同学中既存在不敢拒绝的一类，又有不知道如何拒绝的一类。针对这两类同学，首先要帮助学生树立敢于拒绝的态度，还要帮助他们发现拒绝的方法和技巧。自我检查是一个同学们喜欢又有效的便利方法，这里就通过"适度拒绝能力小测试"来检测一下同学们的拒绝能力水平，也使同学们在测试中发现一些显而易见的拒绝情景。

主题活动（1）

1. 案例剖析

（1）针对不同的方面，进行五种情景设计，帮助同学们在不同方面不同层次上发现需要拒绝的情况。在学习、生活、社会交往中遇到对方的要求"不合意""不合理""不合规""不合法"时，我们都需要学会拒绝。

（2）课外还可以请同学们欣赏一个小品《有事您说话》。

（3）敢于拒绝是勇敢的，恰当拒绝是智慧的。面对需要拒绝的时候，还要讲究一定的方法。学生在案例和小品中都会发现不善于拒绝让自己的人际交往左右为难。学习拒绝的技巧显得非常重要。

2. 讨论，分享收获

（1）学生需要在五个案例中明辨是非，哪些事该做？哪些事不该做？遇到对学习生活成长不利的事，或者一些不正当的要求时，我们应当果断拒绝。有些同学可能存在一些顾虑，怕伤害友情，失去朋友。而事实上，该拒绝时不拒绝，该阻拦时不阻拦，这样做不仅会伤害自己，更会害了别人。通过辨析，我们发现情景设计一和二是违背自己原则的事，不合心意；情景设计三是违背自己的要求，不合道理；情景设计四是违背学校的规定，不守校规；情景设计五是违背国家的法律，不守法律，这些情况当然需要勇敢地拒绝。怎么拒绝需要同学们发挥团体的力量，一起研讨，教师应该在学生讨论的基础上总结并指导一些常用的有效的方法。

（2）如果观看过小品，教师可以帮助学生认识到那些不会拒绝别人要求的“老好人”，实际上并不是内心真正接受了别人的要求，而只是因为担心拒绝别人后，反过来会遭到非议或排斥，所以才委曲求全。然而，长久委曲求全、压抑自己的需求，不但会破坏自己在朋友中的威信，同时，“老好人”的内心天平也会被打破，从而产生很多不满和委屈。这种心态会导致他曲解对方的很多正当行为，对人际关系是不利的。而那些能够合理拒绝对方的人，却能很好地保持内心天平的平衡，而且能带给别人有主见、讲原则的印象，这对人际关系反倒是一种促进。因此，比起不会拒绝别人的“老好人”，那些能够合理拒绝别人的人更容易获得尊重和重视，从而也更容易拥有良好的人际关系。进一步增加学生合理拒绝的信心，乐于面对惧怕的拒绝情景，设身处地地为问题情景的人物想办法。

（3）本环节重点讨论拒绝的方法和技巧。学生通过讨论案例中的问题解决办法，思考拒绝的方式方法，为老师的进一步归纳提供自身的资源，来源于学生的经验是最常用的也是最有效的。教师根据课堂情况可采用讲授方式或学生阅读方式，在完成表格填写后逐一指导学生掌握避实就虚法、幽默化解法、巧借外因法、寻求谅解法、心理满足法、正面诱导法。讲授时一定要注意将理论和举例结合起来，这样更生动形象。当学生了解这些方法后，还可以再次尝试回到先前的五个案例，修改完善自己的方法，加深知识巩固。

（4）插图中的“拒绝六要和六不要”可以让同学们背诵，记住这些有利于处理以后遇到的问题。

主题活动（2）

情景剧·多角度思考

（1）再次回到“小伟的故事”，观看情景剧“小伟的故事”B 剧。针对我们在拒绝中遇到的问题，从这个情景剧中再次突破，要判断小伟需不需要拒绝，敢不敢拒绝，小伟如何拒绝才能既满足自己又不伤害友情。

（2）除了帮助小伟，我们还要看到被小伟拒绝的对象小冬，思考遭遇被拒绝后的小冬有什么样的心理，通过分析小冬的心理使同学们能够从多个角度来观察拒绝与被拒绝者的关系和心态。教师引导学生进一步帮助小冬学习如何面对被拒绝。学生们会发现被拒绝是一种很正常的现象，遭到拒绝是有原因的，要用积极健康的心态对待。

拓展 / 升华

故事 · 明智

（1）学生阅读教材"'勇敢'的士兵"，进一步提高认识，明确学会拒绝的道理。

（2）在辅导过程中，教师要避免说教，尽量运用生动的事例让学生产生深切的体会，并灵活运用拒绝的技巧。这就要求教师本身思路要灵活，根据学生的反应做出恰当的引导。同时注意，讨论拒绝之道时，要让学生明白，拒绝是一门艺术，不仅需要技巧，更需要真诚的态度！提醒学生学会拒绝后不要走向另一个极端——"一味拒绝"。"乐于助人"是相当可贵的良好品质，当别人确实需要帮助而自己又能够做到时，不要吝惜伸出自己的援助之手。

三、教学辅助资源

相关阅读书籍：

（1）贾平凹 . 我拒绝向岁月祈求 [J]. 读写月报，2019，09.

行走于人世间，接纳或拒绝，爱或不爱，放弃或执着……

每个人都应有接纳与宽容之心，但也要学会拒绝。

我拒绝麻木。虽然生活的磨砺让太多的热情化作烟云，但不能让感情磨出老茧。如果没有云让眼神放飞追逐，那么生活还有什么乐趣？

我拒绝永远明媚的日子，因为那是虚幻的梦境。痛苦可以让我成长，让我坚强；生活中的阴雨与风雪使我能清醒地在春梦中看清脚下的路。

我拒绝折下那朵盛开的小花，那是在毁灭美的生命。一枝脆弱的纤细花茎，要经过多少挣扎与痛苦才盛开出美丽，怎忍心为个人的占有欲而去毁灭它灿烂的权利。我只求远远地望着，默默祈祷那自然的奇迹开遍人生的每个角落。

我拒绝用青春去赌明天。那弥足珍贵的季节，怎经得起一掷千金。千金可以收回，但无论一小时、一分钟……失去了便无可寻了。青春属于自己，把握它，运用它，珍惜它，才能收获金秋的硕果。

我拒绝成为窗台上惧风怕雨的温柔花，它们只能隔着玻璃窗，感叹多变的天气。有朝一日，有风从虚掩的门窗掠过，那娇弱芳心便瓣瓣凋零，落一地遗憾和伤心。我欣赏那些与男人比肩的女性，凭自己的聪慧和魅力，得到世界的尊重和生活中的地位。出得厅堂，下得厨房，卷起袖子能杀鸡宰羊，却也有万缕柔肠能营造一片温馨。

我拒绝生活中的痛苦，虽然我无力去阻挡要降临的事情。曾经听过一个故事：有人去找禅师求解决痛苦的方法，禅师让他自己去悟。第一天，禅师问他悟到什么，他不知道，禅师便举起戒尺打他一下，第二天，禅师又问，他仍不知，禅师又打他一下，转身就走了。第三天他仍没有收获，当禅师举手要打他时，他却挡住了。于是禅师笑道："看，你终于悟出了这禅理——拒绝痛苦。"

（2）闫寒．学会拒绝 [M]. 北京：中国盲文出版社，2003.

（3）于明琪．怎样学会拒绝 [M]. 济南：黄河出版社，2004.

（4）罗莎，门淑敏．生活中拒绝的艺术 [M]. 北京：中国时代经济出版社，2009.

（5）哈丽雅特・布莱克．不懂拒绝的老好人 [M]. 姜文波，译．北京：机械工业出版社，2011.

附：本主题可以使用的心理活动

学会说"不"

一、准备活动

1. 深呼吸放松练习（时间 2 分钟）：端坐，放松头部、身躯，慢慢吸气，慢慢呼气……

2. 学生谈自己的感觉。

3. 教师：在我们的学习、生活中，如遇到紧张、生气时，可以采用这种方法来消除自己的紧张和生气。

4. 教师：好！现在开始我们今天的话题。在我们的学习生活中，常常会遇到一些使我们左右为难的事情，请看投影。

二、引入课题

（1）出示情景：

"已是晚上九点钟，我正忙着写作业，同学小明兴冲冲地拿着一本新买的连环画到我家，要和我一起欣赏，我……"

教师：我该写作业还是和同学一起看连环画呢？让我们看看三组同学不同的反应（小品表演）：

第一组：学生 A：去，难道你不能在家自己看？非要跑来这里看不成？现在几点钟了，明天我完不成作业，谁负责？

小明：（生气）我再也不理你了！

第二组：学生 B：哎！你有新书就拿来跟我一起看，真看得起我，我只好放下作业陪你看，作业明天再说。

小明：（高兴）真够朋友！

第三组：学生 C：太好了！我也很想和你一起欣赏，但是现在已经九点多了，太晚了，真没办法，我的作业还没完成呢！我们明天下午再一起看好不好？

小明：（略失望）好吧！

（2）教师：让我们对三组同学的精彩表演表示感谢！

请同学们谈谈“我”和小明有什么不同的感受。

“我”：A 写作业 / 好；B 看连环画 / 不好；C 写作业 / 好。

小明：A 很生气；B 高兴，够朋友；C 有点失望，但可以理解。

（3）问题讨论：为什么小明会有不同的感受呢？

① A 同学敢说“不”但是不善于说“不”，惹得同学很生气，失去了同学的友谊，想到的是自己，没有想到别人。

② B 同学人缘好，但缺乏主见，不敢说“不”，过分考虑别人的需要，压抑或违背自己的正当需要。

③ C 同学敢说不，也善于说不，有自己的主见，又能考虑到别人的情绪。

（4）教师总结：当我们有正当的理由时，我们可以拒绝他人，但也要理解和尊重别人，只有这样才能得到别人的理解和尊重，并不因拒绝别人而失去了友谊。

三、自我对照

1. 分小组讨论。谈谈在学习、生活中自己平时有没有不敢拒绝或拒绝不当的经历？并举出自己亲身经历的例子。

2. 学生发言，讲述自己生活中的例子，要求学生说出：什么事情、自己如何应对、自己和对方有什么感受等。

四、怎样说“不”

根据第三个小品和学生列举的例子，教师与学生共同分析归纳说“不”的方法。

1. 做出判断，该不该拒绝。

2. 如何说“不”。

①拒绝（直接或间接相告，注意文明礼貌，尊重别人）。

②并说出理由（如太晚了、考试作弊）。

③想出替代的方式（提出一些健康可行的可供选择的替代方式）。

五、实际演练

1. 出示问题情景（投影）（分 4 组进行讨论）。

A、我的好朋友要抄我的作业，我该怎样对他说？

B、我和小华是好朋友，小华很喜欢玩游戏机，放学后经常因为玩游戏机而晚回家，小华却欺骗父母说在我家做作业，并要我替他圆谎，我该怎么办？

C、放学后，陈明约我们几个同学去游泳，我该怎样对他说？

D、李华叫王小敏期末考试时给他抄一抄，王小敏心里挺害怕的，他该怎么办呢？

2. 每个两难情景请两个学生一组进行角色扮演。

教师要注意学生扮演中是否包括拒绝、理由、替代方式三方面（若不全教师提示）。

六、小结

1. 你能拒绝的只是对你不合理的要求，而不能拒绝一个应该帮助的人。

2. 在说“不”的过程中，要做到文明礼貌，尊重他人，学会与人沟通。

3. 当我们要向别人提出要求时，也应该考虑考虑：我提出的要求是否正当？是否使别人为难？也要尊重别人。

板书设计：

学会说“不”

1. 判断，该不该拒绝。

2. 如何说“不”。

（1）拒绝。

（2）说出理由。

（3）找出替代方式。

第15课　退一步海阔天空——学会宽容

一、教材解读及教学建议

(一)设计意图

现在大多数高中生都是独生子女,平时在家里备受父母的宠爱,在学习与生活中往往缺乏全面看待事物的能力,缺乏与别人共情的能力,往往只能通过自己的喜怒哀乐来对事物进行评判,这样的心理特点不利于培养学生的积极人格特质。因为在学生成长的过程中,他们必须要和别人打交道,在集体或者群体中工作与生活,能够积极协调人际关系、社会化程度较高的人格特点更能适应将来的社会发展,也更加有利于学生的成长。

宽容是一种积极的人格品质,是人际交往中的一种重要能力。通过活动,让学生体验宽容的感受,了解宽容的意义,学会宽容待人的方法和技巧,从生活的层面帮助学生更好地适应社会,从人格的层面帮助学生塑造积极的品质。

(二)教学目标

1. 理解宽容在人际交往中的积极意义。
2. 掌握宽容的原则和方法。
3. 学会以宽容的心态处理面对的问题。

(三)教材结构

本课分为“心有所惑”“心有所思”“心有所悟”“心有所动”“心有所获”五部分。

心有所惑:通过对《杯水实验》的分析,既让学生体会到宽容带来的积极意义,也反思不宽容的消极意义,从而引起学生对宽容的思考。

心有所思:界定什么是宽容。通过人际宽容度小测试,教师引导学生联系自己的实际,分析自己在宽容别人方面存在的不足。

心有所悟:进一步引导学生理解宽容对个人、对团体的积极意义。知道宽容的影响因素,进一步思考如何做到宽容。

心有所动：让学生知道宽容的方法。通过对案例的讨论，使学生对宽容的原则、方法有更深刻的了解。

心有所获：用曼德拉的故事，升华学生对宽容的理解。

(四)教学建议

1. 教学重难点

认识到宽容别人对自己成长的意义。通过心理训练，初步培养学生宽容的心理品质。

2. 教学准备

(1)曲别针、透明水杯、一杯水、乒乓球。
(2)视频(宽容待人的故事)。
(3)与宽容有关的情景与案例、问题单。

3. 课时建议

1课时。

二、活动过程示例

热身活动

实验《杯水启示》：

(1)将透明水杯置于讲台上，邀请一位同学上台将水杯注满水。

(2)现在请另外一位同学上来将老师准备好的曲别针放进水杯(从水杯正中间轻轻投入)，在水不溢出来的情况下我们看看还能放下多少个，一般情况下可以放入50—100个，这时候同学们的表情通常都比较惊讶。

(3)老师将事先准备好的乒乓球轻轻置于水面上，水还是没有溢出来。

引导学生思考：如果把水杯的容量和人的度量相比，你得到什么启示。

(PPT呈现弥勒佛的图画，以及对联：大肚能容容天下难容之事，笑口常开笑天下可笑之人)

学生各抒己见。

教师小结：每个人的胸怀都和杯子有相似之处，都有自己的容量(度量)，杯子的容量是不能改变的，但是在合理的安排下却可以容下比我们想象的多得多的东西。人的度量在理论上来说是没有极限的，但是我们却常常容不下一些微小的事情。比如：

PPT 呈现:

同桌之间,怒发冲冠。

好友反目,视为仇敌。

狭路相逢,水火不容。

小事相争,破口大骂。

生活中的鸡毛蒜皮的事情每天都有很多,人与人之间也难免有各种矛盾冲突,与其斤斤计较,不如学会宽容。

阅读教材:

(1)学生阅读教材“心有所感”内容,故事给你什么样的启示?

(2)学生自由发言,教师简要点评进入课题。

主题活动(1)

1. 人际宽容度小测试

(1)学生完成人际宽容度小测试,了解自身宽容现状。

(2)教师总结过渡,很多人在宽容方面存在问题。

2. 宽容经历分享

(1)组织学生分享自己宽容别人和被别人宽容的经历(强调是身边发生的事,包括父母亲人和朋友,生活故事亦可)。

(2)教师就学生分享案例,引导学生说出当时内心的感受,点出学会宽容的积极意义。该设计对应教材的“心有所思”内容,目的在于通过分享“自己宽容别人和被别人宽容的经历”,引出对宽容的意义的思考。

3. 了解宽容的影响因素,从影响因素入手,讨论如何做到宽容。

(1)引导学生思考宽容的影响因素,且在这些影响因素中,自己能够控制的有哪些?

(2)讨论如何做到宽容。

主题活动(2)

1. 案例分析

呈现情景:

小李、小芳、小丽等 5 个同学是非常要好的朋友,课余时间几乎都在一起玩,这样的友谊维持了一学期。因为小李成绩好,经常得到老师的表扬,同时老师又经常拿小李来教育小丽她们,于是小丽她们很不舒服。有一天小丽找到小芳说,大家都不喜欢小李,要小芳在一天之内和小李断绝关系,否则也不会认她做朋友。小芳和小李很要好,但是又害怕被孤立,尽管很难过但还是和小李断绝了关系。

小李被孤立后内心非常难过,她感觉自己被朋友背叛了,她永远都不想原谅她们，并且发誓要报复回去。于是她又和另外一群女生成了朋友，经常和小丽她们发生争执，并相约周五放学后在校外的巷子里“解决问题”。

提问：

A. 小丽她们孤立小李的原因是什么？

B. 她们的行为表现出怎样的心理特点，这样发展下去会有哪些不利影响？

C. 请推测小芳做出选择的心理过程，她是迫于无奈吗？

D. 小芳代表着一个班级群体里面的哪一部分人？这一部分人的“选择”往往会起到什么作用？

E. 当事人小李被孤立后，可能会出现哪些情绪和行为？

F. 这样下去会给她带来什么样的影响？

问题讨论的方式：分组讨论 4 分钟。

把学生分成 3 个大组，每个大组的学生 4 人一小组。每个大组的同学分别讨论两个问题，然后在班级内分享。

老师总结过渡：包容与我们不一样的观点和人，会让我们的度量更大，更受人喜欢。彼此包容对方的缺点，真诚欣赏别人的优秀，我们就不会再为一些鸡毛蒜皮的小事斤斤计较，就不会成为心胸狭隘、小肚鸡肠的人！越是睿智的人越要有宽容的胸襟。

2. 角色扮演

4 人小组角色扮演：1 个人做旁白，其余 3 人分别扮演小李、小丽和小芳。准备时间为 4 分钟。

情景内容：终于到了周五放学的时间，两帮人来到了相约的地方……分组到讲台展示相遇后发生的事情，在过程中老师要细心关注和积极点评，鼓励原谅和宽容的行为。

拓展 / 升华

阅读教材：

（1）学生阅读教材“心有所获”内容，并自由发言交流。

（2）教师总结。

附：本主题可以使用的心理活动

活动1：联系生活想对策

1. 吐露心声——在生活中，当别人无意中伤害到你时，你有没有不够宽容的时候？

2. 总结为人处世心胸狭窄的后果：

（1）影响自己的人际交往，可能从此以后就少了一个好朋友。

（2）影响自己的情绪，损害身体健康。和别人发生冲突之后，即便自己占了上风，心里也不会痛快。心胸狭窄，不仅影响自己的情绪，也影响自己的学习，长期如此，还会对自己生理上造成影响，损害身体健康。

3. 转念一想——还是刚才的问题，如果换个角度，应该怎样处理，结果会怎样？

4. 引导学生总结方法：学会宽容，就要学会忍让、学会道歉、学会忘记（板书）。

5. 我的发现——像这样宽容地对待同学，对自己有什么好处呢？

（1）宽容检验一个人道德修养的尺度，一个人如果能体谅别人，理解别人，不苛求人，他就会被看作与人为善，品德高尚的人。

（2）宽容是连接友谊的桥梁。同宽容的人接触，智慧得到启迪，灵魂变得高尚，襟怀更加宽广，所以，懂得宽容的人一定会拥有很多朋友。

（3）善于宽容的人，总是在播种阳光和雨露，不仅给别人带来快乐，同时也让自己变得快乐起来（板书：留住快乐）。

活动2：真正的原谅

1. 请学生表演小品《真正的原谅》（表演前，讲述发生背景、简介人物）。

2. 然后分小组讨论："后来，这个学徒为什么能安安稳稳地把灯泡拿到了楼上？"学生自由讨论，发言交流面要广。接着请各小组代表发言，对于学生创造性的分析、评论，教师要尽量加以引导、予以肯定。

3. 教师小结：宽容作为一种境界，是一种水平的体现，是一种对于被宽容者的理解和体谅，是一种深度与才能，是一种睿智和明达。

活动3：自我反思

请大家再想一想，自己曾经碰到过不善待别人（同学、父母、长辈等）的事吗？你当时是怎么想的？发生了怎样的后果？现在你对这件事又是怎样想的？如果当时你原谅了别人，设想一下结果又会是怎样？这一活动先在小组内交流，然后再进行全班交流。

通过反思，我们更加懂得了宽容、善待别人的重要性，那么究竟如何做到原谅别人呢？首先要做到——将心比心。

活动 4：情境导入

1. 播放歌曲《真善美的小世界》，学生依次入场坐好。

2. 导言：同学们喜欢这首歌吗？歌名叫什么？学生答：《真善美的小世界》。要实现这样一个美丽的世界，就需要我们去创造，要创造这样一个世界就必须拥有人生的智慧，而智慧是多种多样的。老师给大家讲一个小故事，看看故事中的人物拥有什么样的智慧。

3. 出示六尺巷图片，同时介绍图片，然后提出问题：同学们知道六尺巷的来历吗？教师在评价学生的回答之后进一步请同学们思考：是什么力量使张英的家人和他的邻居转变了态度？教师小结，引入课题并板书课题——学会宽容。

联系生活实际，引出宽容的概念。通过形象生动的历史故事，认识和感受宽容的含义。

第 16 课　化解亲子冲突——学会与父母沟通

一、教材解读及教学建议

（一）设计意图

轻松和谐的亲子关系是每个家庭所期待的。但正处于青春期的学生，由于多是独生子女，在长辈长期的关爱和照顾下，自我中心意识和独立意识明显，有可能不能正确理解父母的爱，甚至对父母的管教产生逆反心理和对立情绪。易与父母发生误解、矛盾甚至冲突，导致双方关系疏远或紧张。若不加以及时、妥善地引导和解决，将不利于他们心理的健康成长。

本课试图选取生活中常遇的事例，通过角色扮演、讨论、叙述、阅读、感悟，让学生认识与父母沟通的重要性，了解与父母沟通不畅的原因。了解父母、感受父母的爱意，注重与父母沟通的态度与提升沟通技巧，积极化解与父母的冲突。学会与父母沟通，学会理解、宽容父母，从而尊重父母、热爱父母。

(二)教学目标

1. 认识与父母沟通的重要性。
2. 了解与父母沟通不畅的原因。
3. 注重与父母沟通的态度与提升沟通技巧,积极化解与父母的冲突。

(三)教材结构

心有所感:赏析情景剧《小明的烦恼》和漫画,请学生体会剧中小明的烦恼,认识与父母沟通的重要性。建立轻松、活跃、积极的课堂氛围,自然地引出课题。

心有所思:通过学生写和说的方式回忆与父母冲突的一个事例,这一过程,是促进学生自我体验、自我反思、自我成长的过程。为探讨"我们与父母有冲突的常见的原因"做好铺垫。

心有所悟:讨论与思考"我们为什么会与父母有冲突?",教师提出要点与学生分享。通过讨论、阅读、讲解等方式让学生掌握与父母冲突的常见原因。

心有所动:通过小测试——你了解父母多少?让学生根据自己调查的问题,激发学生体验和思考。本以为很熟悉的父母,其实并没有想象中那么了解!增进对父母的认识。通过与父亲发生冲突的情景续演活动,让学生站在父亲和小华的角色,体验冲突时当事人的情绪体验与应对方法,激发学生创造性地解决问题,促进学生观察,并内省在生活中如何化解亲子冲突,提升与父母沟通的技能,学以致用。

心有所获:通过阅读"孩子,我为什么打你"和朗读"与父母交往的三字经"等活动,激发学生思考用心理解父母,学会与父母沟通的方法,深化主题。

心有所获:再次回应《妙?不妙!》的问题,运用所学知识处理问题。利用插图《等一等》回音壁的形式,从朗诵中引起大家的共鸣。

(四)教学建议

1. 教学重难点

重点是认识与父母沟通的重要性,了解自己与父母沟通不畅的原因。

难点在于学会接纳父母不同的观点,注重与父母沟通的态度与提升沟通技巧,积极化解与父母的冲突,以促进与父母和谐相处。

2. 教学准备

情景剧多媒体课件，贴纸，笔。

3. 课时建议

1 课时。

二、活动过程

主题活动

一、活动导入

1. 一分钟头脑风暴

家是我心中的______，父母是________。

2. 赏析情景剧——《小明的烦恼》

家是我们生活的港湾，营造温馨和谐的家庭氛围，是我们共同的心愿。可生活中常伴随着一些不和谐的小音符，冲突时有发生，为此一些同学烦恼不已，请看情景剧《小明的烦恼》，并积极思考如下问题。

（1）问题：结合情景剧和漫画，思考：小明遇到了什么烦恼？

（2）教师小结：小明觉得父母管束太多，希望获得自由，为此与父母发生了冲突：发脾气、摔东西。你经常和父母发生冲突吗？如何与父母沟通，积极化解冲突，非常重要。今天我们学习“学会与父母沟通，化解冲突”。

二、分享冲突事例

1. 回忆你与父母冲突的一个事例，并写出当时的情形。

要求：

（1）如实填写如下表格。

（2）如果你愿意，可以和同学共享。

冲突的事例	我的做法	父母的反应	我当时的感受	我猜想父母的感受	现在我看来明智的做法

2. 教师小结：大家都与父母发生过冲突，现在回头看过去你与父母的冲突，感受是什么？回忆这一过程是一个自我反思，自我成长的过程。大家思考过我们为什么会与父母有冲突这个问题吗？

三、探讨冲突原因

有时候，在发生冲突时，如果是同学，我们往往比较能够容忍。但是，对父母我们却往往会任性地发脾气。为什么会这样呢?

1. 小组讨论——我们为什么会与父母有冲突呢?

要求:

(1)请组员之间积极分享自己与父母冲突的原因。

(2)小组长汇报讨论要点。

2. 归纳总结——我们为什么会与父母有冲突呢?

学生阅读“心有所悟”版块的正文和漫画,交流、总结:我们的独立意识越来越强,不喜欢父母的唠叨,管束太多;我们与父母在生活经历、思想观念、行为方式等方面存在较大的差异,对同一个问题的看法、态度自然可能不同;对父母任性地发脾气有心理安全感;我们特别在意同伴对自己的评价,很多话宁愿跟朋友讲,也不愿对父母说,缺少了沟通,我们与父母之间就更容易产生隔阂。

四、小测试——你了解父母多少

我们与父母缺少了解与沟通,就更容易产生隔阂。教师指导学生根据自己的实际情况填写,看看了解父母多少?

1. 做一做:小测试——你了解父母多少?

一起来做一做“心有所动”中的小测试——你了解父母多少?

2. 谈一谈:测试结果的感受

回答以上问题你有什么感受?是不是觉得对本以为很熟悉的父母,其实并没有想象中那么了解!

五、情景续演——与父母冲突情景

1. 与父母冲突情景续演

星期二,父亲夜里加班回来,看到房间亮着灯,推开门,发现儿子小华在带劲地玩着游戏,桌上作业一点没做……

(1)分小组讨论、续编剧本并表演。

A 剧情景续演:假如你是这位经常上夜班,疲惫不堪回来的父亲,看到儿子在忘我地玩游戏,你会……(续演)

B 剧情景续演:假如你是小华,疲惫不堪的父亲看到你深夜还在玩电脑,非常生气,冲过来拔下了电脑电源,狠狠地骂你不争气,你的做法是……(续演)

(2)表演后,分享感受。

2. 各小组总结与父母有效沟通的态度与方法

3. 归纳总结——处理与父母冲突的方法

处理家庭冲突“六步法”:

第一步,明确冲突是什么;

第二步，进一步分析产生分歧的原因；

第三步，找出解决这一问题可能涉及的各种方式；

第四步，判断哪些解决方式是冲突一方不能接受的；

第五步，确定一种双方都能接受的最佳方式；

第六步，检验最终选择的解决问题的方式是否有效。

六、美文赏析

1. 阅读："心有所获"中的《孩子，我为什么打你》

（1）问题：请谈读后感。

（2）教师归纳：父母的爱包含着一种无奈的举动——打。打不能代表母亲的心，她何尝不想永远不用这个武器。但是，面对我们的淘气，当她们无法用说服教育纠正孩子不当的认识或举动时，只能让疼痛来告诉孩子什么该做，什么不该做。孩子能否理解父母的良苦用心呢，其实打也是爱！

2. 朗读"与父母交往的三字经"

3. 教师归纳

学习与父母交往的三字经，希望同学们与父母相处过程中学以致用。

七、教师总结

子女与父母之间有良好的沟通，是彼此的共同心愿。所以我们要学会敞开心扉与父母沟通，不断地提升沟通技巧，积极化解爱的冲突，与父母和谐相处。

三、教学辅助资源

（一）相关心理学理论

1. 青春期青少年学生与父母关系的特点

（1）情感上的疏离。减少对父母的依赖，与父母的情感交流不如以前那么亲密了。

（2）行为上的脱离。由于这个阶段孩子要求独立的愿望十分强烈，所以，孩子在行为上反对父母对他们过多的干涉和控制。

（3）观点上的差异。青春期的孩子对于任何事物都喜欢自己判断和评价，不一定愿意接受传统的、大众的观念和规范，他们对于昔日一贯信奉的父母的许多观点都要进行审视，而审视的结果常常与父母的意见不一致。

（4）父母的榜样作用削弱。孩子会逐渐地发现存在于父母身上的先前未曾觉察的一些缺点。

2. 对学生逆反心理的分析

（1）逆反心理的具体表现：逆反心理是对父母的思想观念、管教方法、严格要求等产生反感。具体表现有：要我这样，我偏那样；你说这好，我偏说那好；让我信这，我偏信那。以强硬的态度顶撞、以粗暴的举止反抗；对父母不理不睬、冷淡相对；用极端的办法处理矛盾等等。

（2）逆反心理导致的危害：学生的逆反心理，往往导致家庭中的矛盾和冲突，其结果都是伤害自己，伤害自己最亲近的人。

（3）应对逆反心理：对于逆反心理和逆反行为，要具体分析，不能一概说是错的，有的反抗不无道理，在家庭教育中父母也难免有误区。与父母平等交往，既有助于帮助父母更新观念、走出家教的误区，也有助于我们做出正确的行为选择。

（二）典型案例

朗读素材：与父母交往的三字经

父母误会我们：被误解，不冲动。敬父母，多沟通。

父母生气骂我们：不还口，心气平。劝父母，讲文明。

父母动手打我们：打不该，莫效仿。思父母，好心肠。

父母说起来没完：听唠叨，莫心烦。细思量，藏箴言。

所提要求遭拒绝：提要求，莫过高。没满足，不计较。

自己有事外出：要外出，打招呼。让父母，免担忧。

自己出行在外地：念父母，思绪牵。在外时，报平安。

父母想打听情况：对父母，无隐瞒。说见闻，听意见。

父母对我们批评：对批评，不反感。有则改，无则勉。

父母夸奖好儿女：受表扬，莫骄傲。常思过，胜良药。

我们不慎犯了错：有错误，敢承认。听批评，得教训。

点评：与父母交往的三字经，朗朗上口，可增强课堂趣味性。给学生以启示，在不同情景下，为同学们与父母如何良好沟通提供了借鉴的方法。

附：本主题可以使用的心理活动

活动 1：其实你不懂我的心

通过多媒体展示兰兰和她父母的两封信，并同时启发学生思考自己与父母相处的现状。

信件一：苦恼的女儿

“不知从什么时候开始，我突然觉得自己家的空间变小了，难道是我的个子长高了，才感到家里的天花板给了我一种压抑感？我说不清为什么，反正觉得自己越来越像一只关在笼子里的小鸟，毫无自由。父母与我朝夕相处，却根本不懂我的心，不了解我的需求，也不清楚我的困惑。他们对我总是斥责多于鼓励，要求多于倾听，我已经明显感觉到我和他们之间的隔阂。现在我和父母要么互不搭理，要么就是激烈的争吵，我该怎么办呢？”

信件二：伤心的父母

“女儿是在我们无微不至的呵护中长大的，可她上了初中以后，与我们的交谈逐渐减少了，问她学校里的事，总是一句‘不知道’就打发了我。平日里，我们叫她往东，她偏要往西；我们认为是好的，她都嗤之以鼻；我们认为不好的，她反倒津津乐道。原来那个依偎在我们身边的女儿到哪儿去了？难道这就是我们付出无数心血换来的结果吗？”

目的：通过父母与子女相互的内心表白，可以达到角色互换、身临其境的效果，一方面让学生了解女儿所处的境况和内心真实的想法；另一方面也了解了父母内心的苦衷。从而引导学生认识到不同的身份和角色，就会有不同的感受，对认识问题和分析问题的层次也会有新的提高。

活动2：敲响内心的钟

一、让学生自我测评一下自己是否了解自己的父母：

1. 你父母的生日是__________。

2. 你父母的体重是__________。

3. 你父母的身高是__________。

4. 你父母穿__________码鞋。

5. 你父母喜欢的颜色是__________。

6. 你父母喜欢的水果是__________。

7. 你父母喜欢的花是__________。

8. 你父母喜欢的日常消遣活动是__________。

二、让学生写出父母在最近一周为自己做的5件事，然后再写出自己在最近一周为父母做的5件事。

目的：让学生谈自己的思考，从内心感受来自父母的关爱，并学会换位思考。

小组讨论：影响与父母沟通的原因有哪些？

教师进行点评总结：受青春期“逆反心理”的影响，大多数孩子不了解、不理解父母。子女与父母之间在家庭观念、思维方式和行为习惯等方面有差异等。

目的：将学生在沟通中经常遇到的问题提取出来，让学生各抒己见；教师适时引导学生，使隐藏在问题背后的原因浮出水面。

三、回归生活，拓展 / 升华。

1. 学生小组讨论：让学生带着对父母的爱，来讨论怎样与父母沟通，并让小组代表说说该小组讨论的结果。

2. 十条生活建议，希望在今后的生活中能给同学们一点启示。

（1）自己事情自己办，不给父母添麻烦。

（2）艰苦朴素花钱少，不与别人比吃穿。

（3）家务劳动帮着干，多为父母减负担。

（4）思想学习勤汇报，恳求父母多指点。

（5）探亲访友离家前，禀告父母莫挂牵。

（6）学会道歉学会笑，不去顶撞和撒欢。

（7）递杯茶水问声安，爸妈勤苦挂嘴边。

（8）养育之恩如山重，儿女责任记心间。

（9）衣食住行讲礼貌，尊老敬长想在先。

（10）大事小事不计较，学会宽容无事烦。

目的：让学生通过自己的讨论和学习十条建议，真正掌握怎样与父母沟通；同时也希望通过学习这些建议，强化学生的日常生活行为，养成与父母沟通的好习惯。

活动 3：忆幸福时光

说说自己的爸爸妈妈：

在我们的生活当中，何处没有爱，何处没有情？闭上眼睛，细细去感受一下，你会发现，其实生活中，我们都被爱包围着。

出示同学的全家福，谈自己的父亲、母亲。

七嘴八舌：

1. 沟通困惑：随着年龄的增长，和爸爸妈妈之间在进行交流沟通时，不像过去那么和谐了，时不时会闹些不愉快。

2. 学生与父母沟通情况调查结果。

3. 说说与父母沟通的不愉快。你当时怎么想？你当时心情如何？你有没有和父母说清楚？

解忧草：

有些爸爸妈妈脾气不太好，或者发脾气的当时实在太激动，我们可用哪些办法与家长沟通？

话沟通，找办法：

我们和爸爸妈妈之间产生矛盾已经有方法解决，那么，有没有办法可以让这样的矛盾少产生一些，甚至不产生呢？

沟通约定：

1. 小组交流：用一句话说说自己对沟通的新的理解或感受。

2. 出示"亲子卡片"：沟通是双方面的事，为了让大家今后和爸爸妈妈更好地沟通，我特地为大家设计了一张亲子卡，根据你的家庭在沟通中存在的问题，再联系今天你的收获，回家和爸爸妈妈一起来制订一份适合你家的沟通约定，行不行？

第17课　亦师亦友——寻求和谐的师生关系

一、教材解读及教学建议

（一）设计意图

心理学研究表明，师生关系对于学生发展有重要影响。良好的师生关系不仅可以影响学生的学习动机、学习兴趣、学习态度和学习成绩，还能让学生在相互理解、尊重、信任的氛围中，获得积极的心理体验，寻找到归属感，从而健康、快乐地成长。因此，对于人际关系紧张敏感、学习压力大、自我意识快速发展的高中生来说，建设良好师生关系尤为重要。本节课的目的正是协助学生增进对老师的了解，理解和接纳老师，主动与老师沟通，建设积极、良好的师生关系。

（二）活动目标

1. 让学生充分认识师生关系的重要性。
2. 增进对老师的了解，促进学生对老师的理解和接纳。
3. 掌握一些促进师生良好关系的技巧，尝试去建设积极的师生关系。

（三）教材结构

本课分为“心有所惑”“心有所思”“心有所悟”“心有所动”“心有所获”五部分。

心有所惑：通过图文并茂的方式，引出学生对老师的看法，客观审视自己的师生关系。

心有所思：通过“说说我与老师的故事”和“师生关系小测试”，让学生深入发掘和了解自己的师生关系，发现制约师生关系的因素，体会良好的师生关系对自己的重要影响，激发学生“发展良好师生关系”的欲望。

心有所悟：通过“理想的师生关系”和“老师的肺腑之言”两个链接以及介绍发展良好师生关系的技巧，让学生理解老师，积极主动地学习促进师生良好关系的技巧。

心有所动：通过活动一和活动二，有意识地对改善师生关系和发展良好师生关系进行训练，以便学生在实际中的运用。

心有所获：通过一则故事和名言，让学生深刻体会到良好师生关系的重要性和如何去维系与发展。

（四）教学建议

教师可根据实际情况对内容进行调整和与课外资源进行整合，尽可能地接近学生学习、生活实际，提高教学效率。

1. 教学重难点

理解老师，主动采取有效行为发展良好的师生关系。

2. 教学准备

教师准备：身边的师生相处的案例，包括矛盾冲突；课件。

学生准备：观察老师的工作生活，做好记录；罗列出与老师的矛盾冲突。

3. 课时建议

1—2 课时。

二、活动过程示例

（一）谜语导入，引出主题

1. 谜面：他在九月十日出生，他一生只有一个职业，但种类却不少，他的子女有男有女，比任何一个人的子女都要多。桃李芬芳满天下，传道授业解惑人等。

2. “心有所惑——我的老师”，引导学生回顾自己所遇到的老师，分小组交流自己对老师的看法，鼓励学生发言，说出自己的真实感受。教师可初步引导学生觉察对老师的不同看法会影响自己的行为，点出师生关系的重要性。

（二）立足感受，层层推进

1. 测一测：“师生关系小测试”。学生做测试，老师解释结果，点出师生关系是可以通过我们的努力改变的。

2. 说一说：“我与老师的故事”。自己思考并完成，全班交流。老师引导，总结。让学生通过自省得出和老师关系的变化是由哪些因素制约，再次感受良好的师生关系给自己带来的重要影响。重在引导学生找出从不喜欢到喜欢的重要因素，归纳出促进良好师生关系的技巧。

3. 结合学生们自己总结出的方法（教师板书），再介绍课中的方法（可通过课前准备的案例进行阐述）。

4. 学生阅读两个链接，谈谈感受。重在激发发展良好师生关系的行动欲望。

（三）付诸行动，改善关系

完成活动一和二（重在结合自己的实际，解决自己的问题）。

与老师的矛盾冲突：老师错怪你；老师当众批评你；老师不理解你……

（四）撞击心灵，体验升华

阅读“心有所获”的材料，交流感受。

三、教学辅助资源

（一）相关心理学理论

师生关系的建立，以教育和被教育的需要为基础，以师生交往为条件，以尊师爱生为感情纽带，是学校教育中最重要的人际关系。心理学家西伯曼把教学情境中的师生关系分为四种类型：友好型、冷淡型、关怀型和拒绝型。

友好型的学生特点：学业成就较高，对教师顺从、合作，喜欢接近教师。教师行为：喜欢这类学生，但交往中大多不公开表示喜欢和偏袒。

冷淡型的学生特点：被动、退缩，不引人注目，对教师无个别交往要求。教师行为：和这类学生活动频率较少，较冷淡或不很关心。

关怀型的学生特点：学业成就较低，但迎合教师要求，期望教师的关心。教师行为：在合理范围内接纳这类学生的要求，公开关心与互动较多。

拒绝型的学生特点：学业成就低，有违纪和不遵纪倾向。教师行为：对这类学生期望消极，较多注意其行为问题，忽视其学习努力，师生互动较多。

建立良好的师生关系，是教师与学生共同的心愿。教育家加里指出："教师与学生的关系是一种特殊的人际关系，区别于父子和母女，区别于兄弟姐妹，区别于朋友同事，在教育活动中不可忽视。"教育家苏霍姆林斯基也说过："课堂的一切困惑和失败的根源，在绝大多数场合下都在于教师忘记了上课是儿童和教师的共同劳动；这种劳动的成功，首先是由师生之间的相互关系来决定的。"无数的教育教学实践证明，师生关系越良好，教学效果就越好；反之，则越差。因此，建立良好的师生关系在教育教学中具有十分重要的意义。

1. 良好的师生关系有利于调动教师教学的积极性

良好的师生关系有利于调动学生学习的积极性，同时，它也是调动教师教学积极性的原动力。当师生关系良好、融洽时，学生就会对老师持肯定的态度，欣赏老师，从而对学习产生积极的态度和兴趣。教学是教与学的过程，教学是相长的。学生的这种强烈的学习愿望也会对老师产生巨大的感染力，给老师的教学产生推动力，激发老师对教学的热情和积极性。这种良好的教学气氛，能使课堂生动活泼，气氛浓郁，教学效果好，并不断激发教师更新教学观念，形成独特的教学风格，收到良好的教学效果。

2. 良好的师生关系有利于调动学生学习的积极性

生理学研究表明，当师生之间产生融洽、亲密的情感时，这种积极的情感往往能使学生的大脑皮层处于兴奋状态，从而使学生能更好地接受新知识，提高学习活动的效果。反之，如果师生之间情感对立，相互持敌视的态度，那么，就会抑制大脑皮层活动的积极性，从而对学生的学习造成消极的影响。一方面，人的认识活动是情感产生的基础，另一方面，情感反过来也能调节人的认识活动。实践证明，积极的情感常常能推动人的认识活动积极进行，消极的情感则会阻碍人的认识活动顺利进行。

3. 良好的师生关系有利于教学“双边”活动的开展和教学效果的提高

教学是一种双边活动，应充分发挥教师的主导作用和学生的主体作用。教师在“导”着学生学的同时，学生必须充分发挥自身的主观能动性，导的效果在很大程度上根据学生能动性发挥程度而定。美国教育家布卢姆认为，决定教学效果的主要变量有三个：认知、情感和教学质量。其中，情感是影响教学效果的主要变量之一。布卢姆认为，那些带着兴趣和热情进入学习任务的学生比那些没有兴趣和热情的学生学习更容易，速度更快，达到的成绩水平更高，这就说明了良好的师生关系为激发学生的学习兴趣和热情提供了“能源”，是教学活动得以顺利进行的重要条件。

4. 良好的师生关系是学生身心得以健康发展的重要保证

教学过程是提高学生认识能力的过程，也是促进学生身心发展的过程。心理的发展包括认知、情感和意志的发展。学生情感的发展不是自发的，它需要多方面的努力，其中最重要的方面就是教师要给学生提供一个良好的情感环境，师生之间要建立良好的关系。著名教育家赞可夫指出：“学生在课堂上应过着一种积极的、有血有肉的，甚至可以说是沸腾的生活。否则，学生就会终日处于冷漠、惊恐的环境下，常受到无端的指责与呵斥，他们就不可能正常的发展。”由此可见，良好的师生关系有助于学生的健康发展。

（二）典型案例

程门立雪

远在北宋时期，福建将东县有个叫杨时的进士，他特别喜欢钻研学问，到处寻师访友，曾就学于洛阳著名学者程颢门下。程颢死后，杨时到其弟程颐门下，在洛阳伊川所建的伊川书院求学。杨时那时已四十多岁，学问也相当高，但他仍谦虚谨慎，不骄不躁，尊师敬友，深得程颐的喜爱，被程颐视为得意门生，得其真传。

一天，杨时同一起学习的游酢向程颐请教问题，却不巧赶上老师正在屋中打盹儿。杨时便劝告游酢不要惊醒老师，于是两人静立门口，等老师醒来。一会儿，飘起鹅毛大雪，越下越急，杨时和游酢却还立在雪中，游酢实在冻得受不了，几次想叫醒程颐，都被杨时阻拦住了。直到程颐一觉醒来，才发现门外的两个雪人！从此，程颐深受感动，更加尽心尽力教杨时，杨时不负众望，终于学到了老师的全部学问。之后，杨时回到南方传播程氏理学，且形成独家学派，世称“龟山先生”。

后人便用“程门立雪”这个典故，来赞扬那些求学师门，诚心专志，尊师重道的学子。

（三）其他

参考书：迪尔奥．师生沟通的技巧——当代西方教师教育译丛[M]．潘琳，译．北京：北京师范大学出版社，2006.

附：本主题可以使用的心理活动

活动1：你说我画

老师：接下来这个环节呢，我们一起来做一个小游戏，游戏步骤如下：

1. 首先，老师这里有一张纸，上面画着一个不规则的图形。

2. 请一名同学上台担任“传达者”，其余参与游戏的学生都作为“倾听者”。

3. “传达者”看事先准备好的样图一两分钟，之后背对全体“倾听者”，下达画图指令。

4. “倾听者”根据“传达者”的指令画出样图上的图形，“倾听者”不许提问，直到传达者说完。

咱们一共进行三次，老师也会参与其中，第三次老师来当传达者。

（游戏结束后）

老师：好了，现在画完了，都互相看看各自手里的画，对比一下，顺便交流一下（5分钟）。

1. “倾听者”展示自己所画的图，“传达者”和“倾听者”谈自己的感受。

2. 这个游戏给了你什么样的启示？

老师：虽然细节上有所不同，但大体上是一样的。在作画的时候，虽然同学们或多或少会有疑惑，但是大家在游戏中，只要坚定不移地相信同学和老师的话，最后都能画出正确的图形来。在学校的生活中也是这样的，虽然老师对同学们都是一视同仁，但同学们的理解却不一定完全一样。但只要同学们相信老师的教导，最后肯定是走在正确的道路上。

活动2：师生之间

活动目标：

1. 通过学生自己的眼睛，去了解老师的生活，知道老师的想法，理解老师的辛苦。

2. 在讨论中学会换位思考。

3. 练习主动与老师沟通的方法。

活动准备：

1. 提前两周布置本班学生组成“记者团”，在课余时间采访本校教师，了解他们的生活片段以及老师对师生关系问题的看法。

2. 教师查找有关师生关系的资料。

3. 制作课件。

活动过程：

引出话题：有人曾经对师生关系做过相关调查，结果显示，师生关系融洽会促进学生成绩的进步，师生关系不融洽，则会在很大程度上影响学生成绩，而且，良好的师生关系也会促进一个人良好人格的形成。可见师生关系的好坏影响我们在座的每一位同学的成长，今天我们就来谈谈“师生交往”这个话题。

活动一：说说我们的老师。

每一位同学从小学到现在，都与很多老师打过交道，那么你们喜欢什么样的老师，讨厌什么样的老师呢？（学生讨论，教师总结）

喜欢的老师：严而有度 关爱学生 风趣幽默 以身作则 宽容 真才实学 温柔漂亮 兴趣广泛 多才多艺

不喜欢的老师：偏向 过于严厉 留作业多 教学死板 不修边幅 体罚学生 没有耐心 不按时下课 不负责 当众训人

活动二：此时你会怎么办？

当你与老师发生冲突或误解时，你会怎么处理呢？（学生讨论，教师总结）

1. 冷静。发生冲突和矛盾时，一定要尽量控制住自己的情绪，不要当面顶撞，以免使问题复杂化、扩大化、严重化。

2. 得当。提意见要选择合适的场合，不当众说，最好是单独谈。在师长情绪平稳时提意见，对方容易接受。

3. 坦诚。开诚布公地说出自己的看法，不歪曲事实，不推脱责任，否则问题无法解决。

4. 尊重。不用指责的口气与老师说话，双方本着尊重的原则，才会增进彼此的了解和感情，才会使师生关系更融洽。

5. 从老师的角度看问题，设身处地地为老师着想，就能理解老师的想法。

正确对待老师的表扬与批评，被表扬时要再接再厉，被批评时，要做到有则改之，无则加勉。

6. 原谅老师的错误,用恰当的方式指出老师的错误。

活动 3: 拨开迷雾

提问:你将来想当老师么?为什么?(此处为学生换位思考做铺垫)

此处学生在讨论时,会说到当老师的种种艰辛,所以,这时教师应及时引导学生的思路,使学生真正能站在老师的角度考虑问题,以达到共鸣。

播放录像资料《我们的老师》。这是课前由学生组成的“记者团”对本班的任课教师进行的采访,也是学生深入了解老师的过程。

请参与采访的同学谈自己采访老师前后的感受。

活动 4: 老师,我想对您说

通过活动三的讨论以及换位思考,学生对老师增进了了解,加深了感情,此时安排“老师,我想对您说”环节,可以在课堂上发给学生一些事先准备好的小卡片,让学生们在上面写出想对老师说的话,配以背景音乐,老师可以选取其中的一部分现场读出来,以达到感情的升华。

第 18 课　夏天不吃秋天果——男女交往有分寸

一、教材解读及教学建议

(一)设计意图

渴望接近异性,愿意和异性交往,这是青少年到了中学时代、进入青春期以后的一种正常的生理和心理变化。可是,正是在这个心理发展的十字路口,很多学生感到迷茫与彷徨:异性之间能不能建立真正的友谊?异性交往要把握什么样的度?在中学生眼中,同伴关系是他们人际关系中最重要的社会关系,而异性关系又是同伴关系中最敏感的部分。

本主题属于“人际版块”,其目的就是帮助中学生认识异性交往的重要性,了解异性交往存在的过度交往问题,树立正确的异性交往观,真正建立健康的异性友谊,从而为未来建立良好的人际交往关系、走进婚姻做准备。

（二）教学目标

1. 让学生认识到异性交往在高中生活中是必要而且重要的。
2. 通过案例让学生了解青春期异性交往中可能产生的各种问题，促使他们正确面对。
3. 让学生掌握正确与异性交往的原则和方法，完善正确的异性交往观。

（三）教材结构

本课分为“心有所惑”“心有所思”“心有所悟”“心有所动”“心有所获”五部分。

心有所惑：教材通过《妙？不妙！》这一材料，以图文并茂的形式，让学生从身边的事件中出发，展开思考，指出高中生异性交往存在的困惑。

心有所思：结合案例《妙？不妙！》进一步深入分析，在异性交往中出现这种现象是正常的。但不适度的异性交往却会带来极大的危害，教材以吴丹和刘阳的故事和《藏在书包里的玫瑰》材料再次说明了这一点。

心有所悟：正确认识异性交往的利弊，教师帮助学生在活动中逐步形成正确的异性交往观，鼓励学生进行适当的、正确的异性交往，探索异性交往的正确原则和方式。用插图中的《异性交往三字经》增添教育的趣味性。

心有所动：以歌德的诗歌引发学生对异性交往的情景思考，本节分四个情景展开讨论，让学生发现异性交往遇到的问题，并学会找到解决问题的办法。

心有所获：再次回应《妙？不妙！》的问题，运用所学知识处理问题。利用插图《等一等》回音壁的形式，从朗诵中引起大家的共鸣。

（四）教学建议

1. 教学重难点

指导学生掌握正确与异性交往的原则和方法。

2. 教学准备

每人一张白纸，其中《妙？不妙！》配轻音乐朗读，如果有条件可以运用多媒体教学。

3. 课时建议

2 课时。

二、活动过程示例

热身活动

阅读教材:

1. 教师引用“心有所惑”部分的第一句话,提出观点:青春世界包含男生和女生的交往,异性交往是自然、正常的。授课教师要带着“异性交往合理为宜”的观点来处理异性交往问题,不能因为异性交往的度不易把握就彻底否定异性交往的合理性。

2. 请学生朗读教材“心有所惑”中的散文诗《妙?不妙!》,有条件的课堂可以配上轻音乐,引导学生进入情境。通过图文并茂的形式引出高中生异性交往的困惑,让学生从身边同学的事例中产生兴趣,展开思考。

3. 学生以组为单位,交流“如果你是诗歌中收到小纸条的同学,你会有什么样的感受?”学生自由发言,教师不做点评,让学生在了解彼此观点的过程中发现异性交往需要分寸。如果课前有准备,也可以采用角色扮演的方式表现诗中的内容,要根据学生的情况而定。

主题活动(1)

1. 听故事谈体会

(1)承接同学们谈的体会,教师可以做总结,欣喜、烦恼、苦恼等感受,都是正常的,这是青春期心理发展的表现。

(2)抓住“夏天不吃秋天果”的主题,讲述一个发生在学生身边的“夏天错吃秋天果”的故事。通过故事,学生可以间接体会当事人的感受,知道后果的严重性,促使学生反思自己在异性交往中有没有不当的地方,进一步增强异性交往需要把握分寸的认识。

(3)故事链接《藏在书包里的玫瑰》,让同学们通过阅读发现过早偷尝禁果带来的危害甚至会影响人生的轨迹。

2. 阅读 · 讨论

(1)学生阅读教材“心有所悟”内容,发现异性交往不仅正常而且必要,教师要指导学生了解青春期适度的异性交往会给学生带来许多益处,不适度的异性交往却可能产生许多问题,关键是要把握好异性交往的度。

（2）本环节重点讨论异性交往的原则和技巧。教师组织学生，就交往的原则、方式、方法进行充分的讨论，分小组分享自己的观点。教师通过引导和点评，帮助学生在活动中逐步形成正确的异性交往观，鼓励学生进行适当的、正确的异性交往。在学生谈论自己在异性交往中的成功经验，并探索出异性交往的正确原则和恰当方式时，教师根据情况进行板书。最后，采用学生观点的板书加教师补充的内容得出结论。

（3）插图中的“异性交往三字经”可以让同学们一人一句进行诵读，增添趣味性，也有利于记忆。

（4）学生进行适当的异性交往，需要知己知彼，才能交往顺畅。教师还需要引导学生进行客观正确的自我认识，发现自己的优点和不足，不断完善自己，从而提升自己异性交往的能力。

主题活动（2）

1. 设计 · 分享

（1）通过歌德的诗歌再次强调异性交往的重要性，适度交往的必要性。教师需要指导学生利用案例来判断异性交往行为哪些是适度的，哪些是不适度的。

（2）学生通过主题活动一，基本了解了异性交往的原则和技巧，通过主题活动二进一步来判断和运用所学知识，在案例中发现问题、解决问题。教材“心有所动”中的案例都存在不适度的问题。案例一表现的是异性交往单一，案例二表现的是异性交往过密，案例三表现的是异性交往恐惧，案例四表现的是早恋型异性交往。出现不适度的异性交往有许多原因，主要受到社会舆论、家庭教育、学校教育、自身人格特点及同伴的影响。根据教学要求，各案例也可以编成情景剧进行角色扮演，把中学生异性交往中存在的困惑与矛盾展现出来。

2. 阅读教材

（1）学生阅读教材“心有所动”内容，并根据教材建议，小组讨论，思考和完成相应的表单，发现问题，解决问题。

（2）案例四中小荣和小英的故事可以根据时间做进一步的分析，中学生的友谊可能发展为早恋，早恋不一定就快乐，教师可以适当地指导正处在早恋中的主人公如何把握异性交往的度。

（3）学生在问题的探讨中，可能有异性交往的过激行为和学生在不当处理后的隐瞒情况，教师要主动引导学生学会在异性交往中知法用法、学会自我保护，尤其注意引导女同学进行自我保护。

（4）如果有同学提出身边有这样的同学需要帮助，教师要尊重个人隐私，可以请他们在课后单独交流，或到心理咨询室寻求帮助。教师也可以引导他："在人生的道路上会遇到各种各样的挫折和难题，在异性交往中遇到难题，跌倒了，怎么办？逃避和屈服都不会带给我们光明的前途、美好的人生，唯有放下包袱，在犯错中学会成长。"

拓展 / 升华

1. 设计 · 提问

（1）学生阅读教材"心有所获"内容，结合案例《妙？不妙！》做进一步深入分析，教师要注意引导学生认识到异性交往中出现这种现象是正常的，无须排斥和逃避，要敢于积极面对和正确处理。

（2）教学设计希望学生先帮助他人后反思自己。结合第一幅插图思考，如何面对异性的追求？在这个环节中采用学生思考总结和利用插图《等一等》回音壁两种形式。

2. 朗诵诗歌

诗歌的形式非常适合高中生，在教师带领下学生可以饱含深情地朗诵《等一等》，引起大家的共鸣和思考。《等一等》其实已经为我们在异性交往中如何掌握尺度给出了答案。

三、教学辅助资源

（一）相关阅读书籍

林自勇 . 如何与异性交往 [M]. 呼和浩特：内蒙古人民出版社，2008.
田萍 . 妈妈送给青春期女儿的书 [M]. 长春：吉林文史出版社，2019.

（二）相关网络资源链接

青少年异性交往"三宜三不宜"：

（1）宜泛不宜专

青少年中异性同学的广泛交往，对他们自身的学习、思想都有促进和帮助，也有利于情绪的振奋。而异性同学之间长期的专一交往，言谈由浅入深，由一般到特殊，容易由本来正常的同学交往发展为"一日不见，如隔三秋"的相恋。广泛的异性交往则能避免他们双双陷入早恋的误区。

（2）宜短不宜长

青少年中两个异性同学的交往时间不宜过长。有的同学从初中到高中一直形影不离，长此下去，相恋可能性大大增加。如果在与异性同学的交往中注意接触时间短些，范围广些，就可以了解各种禀赋、气质的异性同学,这会使人有更多的收获。

（3）宜疏不宜密

异性同学间的交往是正常现象,但一定不要一门心思地钻在里面。男女同学有性别之差,人的一些潜意识往往在与异性的交往中被激发出来。过于频繁地与异性交往会唤起人的热情,激起人的冲动。所以男女同学的交往频率低一些,更有利于彼此健康成长。

由于青少年性意识的觉醒,他们对异性产生好奇、关心、爱慕和愿意接近的心理与行为,这都属于正常现象,教师、家长不必大惊小怪或粗暴干涉。但也应该提醒正处于青少年时期的孩子：友情姓“友”,是朋友之间的友好交往；爱情姓“爱”,是自己和所爱者之间的心心相印。并进一步告诉孩子,当你感到对方具有强烈的吸引力,产生愿意和对方在一起的热望时,就应该注意,千万别越出友谊的界限,跨入早恋的误区。

附：本主题可以使用的心理活动

活动1：爱情麻辣烫

一、电影《爱情麻辣烫》——《声音》片段欣赏

以电影《爱情麻辣烫》的片段之一《声音》来引入,创设一种情境,引起大家对发生在男女生之间的那种微妙的感情的思考——这是一种什么样的感情或感觉。

学生交流讨论,分享感想。注意：教师在引导时,尽量少说话,少做点评,不下结论,以此建立信任,消除防卫心理。辅导教师要宽容对待学生发言的不积极,适时转到下个话题。

二、有人提议,为了使高中学生更加专注于学习,专门设立男子学校和女子学校,同学们认为好不好?

学生交流讨论,引出男女生交往的意义。

三、男女生交往的意义

学生对坐沟通,小组汇总,教师可以提供参考结论,如“异性效应”。

1. 有利于智力上取长补短。

2. 有利于情感交流和互补。

3. 有利于个性的充分发展。

4. 有利于互相激励和学习。

四、你欣赏怎样的异性?

填充句子活动：

背景：欣赏《友情》

学生填写完整句子

女生：

我所欣赏的男生类型是____________

我不欣赏的男生类型是____________

男生：

我所欣赏的女生类型是____________

我不欣赏的女生类型是____________

五、你怎样欣赏异性？

学生讨论交流。注意：通过前面的体验、认知，“如何做”是一个认识的内化和行为的外显过程，应该相信学生在将来高中生活中的判断和选择。这里不必强调人人说出“如何做”，让心理辅导活动留下一些问题和回味，该环节视学生的反应而定，不宜展开。

活动 2：转换你我

一、转换你我

1. 男生钉纽扣比赛

2. 女生提水接力赛

3. 男女分组比赛

4. 有话要说(男女同学最好能夸夸对方)

设计意图：让学生在游戏活动中，初步发现男孩女孩在这两项比赛中的差异，明白男孩女孩各有所长，体现学生在心理健康教育中的主体地位，使男孩女孩在换位思考中，不知不觉地逐步由互相排斥走向互相欣赏。

二、心灵交流

1. 老师：同学们，男生们发现了女生们的优点和缺点，女生们也发现了男生们的优点和缺点，心中都有很多话要告诉对方，可能是批评也可能是赞扬；可能是希望也可能是提意见；可能是建议也可能是自己看法的转变；可能是这样也可能是那样……好吧，请大家拿起笔把心中最想说的话写下来告诉对方。(孩子们在舒缓的音乐声中，写出自己心中的真情和感悟)

写完后实物投影，孩子们上台宣读自己的心灵寄语。

设计意图：在缓慢悠扬的音乐中，让孩子直面自己的心灵，这时男孩女孩会天真地、坦诚地向对方倾诉自己的希望和要求，男孩女孩又亲耳听到对方充满真情和友谊的肺腑之言，知道自己什么地方为对方所欣赏，什么地方为对方所反感，真真切切地感受到自己的优点缺点，从而产生要扬长避短、不断完善自己的情感、体验和决心。这也正是我们所想要追求自助、互助的目标。

2. 老师：男孩女孩，你们如果互相学习、互相帮助、互相取长补短，组成一个和谐文明的集体，那将是多么美好的事。赫拉克利特曾经说过："互相排斥的东西结合在一起，不同的音调才能造成最美的和谐。"生活中，你或许经历过，或许看到过，或许听到过这样的事，我们一起来感受一下吧。

三、情景体验：（课件）

1. 男医生、女护士合作手术抢救病人。

2. 男机修工、女纺织工合作纺纱织布。

3. 解放军战士从洪水中救妇女。

4. 其实你们曾经做得不错。（出示前几年跳集体舞、春游时的班级照片）

5. 精灵开会

师：他们是怎样很好地合作的？

那么我们今后该做到怎样正确地交往呢？

（1）交往时要相互尊重、接纳和信任，做到真诚相待。

（2）对待异性要自然，无须紧张、害怕。

（3）交往应该是集体的、公开的，应为大多数同学所接受。

（4）交往时要发挥各自的长处，相互学习，团结合作。

设计意图："重体验，不偏认知"，学生直接或间接地得到充分的情感体验，从而调整了对男生女生的认识，学生在不受约束的情况下，自然、轻松、积极自主地参与活动，在一个个情景中，在一次次感悟中，自然地体验到男女生交往的基本方法。

第六章　生活适应辅导主题教学设计

第 19 课　迎接新挑战——适应学习生活新环境

一、教材解读及教学建议

（一）设计意图

适应新的学习生活环境是高中新生面临的第一关，可以说，高中的竞争与发展是从学生对环境的适应开始的。对学习生活新环境适应的好坏很大程度上影响着学生对高中学习的评价和发展成败。对于大多数高中新生来说，学习适应、人际适应、角色适应、生活适应是常见问题。适应学习生活新环境的关键是高中生对自我的调节。本主题属于“自我版块”，其目的在于引导高一新生正确地认识和分析自己面临的不适应，掌握适应新环境的方法，学会自我调节，以尽快适应高中生活。

（二）教学目标

1. 认识到环境变化会产生适应期，在新的学校生活中会经历适应期，并主动掌握缩短适应期的方法。

2. 制订符合自己特点的缩短适应期的方案。

（三）教材结构

本课分为“心有所惑”“心有所思”“心有所悟”“心有所动”“心有所获”五部分。

心有所惑：本部分的主要目标是让学生发现同学中间有人适应，有人不适应，引起对“适应”的关注与思考，确立本课教学的主题。

心有所思：本部分的主要目标是让学生发现高中新生普遍存在着"适应"问题，并主动将"适应"问题聚焦到自己身上。

心有所悟：本部分的主要目标是帮助学生正确地认识"适应"及在适应新的学习生活环境时出现"问题"的主要原因。

心有所动：本部分的主要目标是告诉学生增强适应能力的基本方法，并对学生进行适应性训练。

心有所获：本部分的主要目标是对学生认识进行升华，提高学生对适应的感悟、认识，自觉地增强适应意识，提升适应能力。

（四）教学建议

1. 教学重难点

教学重点：适应方法训练。

教学难点：发现学生的不适应，分析其原因。

2. 教学准备

对高中新生适应新的学习生活环境的常见问题的典型案例进行收集与分析；课前对学生的不适应进行调查。

3. 课时建议

1 课时。

二、活动过程示例

热身活动

该设计对应教材"心有所感"的内容，目的在于通过生活中的具体事例，生成相应的问题情境，进而引出本课教学的主题；并初步唤醒学生的生活经验，让学生明白本课的学习是源于生活，并将回归于学习生活。

1. 案例分享

（1）分享本班学生对新学习生活环境适应较快或适应较慢的表现。

（2）教师组织学生发表对案例中表现的看法。

交流分享内容，辅导教师可以视实际情况而定。

在实际教学时，可对学生反映的问题进行梳理和归类，对普遍存在的问题加以重点关注。同时，注意剔除与本课主题无关的内容，引导学生聚焦到"适应问题"上。

2. 阅读教材

（1）学生阅读教材“心有所惑”内容，并思考：上述同学的对话，你们是否有似曾相识的感觉，谈谈自己的看法。

（2）学生自由发言，教师简要点评，进入课题。

实际教学时，注意逐步回归于“似曾相识的感觉”，引导学生产生与案例中的人物相似的共鸣，聚焦于本课的教学主题。

主题活动（1）

该设计对应教材“心有所思”“心有所悟”的内容，目的在于通过发现“身边同学的不适应故事”，引起对自身“不适应问题”的思考。总体上可考虑采取“由人及己”“由经验到科学”的思路，引导学生将“适应问题”聚焦到自己身上，发现自己的问题，并运用科学的理论对自己的“问题”加以分析，为后续的感悟、体验、升华奠定基础。

1. 发现不适应

（1）组织学生发现同学中间的不适应。

（2）教师宜就学生的发现，点出“适应问题”不可回避。

就适应问题来看，学生的发现可能会是方方面面的，教师可根据实际情况归类。

2. 适应能力测试

（1）学生完成“适应能力自测”小测试，了解自身的适应能力现状。

（2）教师总结过渡，引出“心有所悟”版块。

教师宜说明测试应基于客观的评价才具有意义，测试的内容本身并无好坏之分，关键是要与测试者的实际情况一致；引导学生对自己进行客观的评价。

3. 了解“不适应”的原因与应对方法

（1）引导学生思考高中学习生活不适应的类型及其造成的危害。

（2）教师总结不能适应高中学习生活环境的原因，并点出尽快适应高中学习生活的要点。

该设计对应教材“心有所悟”的内容，旨在澄清学生的一些错误认识。教师与学生宜以互动的方式完成教学。可以组织学生进行小组讨论、全班汇报，使学生的认识更深入。

主题活动（2）

该设计对应教材“心有所动”的内容，目的在于学生通过亲自参与“适应性训练”，体会如何尽快地适应高中学习生活新环境，为形成适应意识，自觉提升自己的适应能力，把“适应性训练”升华为自觉行动奠定基础。

1. 清零行动

（1）学生梳理自己过去取得的成绩或不足。

活动过程中，教师应该通过言语鼓励，让更多的学生完成挑战。

（2）教师引导学生对自己的成绩或不足进行比较分析。

（3）随机抽取3—4个学生对自己梳理出来的成绩或不足进行评价，教师指导学生“清零”。

（4）教师总结点拨。

活动过程中，教师应该纵向（学生与自己）、横向（小学、初中和高中不同环境）比较，使学生明白不能用老眼光看待新环境，放弃过去才会面对未来。在新环境里，大家的区别并不大，关键是要适应新环境的新要求。

2. 改变自己

（1）教师宣布“改变自己”的活动规则，学生分成小组，各自根据规则进行客观、积极的自我反思。

（2）首先，小组内交流各自“改变自己”的内容、原因、方式；然后，小组推荐一个发言人在全班交流、分享。

活动过程中，教师宜将学生交流、分享的内容归类，并将其改变自己的关键要点板书。

（3）教师总结

活动过程中，教师宜与学生互动，共同总结、概括出大家认可的基本观点，“改变自己”的有效方法，指导学生从中选择适合自己的方法。

拓展／升华

该设计对应教材“心有所获”的内容，目的在于通过师生互动，进一步促进学生形成自觉的适应意识，主动提升自己的适应能力，把“适应性训练”升华为自觉行动。

1. 阅读教材

（1）学生阅读教材“心有所获”内容，并自由发言交流。

（2）教师总结。

活动过程中，教师与学生的互动不宜仅局限于教材，更多的是立足实际问题的解决，进一步突出对未来学习生活中可能出现的困难的信心和应对策略。

2. 拟定学习生活适应计划

针对自己当前最难适应的问题，制订一份如何改变自己适应环境的计划，并在学生生活中尝试执行，提高自己的适应能力。

活动过程中，教师宜着眼于计划的实施与实效，强调计划要突出可行性、操作性，在执行计划时要注意加强自我监控或邀请同学、朋友监督自己，及时对计划的执行情况进行评估和调整。

三、教学辅助资源

（一）相关心理学理论

1. 相关概念

（1）心理适应

心理适应是指个体根据环境的变化做出调整，以保持与环境协调一致的一种心理状态。对高中生而言，高中生心理适应可以视为高中生根据内外环境，如学习、生活、人际环境、情绪变化等做出调整，以保持与环境协调一致的一种心理状态。

高中生心理适应主要包括学习适应、生活适应、人际适应和情绪适应四方面的内容。学习适应，即由学习活动及其变化引起的心理和行为反应状态。人际适应，即由人际关系及其变化引起的心理和行为反应状态。情绪适应，即由情绪变化引起的心理和行为反应状态。生活适应，即由生活环境及其变化引起的心理和行为反应状态。

（2）学习适应性

学习适应性是构成学生心理素质的重要成分，指的是学生克服种种困难取得较好学习效果的一种倾向，也可以说是一种学习适应能力。其主要因素包括学习热情、有计划地学习、听课方法、读书和记笔记的方法、记忆和思考的方法、应试方法、学习环境、性格和身心健康等。

2. 相关理论

心理适应能力是个人成长过程中必须具备的一种重要能力。世界卫生组织早在 1948 年成立之初，便在其宪章中将健康明确定义为："健康乃是一种生理、心理和社会适应都臻完满（well-being）的状态，而不仅仅是没有疾病和虚弱的状态。" 1989 年世界卫生组织在阐述 21 世纪健康新概念时再次强调社会适应良好的重要意义，认为适应是健康的重要内容。王登峰将良好的心理适应能力作为心理健康至少应具备的四个条件之一。黄希庭、郑涌也将适应能力强作为大学生心理健康的一条重要标准。随着中小学心理健康教育理论与实践研究的逐步深入，人们越来越认识到心理适应性是心理健康最重要的标准之一，因为作为整体的人在社会当中能否健康地生存与发展的主要表现就是能否适应。

心理学范畴里使用适应概念时通常有三个角度,一是生物学意义上的适应,即生理适应,如感官对声、光、味等刺激物的适应;二是心理上的适应,通常是指遭受挫折后借助心理防御机制来使人减轻压力,恢复平衡的自我调节过程,这是一种狭义的适应概念;三是对社会生活环境的适应,包括为了生存而使自己的行为符合社会要求的适应和努力改变环境以使自己能够获得更好发展的适应,这是社会适应的概念。通常,从心理上的适应和社会生活环境的适应的综合来进行研究。

适应与发展,是青少年发展过程中的核心任务。青少年的发展成长,本质上就是一个不断社会化从而适应社会,并在这个适应过程中努力发展自我的历程。学习适应是青少年社会适应的重要组成部分,进入21世纪,是否适应学习要求、学校环境以及学习过程中人与环境的交互作用,是青少年适应社会和发展自身的重要环节,是青少年在学校取得良好发展的前提,也是适应未来社会的基础。学会学习,适应学习,是21世纪世界各国对教育发展的共识。

(二)典型案例

1. 适应实验

布雷迪的猴子

两只活泼的猴子被分别缚在两张电椅上,电流是每20秒激发一次。被电击的滋味当然不好受,它们开始号叫挣扎。

甲猴子很快发现,它的电椅有一个压杆,只要在电流袭来之前压一下压杆,就可免遭电击;而乙猴子却发现,它的电椅上没有压杆。于是,甲猴子就担负起压杆的责任,它紧张地估算着电流袭来的时间——结果是,要么两只猴子同时逃脱电击,要么它们一起受苦。是逃脱还是受苦,这完全取决于甲猴子,于是甲猴子就背负着超强的心理负荷和责任感,而乙猴子虽然很无奈,却无忧无虑——最后,甲猴子得了胃溃疡,乙猴子却安然无恙。

启示:其实在竞争激烈的当今社会,我们中的很多人背负着超强的心理负荷和责任感,也有很多人对现实的残酷感到无奈。也许有时候,我们真的需要无奈一点,少一点心理压力,少一点心灵负荷,不是吗?然而,我不禁想追问一句,那只乙猴子真的是安然无恙吗?它是绝对健康的吗?也许,无奈终究会使它崩溃。

在现实社会中,你愿意扮演哪只猴子的角色呢?

青蛙实验

19世纪的最后几个年头,美国康奈尔大学做过一次有名的实验。这组实验研究人员,做了十分精心的策划与安排。他们把一只青蛙冷不防丢进煮沸的油锅里,这只反应灵敏的青蛙,在千钧一发的生死关头,说时迟那时快,用尽全力,跃出了那势必使它葬身的滚烫油锅,跳到锅外的地面,安然逃生!隔了半个小时,他们使用一个同样大小的铁锅,这一回在锅子里面放满五分之四的冷水,然后把那只刚刚死里逃生的青蛙放到锅里,这只青蛙在水里不时来回游。接着,实验人员偷偷在锅底下用炭火慢慢烧热,青蛙仍然悠游地在微温的水中享受"温暖",等到它开始意识到锅中的水温已经熬受不住,必须奋力跳出才能活命时,一切为时已晚,它欲跃乏力,全身瘫软,呆呆地躺在水里,卧以待毙,最终葬身在锅子里面!

启示:这个实验,揭示给我们一个残酷无情的事实——回顾我们自己跋涉过来的旅程,何尝不也是如此?当生活的重担压得我们喘不过气,挫折、困难堵住了四面八方的出口,我们往往能发挥自己意想不到的潜能,杀出重围,找出一条活路来;等到功成名就,志得意满时,反而阴沟里翻船,弄得一败涂地,不可收拾!

难道人生的一切就是这样?的确,险象环生的处境,对我们未必不是福祉,耽于安逸、享乐、奢靡、挥霍的生活,又未尝不是需要警惕的灾祸。人类所面临的每一个困境,不但是一项挑战,有时往往也是不能自拔的陷阱。

我们在短暂的人生旅程中,究竟有多少次机会可以让我们学习和彻悟?也不知有多少看不见的红灯,可是我们却经常视若无睹。这样看来,我们跟这只泅游在慢慢滚沸的温水中的青蛙又有什么不同?

2. 适应故事

(1)关于高一新生适应的案例

案例1:小岚,女。入学之后便开始了在校住宿的生活,由于生活要自理,小岚每天都有想家的感觉,经常会给家里打电话,再加上学习任务加大,小岚的学习成绩出现了下滑。为重新恢复自己初中阶段的优秀成绩,她更加努力学习,晚上几乎是最后一个离开教室的。一段时间下来,还是没有提升自己的学习成绩,她因此很焦虑。于是,小岚求助班主任。班主任建议其先调整心态,再制订好学习计划(包括阶段的、短期的、即时的)，合理安排好学习时间，劳逸结合。小岚听从班主任的建议，认真设定自己的学习策略，高一下学期成绩逐步提升。

案例 2：阿豪，男。刚进高中时，阿豪就觉得压力很大，于是拼命地学习，晚上经常熬夜，生怕自己落后于人。高一期中考试虽然有所提高，但不是很满意。对如何合理安排自己的时间也显得非常迷惘，最后求助于班主任。班主任给的建议是让其重新制订学习计划(把握共同的学习时间，文理交叉学习)，把学习的兴奋点调整到白天，晚上不熬夜，保证充足的睡眠时间。阿豪接受班主任的建议。根据自己的实际情况，认真制订了一个合理的学习计划，并严格执行，高一下学期学习有所好转。

附：本主题可以使用的心理活动

活动 1：进化论

1. 先和学生讨论进化论中出现的进化种类，例如：鱼类——两栖类——爬虫类——鸟类——哺乳类——人类，依次分成组，决定增减种类的数目。

2. 向学生征求各类动物的代表动作。

3. 请学生们就近找人猜拳，皆以鱼的身份为始，赢者进化，输者退化。

4. 再以猜拳后的新身份，表演代表动作，继续寻求同类猜拳。

5. 约进行两分钟后，停止活动，同类为一组。

6. 若每组人数有差距，再征求自愿进化或者退化者，直到每组人数达到约略相同为止。

活动 2：快乐大转盘

1. 全班同学在教室里随意站立，保持安静，准备按辅导教师的口令行动。

口令参考：

(1)每人脸朝天花板，面无表情地随意走动，遇人转开。

(2)每人脸朝自己脚尖，面无表情地随意走动，遇人转开。

(3)每人脸看他人脸，面无表情地随意走动，遇人转开。

(4)每人脸看他人脸，面带微笑，随意走动，遇人点头。

(5)每人脸看他人脸，面带微笑，随意走动，遇人握手。

(6)每人脸看他人脸，面带微笑，随意走动，遇人握手，心中说：“我欣赏你。”

(7)每人脸看他人脸，面带微笑，随意走动，遇人握手，口中说：“你很棒！”

2. 相关讨论

（1）当大家都面无表情地随意走动时，你是否感觉不自在？你希望别人能冲你笑一笑吗？

（2）当别人主动向你打招呼或握手时，你是否很感动？

（3）从这个游戏中你体会到什么道理？对你在班级里的人际交往有帮助吗？

第 20 课　快乐健康 e 起来——合理使用网络

一、教材解读及教学建议

（一）设计意图

网络是社会发展现代化的重要标志。对中学生来说，网络已经成为其生活中不可或缺的东西。但网络信息良莠不齐，内容复杂多变，且相对自由没有明显约束。而高中生渴望独立、期待表现、好奇心强、求知欲盛，这样的心理特征使其更愿投入无拘无束的网络世界。但高中生自我防范意识薄弱、自控能力较差，容易产生过度使用网络等问题。

本主题旨在通过一系列的活动，让学生认识到合理使用网络的必要性和重要性。过度使用网络既是一种行为问题，也是一种心理问题。产生网络依赖的学生会长时间沉溺于虚拟环境，无法积极面对现实环境，进而出现多种行为、情绪和人格问题。所以，教师有必要引导学生安全、文明、健康地使用网络，让网络为自己所用。

（二）教学目标

1. 让学生了解网络发展情况，知晓网络使用的利与弊，清晰高中生的网络心理，树立健康上网的意识。

2. 规范上网行为，提高自我监管能力，使学生懂得合理使用网络。

3. 提升学生防范意识，学会安全使用网络。

（三）教材结构

本课分为“心有所惑”“心有所思”“心有所悟”“心有所动”“心有所获”

五部分。

心有所感：通过讨论与主题相关的生活情景，激发学生参与活动的热情。本课所采用的引入方式是“情景呈现”，选取与课题相关的生活情景作为开篇话题，既让学生意识到网络带给社会和自己的影响，又为之后学生分享自己对网络使用的感受和态度做好铺垫。

心有所思：通过现象罗列和问卷调查，让学生进一步感受网络对生活各个方面的深刻影响，并反思自己的网络使用情况。此环节，教师要有意识地关注学生的生成性资源（如人际交往方面的网友见面、消费购物等），若有合适的例子可以在“心有所动”环节使用。

心有所悟：教师举例引导学生思考和讨论网络会带来不良影响的原因，此环节原因分析要包括网络本身的特点和高中生的身心特点两个角度。在充分讨论的基础上，让学生明确知晓适度、健康上网的重要性。

心有所动：网络交友不当和沉溺网络游戏是高中生网络使用中的常见问题。教师通过呈现案例，让学生分小组讨论分析应对网友的正确方式；再结合小调查内容，分析网络游戏的特点，让学生知晓沉溺网络游戏的危害；最后鼓励学生根据《自我改进计划》细细分析自身问题，并制订出相应的改进计划。此环节的课堂作业一定要充分完成。

心有所获：本环节旨在鼓励学生有效合理利用网络丰富自己的生活，提升自己的能力。

（四）教学建议

1. 教学重难点

树立健康上网意识，提高自我监管能力；学会合理、安全使用网络。

2. 教学准备

教师准备一段现在网络使用情况的视频，整理几个网络交友不当和沉溺网络游戏的案例，并准备多媒体课件。

课前让学生自行完成“心有所思”的《网络使用情况小调查》和“心有所动”的小调查。

3. 课时建议

2 课时。

4. 教学方式

问卷调查、案例分析、情景模拟、小组内讨论、小组间辩论等。

二、活动过程示例

热身活动

情景导入：

（1）教师呈现网络使用情况的视频，让学生结合教材"心有所感"思考：网络给我们的学习和生活带来了哪些影响？

（2）学生自由发言。教师简要小结：网络与我们的生活密不可分，给我们的学习、娱乐、人际交往和消费方式等带来了前所未有的影响。

（3）该设计对应教材的"心有所感"内容，目的在于通过分享激发学生的参与积极性。

主题活动（1）

网络使用情况调查：

（1）学生分小组根据教材"心有所思"的表单讨论：生活中，你是如何使用网络的？

（2）学生可以从学习、娱乐、人际交往、消费购物等方面谈自己使用网络的情况。

（3）学生阅读教材"心有所思"的《网络使用情况小调查》，反思自己的网络使用情况。

（4）此调查为学生自查，基于对学生隐私的尊重，此调查内容建议不做分享。

（5）教师可呈现高中生网络使用情况的调查数据，指出高中生使用网络中存在的问题，如：过度使用网络、沉溺网络游戏、网络交友不当等，强调高中生要懂得正确使用网络。

主题活动（2）

（1）教师提问：为什么在网络使用中，高中生会出现过度使用网络、沉溺网络游戏、网络交友不当等问题？

（2）学生小组讨论。

（3）此环节，教师要引导学生从网络本身的特点和高中生的身心特点两个角度进行分析。

（4）学生阅读教材"心有所悟"，教师小结。

（5）教材中只罗列了学生的特点，教师需要对网络的特性进行简要讲解，以便学生更好地理解高中生出现以上问题的原因。

主题活动(3)

1. 案例分析

(1)学生阅读教材“心有所动”案例，就网友见面问题展开讨论。

(2)小组推荐1人在全班发言。

(3)教师小结，提示在网络交友中的注意事项。

此环节，教师可呈现一两个网络交友的案例让学生意识到安全上网的必要性，并树立良好的自我保护意识。

2. 情况调查与对策商讨

(1)教师呈现案例。

(2)学生完成教材“心有所动”中的表格，针对高中生玩网络游戏存在的问题，提出解决对策。

(3)教师小结合理使用网络的原则：安全上网、文明上网、适度上网。

3. 自我改进计划

(1)小组讨论：如何做到安全上网、文明上网、适度上网。

教师可预先准备一些情景，引导学生思考，如：随意转发信息，将自己的隐私暴露于网络，不文明用语，上网时间过长等

(2)学生请根据教材“心有所动”中的自我改进计划，制订自己的改进计划。

教师可引导学生制订班级网络使用公约和个人网络使用契约。

拓展/升华

阅读教材：

(1)学生阅读教材“心有所获”内容，并自由发言，交流。

(2)教师总结。

三、教学辅助资源

网络成瘾，也称为网络过度使用或病理性网络使用。是指由于过度使用网络而导致明显的社会、心理损害的一种现象。其主要特征是：无节制地花费大量时间上网，必须增加上网时间才能获得满足感，不能上网时出现异常情绪体验，学业失败、工作绩效变差或现实人际关系恶化，向他人说谎以隐瞒自己对网络的迷恋程度，症状反复发作等。

产生网络成瘾的主要原因：

(1)认知的需求。

(2)情感交流和宣泄。

（3）自我肯定与自我表现。

（4）补偿。

（5）额外的补偿。如游戏成功对现实困境的补偿。

附：本主题可以使用的心理活动

活动 1：网络利与弊

指导语：神奇的网络给我们的生活带来了前所未有的便利，我们的生活也日益被网络占据。

现场调查：上过网的请举手。

1. 说说网络的好处

教师引导：你们为什么喜欢上网？

小组讨论，分享展示各组找出的好处。

2. 展示网络的危害

让我们一起来看一则情景剧《小明上网记》。

小组讨论：小明怎么变成了“网虫”？

教师点评：上网成瘾真的是一件非常可怕的事情，一旦发生，有可能会毁了一个人，甚至一个家庭。

活动 2：网络小调查

指导语：

教师引导：我们刚才看到的迷恋网络的危害绝不是危言耸听，现在我要公布一次课前调查的结果，从调查数据中可以看出，我们班级的部分同学也或多或少存在这方面的问题，我们应该怎样看待我们的行为呢？

你是否经常上网？（ ）

你上网的时候是否经常玩游戏和聊天？（ ）

你是不是在课下搜集了很多关于游戏的宣传单、卡片等？（ ）

你是否特别喜欢谈论关于网络的问题？（ ）

你是否因为上网与父母发生过争吵？（ ）

你上网时是不是很烦家人的打扰？（ ）

你是否全神贯注于网络活动，下线后仍想着上网的情景？（ ）

你是否觉得需要花更多的时间在网络上才能得到满足？（ ）

你是否向家人或师长撒谎以隐瞒自己涉入网络的程度？（ ）

你是否不能成功地减少和控制、停止网络的使用？（ ）

活动 3：上网“防火墙”

指导语：

教师引导：网络的确很诱人，我们该怎样做到上网、学习、身体都不误呢？请大家在小组里充分发表意见，我们该如何设置上网“防火墙”？

小组反馈，教师根据反馈意见进行归纳。

第一道“防火墙”：上网前先明确任务。

第二道“防火墙”：上网前先限定时间。

第三道“防火墙”：时间一到就“思维叫停”。

第四道“防火墙”：父母帮助监督提醒。

活动 4：E 网情深

指导语：帮助学生辨别过度使用网络的危害，提高学生的自控能力。

1. 发给每个学生一份问卷，请每个学生回答下列问题：

（1）写出你自己必须上网的 10 个理由。

（2）如果你生活中没有网络，将会发生什么事？

（3）家里人反对我上网的理由有哪些？

（4）根据你上网的经验，你觉得上网有哪些不利的影响？

（5）相比较而言，你认为上网“利大于弊”还是“弊大于利”？

2. 根据对利弊看法的不同倾向性，将学生分成两大组，开展即兴辩论。

3. 评出最佳辩手 2 人，正方、反方各 1 人。

4. 教师归纳总结。

第 21 课　神奇的力量——积极的心理暗示

一、教材解读及教学建议

（一）设计意图

高一的学生正处于一个过渡时期，面临着新的心理问题，容易出现内心的矛盾，引发消极情绪，从而影响学业、生活。

从埃里克森的人格发展理论来看，高中生正处在人格发展最重要的阶段，这一阶段的主要特征是形成角色同一性，他们开始把注意力由外界转向自身，思考自我的问题，但是，对于身心迅猛发展而又缺乏生活经验的高中生来说，角色同一性绝非易事，所以时常会让他们感到迷茫、困惑、烦恼。大多数高中生难免会角色混乱，影响个人以后的发展。角色混乱的主要原因还是积极的自我概念与消极的自我概念的冲突，如果能够使学生将消极的自我概念顺利过渡到积极的自我概念，那么学生的角色同一性也就迎刃而解。自我概念的形成与心理暗示有着一定的联系。本节课就尝试通过各类体验，帮助学生构成积极的自我暗示，提供动力，提高挫折耐受能力，保持积极向上的精神状态。

（二）教学目标

1. 引导学生了解什么是心理暗示。
2. 使学生认识到积极暗示和消极暗示对自己的不同影响。
3. 引导学生学会用积极暗示调控情绪，提升自我。

（三）教材结构

本课分为“心有所惑”“心有所思”“心有所悟”“心有所动”“心有所获”五部分。

心有所惑：通过呈现“心理神经免疫实验”，引出学生的疑惑——在现实生活中也受过类似的影响，初步认识心理暗示，感受心理暗示对我们产生的影响。

心有所思：通过一段文字的陈述，让学生明白心理暗示的普遍性；再借助一个体验，让学生体会到暗示的影响力，并明白暗示对每个人的影响有所不同。

心有所悟：介绍暗示的相关知识，介绍几种积极暗示的方法，旨在让学生能学以致用。

心有所动：通过“心想事成”“我的宣言”“快乐银行”三个活动，让学生深刻体会积极暗示对自己的影响，并有意识地运用积极暗示调控情绪，以便让学生在生活中构建积极的自我暗示。

心有所获：通过阅读弗洛姆实验结合自己实际生活中所受心理暗示的实例，深入了解、体会暗示的作用及影响，树立构建积极暗示的意识，学会使用积极暗示提升自我，使自己迈向幸福的人生。

（四）教学建议

1. 教学重难点

让学生认识到暗示的力量，学会运用积极的心理暗示，保持良好的心态，提升自我。

2. 教学准备

教师准备：课件，轻柔的音乐，《爆笑电梯里的心理暗示实验》或《卖拐》视频。

学生准备：自制卡片，镜子。

3. 课时建议

1—2 课时。

二、活动过程示例

（一）欢乐引入，导出主题

1. 观看《爆笑电梯里的心理暗示实验》或《卖拐》。

学生思考：是什么力量让电梯里的人不断跟随别人改变站姿？是什么力量让范伟的腿变瘸了？

2. 阅读教材“心有所惑”中的实验。

学生思考问题 1，老师点评，总结引导，提出主题。

3. 引导学生思考，讨论问题 2（可以独立思考，请学生回答，可以同桌讨论，亦可以分组讨论）。

（二）主体活动，深入主题

1. 我来说，你来答（情景取自日常生活，多方位暗示）。

如：“今年过节不收礼”——学生答

播放新闻联播开场音乐，问学生几点了

……

教师根据学生的回答和反应进行点评，指出心理暗示是一种常见的心理现象，它普遍存在于我们的生活中。

2. 播放轻音乐，在教师的指导语下，学生完成教材“心有所思”的体验活动，并引导学生完成讨论中的问题。重在引导学生明白暗示对每个人的影响力不同。

3. 故事启发

教师讲述或学生阅读罗森塔尔和弗洛姆两人的实验故事，让学生说出所受的启发，重在引导学生体会积极暗示和消极暗示带来的不同结果，树立构建积极暗示的意识。

4. 付诸行动，体验积极暗示

教师可将“心有所悟”里介绍的几种方法和“心有所动”整合起来，设计各种活动，让学生充分体验感悟，协助学生构建适合自己的行之有效的积极的自我暗示。

参考、建议活动：

旨在体会他人的积极暗示，增强自信，构建自我积极暗示。如：优点大轰炸（分小组，要求每个人说出其他人的至少一个优点；结合他人评价，完成“我的优点”清单）、快乐格言大放送（在自制卡片上写下自己最喜欢的快乐格言，面带笑容地送给他人）。

旨在构建适合自己的积极暗示。如：给自己微笑 / 力量（学生对着镜子先微笑，保持笑容，说出自己目前状态所需或所期望的积极语言并配上动作）、锦囊妙计（分组，每人说出在日常生活中最有效的积极暗示的方法，以小组为单位汇集积极自我暗示的方法，小组展示，个人形成适合自己的积极暗示法）。

教师重在引导鼓励、总结归类、补充。

5. 深化主题，学以致用

“心有所动”——“我的宣言”。教师可要求学生配上动作完成，并鼓励学生展示，在一学生展示时要求其他同学跟做。或分小组进行，展示成果。

布置任务：完成“快乐银行”。

三、教学辅助资源

（一）相关心理学理论

对于心理暗示，《心理学大词典》上是这样描述的：“用含蓄、间接的方式，对别人的心理和行为产生影响。暗示作用往往会使别人不自觉地按照一定的方式行动，或者不加批判地接受一定的意见或信念。”可见，暗示在本质上，是人的情感和观念，会不同程度地受到别人下意识的影响。从心理学术语上讲，心理暗示分为自我暗示与他人暗示两种。

暗示也是利用潜意识的作用原理，各种各样的暗示，会被潜意识接收。当然，潜意识也不是盲目的，意识和潜意识之间存在着沟通和联系。但由意识控制潜意识的能力各人是不同的。

心理暗示定律

1. 相信定律

当你对某件事情抱着百分之一万的相信,它最后就会变成事实。

2. 期望定律

当我们对某件事情非常强烈期望的时候,我们所期望的事物就会出现。

3. 情绪定律

人百分之百是情绪化的。即使有人说某人很理性,其实当这个人很"理性"地思考问题的时候,也是受到他当时情绪状态的影响,"理性地思考"本身也是一种情绪状态。所以人百分之百是情绪化的动物,而且任何时候的决定都是情绪化的决定。

4. 因果定律

任何事情的发生,都有其必然的原因。有因才有果。换句话说,当你看到任何现象的时候,你不用觉得不可理解或者奇怪,因为任何事情的发生都必有其原因。你今天的现状结果是你过去种下的因导致的。

5. 吸引定律

当你的思想专注在某一领域的时候,跟这个领域相关的人、事、物就会被你吸引而来。

6. 重复定律

任何的行为和思维,只要你不断重复就会得到不断加强。在你的潜意识当中,只要你能够不断地重复一些人、事、物,它们都会在潜意识里变成事实。

7. 累积定律

很多年轻人都曾梦想做一番大事业,其实天下并没有什么大事可做,有的只是小事。一件一件小事累积起来就成了大事。任何大成就或者大灾难都是累积的结果。

8. 辐射定律

当你做一件事情的时候,影响的并不只是这件事情的本身,它还会辐射到相关的其他领域。任何事情都有辐射作用。

9. 相关定律

这个世界上的每一件事情之间都有一定的联系,没有一件事情是完全独立的。要解决某个难题最好从其他相关的某个地方入手,而不只是专注在一个困难点上。

10. 专精定律

只有专精在一个领域,这个领域才能有所发展。所以无论你做任何行业都要把该行业的最顶尖作为目标,只有当你能够专精的时候,你才能在你所做的领域出类拔萃地成长。

11. 替换定律

如果我们有不想要的记忆或者是负面的习惯,我们是无法完全去除掉的,只能用一种新的记忆或新的习惯去替换它。

12. 惯性定律

任何事情只要你能够持续不断去加强它,它终究会变成一种习惯。

13. 显现定律

当我们持续寻找、追问答案的时候,它们最终都必将显现。

14. 需求定律

任何人做任何事情都是带有一定需求。尊重并满足对方的需求,别人才会尊重我们的需求。

(二)典型案例(故事/实验)

故事一:心理学家加德纳以一个死囚为样本,对他说:“我们执行死刑的方式是使你被放血而死,这是你死前对人类做的一点有益的事情。”这位犯人表示愿意这样做。实验在手术室里进行,犯人在一个小间里躺在床上,一只手伸到隔壁的一个大间。他听到隔壁的护士与医生在忙碌着,准备给他放血。护士问医生:“放血瓶准备五个够吗?”医生回答:“不够,这个人块头大,要准备七个。”护士在他的手臂上用刀尖点了一下,算是开始放血,并在他手臂上方用一根细管子放热水,水顺着手臂一滴一滴地滴进瓶子里。犯人只觉得自己的血在一滴一滴地流出。滴了三瓶,他已经休克,滴了五瓶他就已经死亡,死亡的症状与因放血而死一样。但实际上他一滴血也没有流。

故事二:1983 年,有一位美国击剑运动员,知道在将举行的比赛中会遇到一位曾经两次击败过自己的古巴选手,因而缺乏信心。心理学家为他反复播放一段讲话,叙述在未来的比赛中,为什么那名古巴选手反而一见他就害怕。他听了几十次,越听越有道理,便从害怕的情绪中解脱出来,并在比赛中战胜了对手,夺得了冠军。

故事三:三国时期,曹操率领部队去讨伐张绣。时值七八月,骄阳似火,万里无云,士兵们口渴难忍,行军速度明显变慢,有几个体弱的士兵竟然体力不支晕倒在道旁。曹操见状,非常着急,心想如果再这样下去,部队根本不能如期到达目的地，战斗力也会大大削弱。于是他叫来向导，询问附近可有水源？向导说最近的水源在山谷的另一边，还有不短的路程。曹操沉思一阵之后，一夹马肚子，快速赶到队伍前面，然后很高兴地转过马头对士兵说："诸位将士，前边有一大片梅林，那里的梅子红红的，肯定很好吃，我们加快脚步，过了这个山丘就到梅林了！"士兵们一听，不禁口舌生津，精神大振，步伐加快了许多。

故事四：英国作家索利恩所著的心理小说《新鲜空气》中讲述了这样一个故事：主人公威尔逊喜欢新鲜空气的程度，无人能及。一年冬天，他到芬兰的一家高级旅馆住宿。那年冬天奇冷，因而窗子都关得严严实实的，以防寒流袭击。尽管房间里舒服无比，但威尔逊一想到新鲜的空气一丝都透不进来，就非常苦恼，辗转难眠。到了最后，他实在无法忍受，便捡起一只皮鞋朝一块玻璃样的东西砸去，听到了玻璃碎裂的声音后，他才安然进入梦乡。第二天醒来，展现在他眼前的是完好如初的窗子和墙上破碎的镜框。

（三）其他

积极的自我暗示方法主要有：

1. 语言暗示法。语言一定要精炼有力，积极肯定，期望合理，反复刺激，最好以现在时态呈现，加以适当的动作、表情。

2. 想象暗示法。想象与暗示符合的情境。

3. 音乐暗示法。听自己喜欢的音乐，最好是轻音乐，音量适中。

4. 药物暗示法。给人使用某些药物，利用药物的作用进行暗示。

5. 情景暗示法。使人置身于某些特殊的情景或环境，对其心理和行为产生积极有效的影响，消除不良的心理状态。

附：本主题可以使用的心理活动

活动1：感受暗示

指导语：首先有请全体学生起立，一起来完成一个心理游戏。活动需要全体学生保持安静，闭上眼睛。深呼吸，抛开杂念。（播放潜意识音乐《生机无限》）

现在请将你的双手伸直平放在胸前，尽量伸直，掌心朝上，并使双手保持在同一高度。好的，稳住，我看到同学们都做得很棒，现在你的左手上有一个氢气球，你的右手上有一个铅球。请同学们跟着我的话语在脑海中静静地想象。

左手的氢气球在慢慢膨胀着，变得很轻，越来越轻，要飘起来了，右手上的铅球也在慢慢膨胀着，变得很沉，越来越沉，你托不住它了……（重复）

请同学们睁开双眼，看看自己的手和周围同学的手，是不是发生了变化，双手感觉如何，说说刚才你的体验。

课堂效果：许多同学的左手和右手的高度会发生明显的变化。有的两手高度差达到近20厘米。而有些同学则在课后作业中报告右手明显有麻木的感觉。学生在惊讶中感受心理暗示的神奇力量。

设计意图：以游戏导入引发思考，激发兴趣，调动学生积极性，营造课堂氛围，让学生体会暗示的作用。

活动2：认识暗示

指导语：

1. 暗示举例

心理暗示在我们的生活中随处可见。

镜头一：我在遇到困难时经常暗示自己“办法总比困难多”。

镜头二：“农夫山泉有点甜”“今年过节不收礼，收礼只收脑白金”等广告。

思考：大家在学习和生活中怎样暗示自己呢？请同学们写下来并相互交流。

学生回答，“考试时提醒自己不紧张”“成绩不好时对自己说，没有什么，下次努力”“当自己在体育课的长跑中坚持不下来时对自己说，不要停下来”“上课开小差时，暗示自己不要走神”“我将来一定会很幸福”。

2. 认识心理暗示

镜头三：观看赵本山小品《我想有个家》。

“不要紧张，不要紧张……我叫不紧张”。

思考：为什么暗示自己不紧张反而会变得更紧张呢？大家的暗示方式一样吗？

教师提示：在我们生活中，并不是所有的暗示都能收到良好的效果，暗示分为积极暗示和消极暗示两种，积极暗示给人以无穷的生机与活力，而消极暗示对我们生活却有阻碍作用。什么才是积极暗示呢？

（1）以现在时态而不是将来时态进行肯定。

我将来会很幸福。

我现在很幸福。

（2）要在积极的方式中进行肯定。

我再也不偷懒了。

我越来越勤奋了。

（3）简短、有力。

（4）相信你写的这句话。

课堂效果：学生踊跃发言，能够说出日常生活中自己常用的暗示语，其中有积极暗示，也有消极暗示，通过小品能够充分认识到消极暗示的不利后果。

设计意图：通过对镜头一、二的思考，让学生充分表达，探秘学生心灵，有针对性地应对学生的消极暗示；通过对镜头三的思考，让学生认识消极暗示的作用是不利的，同时让学生知道怎样的暗示才是积极的。

活动 3：修正暗示

指导语：

动动手：在认识暗示作用的基础上，请大家修正刚才自己的暗示。

交流成果：如果愿意的话，请读出你修正后的暗示语，如果还没有写好，请大家从这些同学的优点出发，帮助他们完成。

课堂效果：学生能够及时发现自己暗示的不足，学会用积极的方式进行自我肯定，但是有些学生仍然运用将来时态进行暗示，如“我以后会好好学习”“我下次考试要细心”等需要反复提醒，修正。

设计意图：学生在写暗示的过程中，真切感受到积极暗示所带来的强大力量，同时在团体成员的互动中促使个体在人际交往中认识自我、探讨自我，这也是团体心理辅导的核心要素。

活动 4：运用暗示

指导语：

这是发生在我们身边真实的案例。

镜头四：小强刚入高中时，被推选为班长，但是他做事情总是丢三落四，虽然努力过，但还是小错不断，他很苦恼：我的组织领导能力太差，天生不是这块料，哎……

思考一：小强给自己贴了什么样的标签？

思考二：你猜小强以后的组织领导能力会提高吗？

思考三：利用今天所讲的知识，你能帮助他当好班长吗？

镜头五：连续几次的英语考试，小英都没考出好成绩，最近一次的英语考试，她认真准备了，结果还是没考好，她很苦恼，结果早上拿起英语书，打开单词表，“看到这些密密麻麻的单词我头都晕了，英语我看是没希望学好了,没戏了,我天生不是学英语的料!”

思考一:小英给自己贴了什么样的标签?

思考二:小英的标签给她带来了什么样的影响?

思考三:你能帮助小英把标签撕掉吗?

思考四:你能具体表达一下小英的意思吗?(参考答案:小英表达了两层意思。①现实层面:小英最近几次英语考试成绩都不是很好。②精神层面:我不是学英语的料,英语不及格是很正常的)

设计意图:让学生充分认识这些同学的行为,利用自己所学的知识帮助他们更深刻认识并利用积极暗示。

活动 5:强化信念 感悟信念

指导语:

动动手:请学生将写好的积极暗示盖在手心,并默默地在心里重复着手中的积极暗示,同时播放歌曲《隐形的翅膀》,将这首歌送给全体同学。

设计意图:通过反复默念和轻柔的音乐引导学生寻找高峰体验,激发无限潜能,这种感受就像站在高山之巅,虽然短暂,但是对人的影响却深远持久,虽然不是每个人都可以获得,但我们应该尝试。

第 22 课　我的情绪我做主——学会情绪管理

一、教材解读及教学建议

(一)设计意图

情绪是人的内心世界的反映,是人们在认识和处理事物的过程中表现出来的一种态度,拥有良好的情绪则是衡量一个人心理健康的一项重要指标。高中学生自我意识迅速发展和思维能力显著提升,但他们的心理还不够成熟,在情绪特征上表现为好冲动、不稳定、极端化,对自己的不良情绪表现缺乏深刻的认识。本节课作为情绪板块内容的第一课,对各册情绪相关主题起到“揽总”的作用,并奠定教学活动的基础。在教学的具体内容上,本节课着眼于高中学生的实际,引导学生认识情绪对学习生活的重要影响,学会监控自己的情绪,掌握调适情绪的基本方法,增强调控情绪的能力,保持乐观积极的心境。

（二）教学目标

1. 认识人情绪反应的合理性，理解积极情绪和消极情绪对自己和他人的影响。

2. 学会自主地觉察、监控自己的情绪，掌握调适情绪的基本方法，增强对消极情绪的调控能力。

（三）教材结构

本课分为“心有所惑”“心有所思”“心有所悟”“心有所动”“心有所获”五部分。

心有所惑：通过对高中生日常学习生活中常见的事例讨论，让学生切身理解喜怒哀惧等情绪均是人的正常反应，并引导学生积极思考产生情绪的原因是什么。

心有所思：引导学生结合学习生活实际，进一步认识积极情绪和消极情绪的种类和作用，掌握常见情绪的词汇表达。重点通过对自己经历的积极情绪的回顾、体验，建立“我是可以快乐的”基本信念，同时加深情绪对学习生活影响重要性的认识。

心有所悟：帮助学生认识情绪的产生过程，理解个人的自我认知判断对情绪体验的决定作用，尝试采用“换一种积极想法”来应对消极情绪。

心有所动：围绕情境假设，通过讨论活动引导学生认识到人常有的一些不合理的信念导致我们产生情绪困扰，让学生自然而然地理解 ABC 理论，并尝试通过改变自己的信念、想法调节不良情绪。

心有所获：通过阅读故事对学生的思想进行升华，提高学生对情绪重要性的认识，自觉增强情绪调适的“主人”意识，运用本课所学知识管理自己的情绪，保持积极乐观的心境。

（四）教学建议

1. 教学重难点

教学重点：通过积极的信念改变认知，调节不良情绪。

教学难点：理解情绪的产生过程。

2. 教学准备

收集、分析高中学生常见的情绪问题案例；调查了解学生情绪自我调适能力的情况。

3. 课时建议

2 课时。

二、活动过程示例

热身活动

1. 暖身活动

教师：请大家伸出双手，左手张开，右手伸出食指放在你右侧同学的左手虎口上，好了，下面我会说一段话，当我说到“开心”一词时，要争取抓住左侧同学的手指，同时要争取自己的手指不被右侧同学抓住，好了，开始。“我今天来到大家中间很开心，大家看见我开心吗？生活中有不顺利的事情也会有开心的事，与其每天愁眉苦脸地过，不如开心地面对每一天，大家玩得开心吗？”

猜谜语：在我们的身体里面有一种特殊的东西，有时它像小鹿，有时它像野马，有时它像苦瓜，有时它像蜜桃（打一心理名词）。同学们猜猜看这种伴随我们左右的东西是什么？（答案：情绪）

2. 案例讨论

结合本班同学学习生活实际，教师组织学生讨论“心有所感”中的案例，并用恰当的词汇描述他们的感受。本部分学生描述的情绪感受词汇没有“标准答案”，教师应理解学生表达分享看法后的认知因素，鼓励学生进一步分享生活经验中的情绪体验：“在学习生活中我们还有像案例中那些让我们感受强烈或记忆深刻的事件吗？当时你的感受是什么？”

主题活动（1）

1. 情绪词汇知多少

（1）教师向每位同学分发简易脸谱表情一张（见下图），请同学表演其脸谱表情，让其他同学猜是一种什么样的情绪。请同学为自己选择一个平常惯用（或自己喜欢）的表情，并总结哪些是积极情绪，哪些是消极情绪。

（2）教师引导学生尽可能多地分享表达情绪的词汇，可填在“心有所思”活动一的图中，也可制作情绪图卡张贴于黑板上，即时填写情绪词汇。

教师就积极情绪和消极情绪进行归类，不应区分哪些是好的情绪，哪些是坏的情绪，要注意引导学生认识积极情绪与消极情绪均是人的正常情绪反应，但不同的情绪对学习生活有不同的影响。

2. 体验积极情绪

（1）学生填写“心有所思”活动二“体验积极情绪”图卡，并在小组内分享、讨论。

简易脸谱表情

（2）教师引导学生展开讨论，让学生进一步理解情绪反应的各种相关因素：情境刺激、身体生理反应、行为反应，以及对学习生活的影响。

积极情绪体验是学生应对不良情绪的有效心理资源，教师在学生的讨论中应强化学生的积极情绪体验，增强学生建立“我是可以快乐的”信念。教师可以设问：“你刚才与我们分享的快乐，是在什么情况下出现的？当时，你是如何做到让自己快乐的？”

主题活动（2）

1. 阅读讨论

（1）学生完成“心有所悟”中“换一种想法”体验活动，并在组内分享自己的“积极想法”。

（2）教师提问：“当我们遭遇长了青春痘、选班干部落选了、最好的朋友却不理我等等令我们困惑的事时，为什么还可以产生同学们刚才分享的这些积极的想法呢？”“为什么同一事件，有的人看到积极的一面，而有的人看到消极的一面呢？”引导学生思考，进而引出情绪 ABC 理论。

2. 情绪 DIY

（1）教师结合以上学生分享的感受或本课“教学辅助资源”中“典型案例”之“老人的担心”故事讨论，讲解情绪产生的过程，并简明阐释情绪

ABC 理论的基本内容。

（2）老师将在黑板上张贴图示，内容为：

事件→心理感受→想法、解释→行为。

老师发给学生每人一张“情绪管理 DIY”活动单（见下图），先让学生在纸上写上最近令自己生气、快乐或难过的一件事，再依次画上箭头写上自己那时的心理感受，对事件的想法或解释，以及产生的行为。教师引导学生想想如何换一种想法，才能改善自己的消极情绪？并在原事件下写上自己新的感受、想法与行为。

“情绪管理 DIY”活动单

姓名：______，班级：___年级__班，组别：____组

一、请你举出最近令你生气、快乐或难过…的一件事

(一)你的事件是：

(二)你的感受是：

(三)你的想法是：

(四)此事的结果，你做了些什么：

二、依上述事件，你觉得如何做才能使你快乐些，可有其他哪些理性的处理方式

(一)新的感受：

(二)新的想法：

(三)可能有怎样的新结果、行为：

“情绪管理 DIY”活动单

教师还可结合自己的生活经历先举一个例子给学生做示范。还可以根据实际情况使用以下“不良情绪 ABC 检查表”，引导学生反思自己情绪产生的过程，分析哪些是不合理信念和想法，并尝试通过改变自己的信念和想法调适不良情绪。

不良情绪 ABC 检查表

发生时间 ABC	A（诱发性事件）	B（信念、看法）	C（产生的情绪和行为的结果）
1.			
2.			
3.			

3. 情境活动

教师总结“情绪 DIY”活动经验与成果，指导学生完成“心有所动”中的两个情境作业，并在小组内分享，小组推荐一位同学在全班发言交流。

拓展/升华

1. 阅读讨论

（1）学生阅读教材“心有所获”内容，分别用一句话表达本课活动的收获。

（2）教师与学生互动，共同总结、概括出情绪产生的基本原因和情绪调适的基本方法。

2. 拟订“做情绪主人”的计划

指导学生针对自己容易出现的消极情绪问题，制订一份在遇到消极情绪时的应对策略方案。

教师应引导学生理解情绪的产生过程，从认知、行为、生理反应等角度调适情绪。调适的方法、内容包括但不限于本教材的相关内容。

三、教学辅助资源

（一）相关心理学理论

理解情绪

情绪是我们因外在或内在环境转变而产生的生理上、心理上、主观意识上和行动倾向上的一系列反应状态，是一种建立在生理反应的基础上所出现的主观心理感受。当情绪出现的时候，我们的身体也会伴随着对这些情绪的感受而产生特定的变化。通常，情绪并不会突然地出现。情绪反应会因为环境中所出现的刺激、个人对内在认知想法的知觉或是感受到生理出现变化这些因素而被诱发出现。因此，情绪可以被视为是一种有机体对自己身体、内在想法以及外界环境进行监控之后所获得的产物。而这些诱发情绪的机制也说明了情绪的复杂性，只感觉到生理的变化并不足以理解情绪的发生与存在，更重要的是如何通过认知概念对生理变化做出解释，这样才能够真正理解个人对情绪的感受。

情绪 ABC 理论

情绪 ABC 理论是理性情绪疗法理论和实践的重点。A 指诱发性事件（Activating events）；B 指个体在遇到诱发性事件之后相应而生的信念

(Believes),即他对这一事件的看法、解释与评价;C 指在特定情景下,个体的情绪及行为的结果(Consequences)。A 并不导致 C,相反,B 才是引起人的情绪及行为反应的更根本的原因。其相互间的作用关系如下图所示:

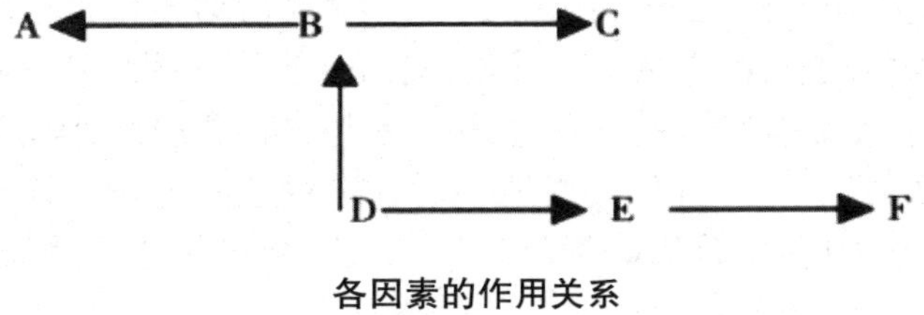

各因素的作用关系

上图中,D(disputing irrational believes)指与不合理信念辩论,对不合理信念逐一反驳;E(effect)指驳斥效果,即对 A 的新想法;F(new feeling)指新的情绪。例如,如果一个人在比赛失利后感到抑郁,那么可能并不是比赛失利本身引起了抑郁反应,而是这个人对于失败、被教练抛弃或失去了一个证明自己能力的机会的想法引起了这一反应。艾里斯认为引起抑郁(C)的主要原因是对于抛弃和失败的想法(B),而不是比赛失败这一客观事件(A),因此,人们应该在很大程度上为自己的情绪反应和障碍负责。情绪困扰是当事人不断对自己重复的自我挫败语句造成的,例如,"这次失利全是我的错""我是一个可怜的失败者"等。要改善不好的情绪及行为,关键是要找到人们对事件的不合理信念(B),通过劝导干预非理性观念的发生(D),而代之以理性的观念。待劝导干预产生了效果(E),人们就会产生正向情绪及行为,心里的困扰因而消除或减弱,人也会有愉悦充实的新感觉(F)。

(二)典型案例

老人的担心

古时候,有一位老人,她有两个儿子,大儿子卖伞,小儿子卖扇子。老人总在忧愁中,晴天担心大儿子卖不出伞,雨天担心小儿子卖不出扇子。今天愁,明天愁,结果一病不起。一天,一位智者告诉她:"雨天,大儿子生意很好,你应该高兴;晴天,小儿子生意很好,你也应该高兴。你的儿子天天都有发财的,应该天天高兴。"老人一听,觉得有道理,病马上就好了。

脾气与钉子

有一个男孩脾气很坏,于是他的父亲就给了他一袋钉子,并且告诉他,当他想发脾气的时候,就钉一根钉子在后院的围墙上。第一天,这个男孩钉下了40根钉子。慢慢地,男孩可以控制他的情绪,不再乱发脾气,所以每天钉下的钉子也跟着减少了,他发现控制自己的脾气比钉下那些钉子来得容易一些。终于,父亲告诉他,现在开始每当他能控制自己的脾气的时候,就拔出一根钉子。一天天过去了,最后男孩告诉他的父亲,他终于把所有的钉子都拔出来了。于是,父亲牵着他的手来到后院,告诉他说:“孩子,你做得很好。但看看这些围墙上的坑坑洞洞,围墙将永远不能回复从前的样子了。你生气时所说的话就像这些钉子一样,会留下很难弥补的疤痕,有些是难以磨灭的呀!”从此,男孩终于懂得管理情绪的重要性了。

附：本主题可以使用的心理活动

活动1:“有错你就说”

游戏规则:现场所有同学分两组,并排站成两列,用手搭前者的后肩。用数字代替方向(如1代表向左,2代表向右,3代表向前,4代表向后),由主持人喊口令并监督队伍行进情况,犯错的同学需主动举手示意,并大声对组员说声:“对不起,我错了!”

活动2:“传递呼啦圈”

游戏规则:现场所有同学分两组,手牵手围成两个大圈,主持人站在圈外指挥。每个圈内放入一个呼啦圈,由主持人宣布开始计时,看两个小组顺时针传递速度的快慢,一般记为三圈一轮且中途不允许把手放开。快的一组即为胜者,落后的要惩罚。

活动3:“情有千千结”

游戏规则:现场所有同学分两组,手牵手围成两个大圈,主持人站在圈外指挥。每个同学都要记住自己左右两边的人,听到主持人说解散的口令后开始随便在圈内走动,然后主持人会叫停,大家都得停止运动,然后找到刚开始在自己身边的人,保持原地不动,重新牵手。紧接着就是要想尽一切办法恢复到正常的牵手状态。最快恢复原状的小组即为胜者,落后的小组则需要受到惩罚,可集体表演节目或者派代表表演。

第23课　透过阴霾是阳光——学会应对悲伤

一、教材解读及教学建议

（一）设计意图

悲伤，是因为丧失而产生的情绪体验，每个人在生活中都可能经历丧失，大至亲人离世，小到友谊出现裂缝，高中阶段的学生已经能更深刻地理解悲伤情绪，本节课的设计意图就是帮助他们理解悲伤源自心中的爱，不要因为悲伤而沉沦，而是要因为爱而崛起！帮助学生处理已表达或潜在的悲伤情绪，协助他们克服失落后再适应过程中的障碍，鼓励他们以健康的方式坦然地重新将情感投注在新的关系和生活目标中。

（二）教学目标

1. 体会和认识到悲伤是生命中的某些必然内容。
2. 提供开放安全的情境，表达自己的悲伤情绪。
3. 获得正确的信息，建立健康的态度和行为模式面对悲伤。

（三）教材结构

本课分为“心有所感”“心有所思”“心有所悟”“心有所动”“心有所获”五部分。

心有所感：呈现最美女教师——张丽莉老师的故事，引出本节课的主题。

心有所思：由张丽莉老师的例子过渡到学生生活实际，引导学生走进自我的空间，进行自我探索。

心有所悟：本部分以心灵鸡汤的方式对悲伤给予解读，强调过渡长期的悲伤给人造成身心伤害，并提供处理悲伤的方法。

心有所动：提供两个活动，帮助学生学会处理自己的悲伤情绪，正确应对，重新适应。

心有所获：提出悲伤应对的四个步骤，把悲伤应对模式化，从而提炼、升华本节课主题。

（四）教学建议

1. 教学重难点

重点：使学生掌握悲伤的处理和疏导办法。
难点：对悲伤进行心理学解读。

2. 教学准备

多媒体课件，张丽莉老师的事迹以及张丽莉老师的博客，每人一张心形卡片。

3. 课时建议

1 课时。

二、活动过程示例

（一）案例呈现，引出主题

PPT 呈现张丽莉老师的事迹，引导学生思考，当张老师面临突如其来的打击时，她的心情是怎么样的？

教师引导：生活有时阳光灿烂，有时阴雨绵绵，当生活和学习中遇到不如意甚至出现变故时，悲伤情绪就会笼罩着我们。

（本节课选择张丽莉老师的案例，是因为她的事迹典型，有感染力，教师在教学时也可根据需要选择其他案例）

（二）联系实际，解读主题

1. 由张丽莉老师的事件，过渡到学生自己的生活实际，引导学生走进自我的心灵空间。

PPT 呈现学生生活中可能出现的大变故和小挫折，比如亲人离世、友谊破裂、家道中落、父母离异、考试失败、愿望落空。

让学生在准备的心形卡片上写下自己的悲伤往事，以便后面对学生做情绪处理。

（学生在进行心灵探索时，有可能是在揭开伤疤，教师要特别注意观察巡视，及时处理突发状况；另外，学生写好后可以遵循学生的意见决定要不要交流分享）

2. 悲伤解读，使学生了解悲伤产生的根源，明白悲伤是生活中的必然内容，但是如果长期处于悲伤之中，会给我们带来身心伤害，并从心理学专业的角度提供悲伤应对和处理的方式方法。

积极重评、注意转移、问题解决、反应调整。这四种悲伤处理的方法专业性较强一点，学生理解起来有一定难度，老师在讲解的时候要列举学生生活中的例子来加以说明。

（三）自我疏导，心灵成长

本部分有两个环节。

第一环节：呈现张丽莉老师的博客文字，引导学生像张老师那样积极应对生活的挫折，从悲伤中重新站立起来，阳光地活着。

第二个环节：学生活动。

活动一：呈现学生生活中比较容易出现的四种悲伤情境（家庭变故、亲人离世、友谊破裂、考试失败），要求学生运用积极重评、问题解决、转移注意、反应调整等悲伤应对的办法，帮助案例中的主人公走出悲伤。

本部分主要目的是让学生通过运用，进一步理解掌握“心有所悟”里面提供的悲伤应对的四种方法。老师在教学这部分时，可以分组让学生讨论，然后全班分享交流。

活动二：悲伤处理。

一是告别，与过去告别，与悲伤告别，透过阴霾，转身面向阳光。在心理辅导中，处理悲伤情绪的第一步就是与悲伤告别，比较常见的告别方式是，把所有关于悲伤的事件或者心情写下来，放飞它、撕碎它，或者埋葬（尘封）它，在心里给自己画个句号。

二是陪伴，同伴的支持和力量对于走出阴霾是非常重要的，这里的同伴可以是同学、老师，也可以是家人、朋友，课文中以写下祝福的话或者相互拥抱的方式体现陪伴，教师在实际授课中，也可以以其他方式进行。

这里尤其要提醒教师注意的是：在每个班集体中，都可能会存在游离于集体外的学生，他 / 她或者是自身性格自我封闭不愿意与人交往，或者是因为其他原因受同学排斥，当出现不愿找同学给自己写或者心里想但是不敢找人给自己写的情况时，教师要机智处理，比如说请求自己给他（她）写或者鼓励他（她）主动找人写等等。

（四）总结提炼，自我升华

1. 总结提炼出悲伤应对的四个步骤“勇敢面对，接受失去——经历哀痛，感受真情——重新适应，看到希望——找到目标，开始行动”。告诉同学们，做一个有勇气、有真情、有智慧、有行动的人，从而把悲伤应对行为模式化。

2. 本节课在教师充满感情的总结性发言中结束。教师的话不仅要对弥漫在整堂课中的思想认识、情感体验做提炼和收拢，而且要对同学的思想、情感和行为的改变作再一次的肯定和鼓励，使这堂课圆满达到目的。

附：本主题可以使用的心理活动

活动 1：情绪表演

指导语：

生活中有各种各样的情绪，下面老师请几位同学上台做情绪表演，其他同学猜猜他们表演的是什么情绪。

几位学生上台表演：高兴、愤怒、兴奋、害怕、悲伤、难过、平静、失望、紧张、喜悦、着急……

老师：谢谢同学们的精彩表演。我们人类具有各种各样的情绪，现代心理学的研究成果表明，人具有 4 种基本情绪：喜、怒、哀、惧。

……

活动 2：画情绪脸谱

指导语：

请 4 名学生在黑板上分别画出喜、怒、哀、惧 4 种脸谱。

活动 3：调节控制自己的情绪

指导语：

老师：播放背景音乐《最近比较烦》，欣赏情景剧《倒霉的一天》。问：你能让小丽的心情变得好起来吗？

小组讨论交流调节控制情绪的方法。

教师总结：多媒体展示调节情绪的秘诀。

1. 情感转移法：如果伤心，听欢快音乐，听轻柔音乐；如果沮丧失望，听慷慨激昂的音乐。登山、跑步、散步等也可转移不良情绪。

2. 情感宣泄：在适当的场合大声叫喊或痛哭一场；向亲人或好朋友倾诉；进行剧烈的运动。

3. 写心理日记：在日记中记下自己的喜怒哀乐。

4. 换位思考：假如是我，会……

5. 做心理放松操：闭眼什么都不要想，先深吸一口气，再慢慢地往外吐气，重复多次使身心放松。

第24课　别让冲动控制了自己——学会应对愤怒

一、教材解读及教学建议

（一）设计意图

青少年时期情绪丰富多彩，经常会产生各种各样的情绪，有的心理学家把这一时期称为“疾风怒涛”时期。外界的轻微刺激，都会激起他们强烈的情绪反应，可能会为一点小事激动万分或者暴跳如雷，对愤怒情绪的调控能力不强。本主题属于情绪模块的内容，旨在通过一系列活动，使学生正确认识愤怒情绪可能对自己和他人带来的危害，学会监控自己的愤怒情绪，掌握调适愤怒情绪的方法，增强调控愤怒情绪的能力。

（二）活动目标

1. 认识到愤怒是人的情绪的正常表现，过度的愤怒可能对自己和他人带来危害。

2. 增强学生调节和控制愤怒情绪的能力。

（三）教材结构

本课分为“心有所惑”“心有所思”“心有所悟”“心有所动”“心有所获”五部分。

心有所惑：通过对两个高中生愤怒情绪的案例的讨论，让学生认识到愤怒情绪是人正常的情绪反应，引导学生积极思考在刺激情境下正确的情绪行为是什么。

心有所思：让学生回顾曾经的愤怒情绪事件，通过测量愤怒情绪“温度”有多“高”，引导学生讨论，理解愤怒的情绪感受与行为反应之间的关系，让学生探讨自己在刺激情境下适宜的应对方式。

心有所悟：帮助学生认识人的愤怒情绪的危害，让学生反思最近遭遇的愤怒事件、自己的处理方式及结果，并通过对人们愤怒观点的讨论，澄清对愤怒的认识误区。

心有所动：从情绪觉察、冷静应对、恰当表达等几个方面引导学生正确控制愤怒，调节和控制自己的情绪。

心有所获：通过阅读故事对学生的学习进行升华，加深学生对愤怒情绪危害的认识，自觉增强管理愤怒情绪的意识。

（四）教学建议

1. 教学重难点

教学重点：建立对愤怒情绪认识的正确观念。
教学难点：学会正确的愤怒情绪应对方式。

2. 教学准备

收集相关的中学生愤怒事件。

3. 课时建议

2 课时。

二、活动过程示例

热身活动

1. 情景表演

由两位同学分角色扮演进教学楼时不小心相撞，但互不相让，话不投机，发生争吵，双方情绪越来越激动，越来越愤怒，乃至于发生肢体冲突的情景。

2. 案例讨论

结合本班同学学习生活实际，教师组织学生讨论“心有所惑”中的小萌和浩轩的案例。

（1）这两种愤怒的表达方式好不好？为什么？

（2）可不可以把激烈的愤怒情绪表达出来？为什么？

（3）当你被人激怒时，你会怎样表达自己的愤怒？

本部分案例讨论可着重结合高中生经常遭遇的愤怒事件或身边有关愤怒的典型事件，为接下来的主题活动做铺垫。

主题活动(1)

1. 愤怒观点辩论

教师组织学生针对“心有所悟”中“论坛：愤怒面面观”中关于愤怒情绪的观点展开辩论活动，澄清关于愤怒认识的误区。

愤怒观点辩论活动的重心不是胜负输赢，关键是引导学生通过观点的辩论与交流感受曾经历过的愤怒情绪经验，以便较清晰地理解自我的愤怒表现及其内在发生规律。本活动可与上面“热身引入”中的案例讨论结合起来展开，增加活动的连贯性。

2. 觉察愤怒

(1)请学生回忆最近发生的最令自己愤怒的事件，试着把自己的情绪引发出来，按要求用笔写在纸上。要求描写的内容包括：自己当时愤怒的表情和动作；自己愤怒时的生理感觉，如心跳加速、呼吸急促、脸热、眼睛圆睁、头皮发紧、流泪等；表达自己愤怒时的内心感受，如“我被愚弄了！”“他(她)太过分！”“这简直是厚颜无耻的做法！”等；写下自己愤怒时的行为反应，如骂人、摔东西、打人、痛哭、咬紧牙关、硬忍、强迫冷静等；写下自己做出愤怒反应后自己和对方的感受。同时，参照“心有所思”的表格中的内容确定自己愤怒的最高“温度”，并记录下来。

(2)小组分享。学生自愿表达自己写的内容。

(3)讨论：

A. 什么样的愤怒反应是恰当的？

B. 压抑愤怒情绪好不好？

C. 宣泄愤怒情绪应注意什么问题？

本活动旨在帮助学生认识愤怒的整个过程，包括事件、愤怒时的生理和行为现象，以及愤怒对个人、他人和社会的影响。教师可引导学生理解愤怒情绪发生的共同特点，让学生总结既往处理愤怒情绪的经验，正确认识不良的愤怒反应可能造成的不良后果。

主题活动(2)

1. 阅读讨论

学生阅读“心有所动”的内容后，针对以上活动中所引发出来的个人情绪，组织小组讨论：

(1)我对愤怒的处理方式是否恰当？为什么？

(2)如果事件重演，我会怎样做？

2. 愤怒情绪管理练习

A. 根据自己对事件的情绪感受说话。使用诸如“我认为”“我觉得”

“我生气了”“我正在经历什么和什么”之类的词句。

B. 尽快将愤怒表达出来，不要将它积累成憎恨。

C. 实事求是地索取想要的东西，因为他不会知道自己在想什么，可使用这样的表达：“我想要……，你可以给我吗？”

D. 找对自己愤怒的正确目标，但不要总是去指责他人。别让自己的愤怒偏离了方向。

E. 注意检查自己头脑中有哪些对人际关系的不合理信念。如：“别人不听从我的意见与愿望，是绝对不能容忍的”“哪怕一丝一毫的分歧，也要纠缠到底，分出输赢，这很重要”等。要放弃这些不合理信念，多用理性思维来指导自己为人处世。

F. 学会用适度、得体的言语、表情和动作去表达较强烈的愤怒，表达以不伤害对方的情感和自尊心，又让自己的紧张得到释放为原则。

G. 换一个角度，把自己放在对方的位置上。想一想自己曾经因为什么、怎样向对方大发脾气，体会对方的感受。然后再找一找对方对自己有哪些感到不快的地方，设想对方也为此对自己大发脾气，自己又会作何感想。

本活动旨在让学生掌握基本的管理愤怒情绪的方法。教师要帮助学生明白制怒的黄金规则，即不要以可能会伤害自己或他人的方式表达愤怒。

拓展 / 升华

1. 阅读讨论

（1）学生阅读教材“路易斯的愤怒”内容，分别用一句话表达本课活动的收获。

（2）教师与学生互动，共同总结、概括有关愤怒的基本观点和管理愤怒情绪的基本方法。

2. 拟订管理愤怒情绪的计划

指导学生针对自己容易出现愤怒的事件，制订一份在遇到愤怒事件时的应对策略。

三、教学辅助资源

（一）相关心理学理论

青少年为什么会愤怒？

1. 成长中的变化

在青少年时期，对自我的关注和认同常常导致愤怒情绪。很多青少年会因为别人冒犯他而大发脾气，认为他人践踏了他的尊严，他们很看重他人对自己的评估，任何的低估都会让他们觉得被冒犯。此外，荷尔蒙在这段时期的高低变化也和愤怒情绪有着密不可分的关系。

2. 反抗的表现

有些青少年生活在一个不健全、不尊重家庭成员，甚至排斥他、虐待他的家庭里，这时候他对这样绝望的环境的唯一反抗就是愤怒和报复。他认为所有的人际关系都是痛苦的，绝不会让别人欺负他，这样一来，他就会用愤怒来在心理上竖起一道高墙，把自己保护起来。

3. 模仿的结果

如果在一个家庭中，父母经常用粗暴、蛮横的态度对待孩子，甚至不分理由地打骂孩子，那么孩子到了青少年时期就会模仿家长用愤怒来表达自己。

4. 期望的落空

青少年为了建立对自我的认同，可能会对自己有较高的期望。一旦这些期望落空，他们就会无法忍受。比如一些对自己要求完美的青少年就经常要忍受自我愤怒的痛苦。

"分两步走"法应对愤怒情绪

"分两步走"是指：第一步先做到"不顶、不压"，第二步再做到"不屈从、不迁就"。

第一步是"接受"。根据不同情况，可以用三种不同的方式来表示"接受"。

第一种是在对方意见中选择正确的内容，先表示肯定。比如，对方提了三条意见，有两条是不对的，但是有一条是对的。在这种情况下，我们就应该先从"对的"这一条说起："对，你说得很对！"如果他的三条意见都不对呢？那也可以用适当的方式先肯定他"动机是好的"。即使他的动机也是不好的，或者是可疑的，那也应该想：他能够说出来，也还是比不说要好吧？如果对方说："有规定，可以这么办！"而你明明知道并没有这样的规定，但你最好不要一开口就说："哪有这样的规定？根本就没有！"而是先说："好，如果有这样的规定，我们一定照办。"至于到底有没有这样的规定，那是"第二步再说"的问题了。如果对方说了一个听起来不错,但实际上没有可行性的主意,你最好不要一开口就予以否定,而是先这样说:“这个办法倒不错,又省事,又省钱……”至于它有没有可行性,那也是“第二步再说”的问题。

第二种是当对方由于感情冲动而说出一些“出格”“离谱”的话时,我们先不要针对他的这些“话”做出反应,而是先表示理解他的心情,如“事情弄成这个样子,难怪你生气”“我知道,这一回可真把你给急坏了”等。

第三种是对于对方说的话既不表示肯定,也不表示否定,而是用自己的话去复述他的意思,并用请教的口吻问他自己理解得对不对。例如,对方指责你:“怎么能这样干!”你不要顶他,也不要说:“不这么干怎么干?”你可以说:“您的意思是……不能这么干?”

分两步反应法的第二步,可以用两种不同的方式来实现“再说”。

第一种用“与对方的意见相平行”的方式来说出我们的不同意见。比如,对方说:“这个东西有什么好吃的?难吃死了!”作为“分两步反应法”的第一步,你可以说:“是啊,这个味儿是挺怪的,好多人都吃不惯。”到了第二步,你可以说:“可是有些人还就是喜欢这个味儿。”这就是一次很简单而又很典型的“平行地陈述不同意见”。

第二种是以请教的口吻提出问题,诱导对方自己去发现和纠正他自己的失误。这可称为“以请教代替反驳”。你必须让他知道他的说法或做法是不对的,否则你就是没有坚持原则,没有分清是非。但是,如果你直截了当地去说他“不对”,他会觉得很丢面子,即使口头上接受,也会心怀不满,甚至为了保住自己的面子,索性死不认错。

(二)典型故事

草屑议员

康农是一位来自美国伊利诺伊州的议员。在其上任不久后的一次会议上,他受到了另一位议员的嘲笑:“这位从伊利诺伊州来的先生,口袋里恐怕还装着燕麦呢!”

这句话是讽刺康农身上带有农民气息!虽然这种嘲笑使他非常难堪,但也确有其事。这时,康农并没有让自己的情绪失控,而是从容不迫地答道:“我不仅在口袋里装有燕麦,而且头发里还藏着草屑。我是西部人,难免有些乡村气,可是我们的燕麦和草屑却能生长出最好的苗来。”面对讽刺之言,康农并没有恼羞成怒,而是很好地控制住了自己的情绪,并就对方的话“顺水推舟”,做出了绝妙的回答。康农不仅自身没有受到损失，反而因此闻名全国，被人们恭敬地称为“伊利诺伊州最好的草屑议员”。

（三）其他

参考书目

思格尔．尊重你的愤怒——转变你的愤怒方式足以改变你的一生[M]. 吕亚萍，译．上海：三联书店，2008.

阿尔伯特·埃利斯，雷蒙德·奇普·塔夫瑞特．控制愤怒[M]. 林旭文，译．北京：机械工业出版社，2014.

罗伯特·亚伦，多娜·布莱斯．不愤怒的世界[M]. 许晋福，译．北京：东方出版社，2009.

附：本主题可以使用的心理活动

活动1：变脸游戏

同学们好，今天很开心，有机会与大家一起参与这节心理健康活动课，上课前先问大家两个问题：

老师：大家今天开心吗？

学生：开心/不开心。

老师：当你开心/不开心时，脸上的表情怎么样？

学生：眉开眼笑/愤怒。

老师：好的，接下来我们要一起体验一个面部表情有关的游戏“变脸游戏”。请同学们回想自己平时愤怒的情景，将自己愤怒时的表情模拟出来，如咬紧牙关，紧握拳头。一分钟后放松拳头和面部表情，开始哈哈大笑，直到真的高兴起来为止。（操作前1分钟播放《命运交响曲》，然后播放轻音乐）

老师：通过刚才表情的变化，你有何感想？

学生：情绪上产生了丝丝变化。

老师：嗯，很好，刚刚我们从自己的表情变化中体会到了情绪上的变化。生活中我们每个人都有有情绪的时候，甚至是愤怒情绪，你能很好地调控自己的情绪，成为情绪的主人吗？

学生：不太肯定。

老师：没有关系，今天我们一起来学习愤怒情绪管理的话题。

活动 2：神秘巨星

展示愤怒的不当方式：

请同学们观看电影《神秘巨星》中的一个片段（主人公尹西亚因为考了 30 分请父亲签字而引发的一系列愤怒情绪）。

思考：电影中呈现的愤怒的不当表达方式是什么？

教师根据学生的回答总结三种不当的表达方式：一是胡乱发泄，表现为攻击性或破坏性的行为与语言；二是压抑愤怒；三是将愤怒转嫁给别人，给别人带来伤害。本环节利用电影《神秘巨星》中的一个片段，通过直观的形式，让学生体会到愤怒的情绪表达，视频能够形象地展示日常生活中愤怒的不当表达形式，让学生认识和了解自己的愤怒，同时也为自我控制打好基础。

活动 3：愤怒热身

活动一：

热身活动，在三分钟的时间内，用愤怒的情绪跟尽可能多的同学打招呼。

我们已经习惯微笑着跟人打招呼，要不要换一个表情呢？比如愤怒。

接下来的三分钟内，用愤怒的情绪跟尽可能多的人打招呼。

教师小结：体验不一样的打招呼方式。

活动二：

体验愤怒。

你有没有没睡饱就被叫醒而愤怒的经历？

你有没有在餐馆里，因为服务生态度不好而拂袖而去的经历？

你有没有家人都去吃好吃的却丢下你一个人而很恼火的经历？

你有没有约好却被放鸽子而火冒三丈的经历？

请你回忆一次印象深刻的愤怒经历（可能是自己被别人激怒，也可能是你惹怒别人），向你的小伙伴展示当时愤怒的表情并讲述当时的情形。

通过大家的讲述，请思考：

比较一下彼此相同或不同的愤怒表现？

人们在什么情况下会愤怒？

每队推选一名代表：展现你们组经典的愤怒表情，并介绍你们总结的愤怒原因。

教师小结：当我们的需要没有得到满足，被粗暴的对待，被冷落，被拒绝时愤怒会自然而然地出现。而且因为原因不同，愤怒的程度也会不同。

有的人，会怒形于色；有的人，会有所掩饰。

一般，面对愤怒，我们可能会手足无措，避而远之。反其道而行之，我们是不是可以做些什么来挑战愤怒呢？

活动 4："愤怒"时刻

1. 教师出示活动：京剧脸谱或 QQ 表情图，让学生辨识各类表情，挑出"愤怒"表情图片。

2. 头脑风暴：请学生说出表达"愤怒"情绪的成语。

3. 往事悠悠：回忆你曾经体验过的"愤怒"情绪。

（1）事件：发生了什么事？

（2）体验：你当时的感受（情绪、身体、心理）和现在的感受（现在这种情绪还持续吗）。

（3）评价：你对你当时的表现或行为满意吗？

教师概括总结：

愤怒：愤怒是指客观事物与人的主观意愿相违背，或愿望无法实现时，内心产生的一种激烈的情绪反映。（他人：指责、攻击、误解、羞辱；自我：不公平、受挫等）

身心反应：人在处于愤怒的情绪状态时，生理上会出现心跳加速、血压升高、面红耳赤、头脑发晕等躯体反应；心理上会产生委屈、痛苦、气愤、内疚、自责等情绪体验；行为上的反应因人而异，分攻击、报复（愤怒外显型）或压抑、退缩（愤怒内敛型）两种类型。

愤怒的价值：关于愤怒，有人认为它是一种好的情绪，应该保留；也有人认为，它是一种坏的情绪，应该去除。你的观点是什么？

活动 5："愤怒怪"

教师出示一张图片，展示一个"愤怒怪"被关在笼子里。

向学生提问：我们每个人内心都有一个"愤怒怪"，有的乖乖待在笼子里，有的蠢蠢欲动，还有的肆无忌惮、为非作歹，给我们的生活和人际关系带来了很多伤害。那么大家有什么高招来管好自己内心的"愤怒怪"呢？我们通过一个案例来分析。

案例分析：王刚和张勇是同班同学，也同住一个宿舍，平时关系不错。一天放学后，另一班的同学谢华把王刚拉到一边，神秘兮兮地对王说：你还真把张勇当朋友啊？最近张勇在背后散布你的谣言，说了你很多很多坏话……思考：请你来当编剧，设想事件的发展结局。

A. 王刚虽然非常生气，但敢怒不敢言，一直憋在心里，很长时间闷闷

不乐，郁郁寡欢，学习和生活受到很大影响。（压抑）

B. 王刚一听火冒三丈，晚自修后回到宿舍，二话没说，冲到床前，对张勇大打出手。事后，王刚受到纪律处分，他为此懊悔不已。（反击）

C. 王刚虽然很生气，但他告诫自己“冲动是魔鬼”。他首先让自己冷静下来，然后很理性地处理这件事情，避免了一场校园风波。（建设性行为）

D. 王刚没有任何情绪反应，完全无所谓。（退缩）

分组讨论：如果是你，你会怎么做？

请对上述四种反应模式做简单评价。

教师归纳总结：A、B、D 不可取，C 是比较合理、积极、健康有效的反应模式。当面对矛盾冲突时，一味地退缩、回避矛盾或压抑自己的情感，不仅解决不了问题，长期下去还容易得抑郁症等心理疾病；盲目冲动，失去理性的行为，只能让事情变得更糟，让自己事后懊悔不迭。唯有冷静地面对冲突，理性地处理问题这类建设性的行为才有助于问题的妥善解决。

第 25 课　驱散嫉妒的阴影——学会应对嫉妒

一、教材解读及教学建议

（一）设计意图

学情分析：嫉妒是人类常见的一种心理现象，是在水平相当的人当中比较容易出现的，尤其在竞争的环境中。高中二年级的学生正处于学习的激烈竞争时期，同时也伴随着人际关系等青春期方面的困扰，因此难免会出现嫉妒心理。从教育实践的角度讲，高中生的情绪冲突、人际冲突都在一定程度上伴随着嫉妒心理。客观实际中每个人都不同程度存在嫉妒心理，但嫉妒也是人类社会发展的“绊脚石”，而且对个人的身心健康也会造成不良影响，只有以平和的心态去面对现实，才能使人生更有价值和意义。高中学生处于心理成长、人格发展的重要时期，同时也面临学业、人际等的压力，所以要帮助学生认识嫉妒心理的特征及危害，使学生正确看待别人的优点，缓解和消除学生的嫉妒心理。

（二）教学目标

1. 了解嫉妒心理的特征、危害及产生的原因。
2. 引导学生客观认识嫉妒心理。
3. 学会调适嫉妒别人和被别人嫉妒。

（三）教材结构

本课分为“心有所惑”“心有所思”“心有所悟”“心有所动”“心有所获”五部分。

心有所惑：通过对实际生活中案例的分析，引导学生思考嫉妒他人和被他人嫉妒的表现和原因。教材案例中小王同学因为学习成绩优异被小张同学嫉妒，小王和小张因此都受到了消极的影响。

心有所思：澄清概念，让学生了解什么是嫉妒心理。教师引导学生联系实际思考嫉妒心理有哪些表现、会带来怎样的情绪体验以及可以通过什么方式应对。教材中通过一幅考试成绩对比的图画作为引子，从嫉妒和被嫉妒两个角度引导学生联系实际理解嫉妒的心理学本质。

心有所悟：帮助学生了解嫉妒心理产生的三个心理学层次、嫉妒心理产生的原因以及嫉妒别人和被别人嫉妒的调适方法。教材中通过一幅自我反省的图画表达出调适嫉妒心理的方法概要，即学习对方，自我成长。

心有所动：教材通过引入积极心理学的理念和方法利用学生活动为载体，引导学生深入探讨嫉妒心理的意义，从中寻找出积极的方面，并在此基础上学会调适和升华。

心有所获：再次帮助学生认识嫉妒心理的不同程度，通过名人名言的形式引导学生思考嫉妒心理也有积极意义。教材再次描述嫉妒心理的发展层次，有警示和强调的含义。

（四）教学建议

1. 教学重难点

引导学生客观认识嫉妒心理。
学会嫉妒别人和被人嫉妒时的调适方法。

2. 教学准备

提前了解学生中关于嫉妒的案例，多媒体课件，笔。

3. 课时建议

1 课时。

二、活动过程示例

（一）案例分析，引出主题

1. 案例呈现

引导学生思考：案例中的小王和小张有什么困惑？他们为什么会有这样的困惑？

教师过渡：案例中小王和小张的经历可能也在同学们中出现过，每个人在生活中都可能遇到被别人超越而无法释怀的事情，这是一种常见的心理现象，心理学中称它为“嫉妒心理”。这堂课我们就一起来学习如何调适嫉妒心理。

案例拓展：历史人物嫉妒心理的案例，如《三国演义》中“曹操杀杨修”“周瑜嫉恨诸葛亮的才华，导致金疮迸裂，咽气身亡”；著名的英国物理学家牛顿嫉妒晚辈，生怕别人超过自己，于是凭借他自己的地位，压制格雷电学论文的发表；英国电影大师卓别林，利用自己的权力销毁了唯一的《海的女儿》的拷贝，原因是他容不得才华超过自己的导演等。

备用活动：角色扮演，教师可通过让学生扮演小王和小张，引导学生思考嫉妒心理的危害表现，同时也可以通过对扮演同学的采访让学生了解嫉妒带来的消极情绪和心理感受。

（二）明确概念，联系实际

1. 明确概念

嫉妒是与他人比较，发现自己在某些方面不如他人而产生的一种交织着羞愧、愤怒、怨恨的复杂情绪，是一种常见的现象。

过渡：同学们明白了什么是嫉妒心理，请结合“心有所思”思考日常生活和学习中，你发现的同学嫉妒别人的现象，说说他们的表现，分析一下他们当时的感受以及你被同学嫉妒过的经历，说说当时的心理感受和处理方法。

2. 联系实际

学生活动：结合实际情况完成“心有所思”表格中的内容。

小组分享交流,教师做适当点评,尤其在嫉妒心理的积极意义方面做重点阐释。

教师总结:嫉妒是一种复杂的情绪体验,既羡慕别人拥有某些东西,又因为自己得不到而怨恨别人。一般来说,嫉妒心理的发展有三个层次:不易被人觉察的潜意识嫉妒心理;需要及时控制的显意识嫉妒心理;危险的变态嫉妒心理。一般来说,地位相近、年龄相仿、程度相同的人之间容易产生嫉妒,另外,嫉妒也受个人的思想品质、道德情操、文化修养的影响,比如自尊心、优越感较强的同学也容易产生嫉妒。

过渡:作为高中生我们还需要看到嫉妒给我们带来的积极动力,将嫉妒的消极能量转化为正向能量。

(三)分析现象,解决问题

过渡:可见在同学们的日常学习和生活中也会有嫉妒心理出现,通过刚才的分享交流我们发现嫉妒心理的发生也并不是一定都具有绝对的消极作用,在某种程度上它可以带给我们积极进取的意义。

1. 分析现象

学生活动:结合"心有所惑"中的案例,分别从小王和小张的角度寻找嫉妒的积极意义。

引用典故:《史记》负荆请罪:廉颇觉得自己身为赵国第一武将,出生入死,战功显赫,见蔺相如并未有何功劳,却位在自己之上,因此很不服气,就总想找机会羞辱蔺相如,但是蔺相如知道后故意躲着他。别人问他是不是害怕廉颇。蔺相如就说自己面对秦王都毫不惧怕,据理力争,又怎么会怕廉颇。只是担心将相失和,会影响到国家,给秦国以可乘之机,所以才躲着走。后来廉颇知道了,大为汗颜。就赤裸上身,背负荆条去请求蔺相如的原谅。结果自然是两人化敌为友,共同辅佐赵王,为赵国赢得了几十年的安定,成为一段佳话。

2. 解决问题

学生活动:根据对嫉妒心理的积极、消极两方面的分析,帮助"心有所惑"中的小王和小张寻找调适嫉妒的方法。

(四)课后延伸,升华问题

课堂小结:伯特兰·罗素在《快乐哲学》中说道:"嫉妒尽管是一种罪恶,它的作用尽管可怕,但并非完全是一个恶魔。它的一部分是一种英雄式的痛苦的表现；人们在黑夜里盲目地摸索，也许走向一个更好的归宿，也许只是走向死亡与毁灭。要摆脱这种绝望，寻找康庄大道，文明人必须像他已经扩展了他的大脑一样，扩展他的心胸。他必须学会超越自我，在超越自我的过程中，学得像宇宙万物那样逍遥自在。”

延伸活动：为自己制订一份优化嫉妒心理的行动表。

事件	
方法	
效果	
后记	

三、教学辅助资源

相关心理学理论

积极心理学：随着心理学进入21世纪，越来越多的心理学家关注人类的优势与幸福，以致形成了目前方兴未艾的积极心理学（Positive Psychology）运动。简而言之，积极心理学是研究人的优势与幸福的一门心理学学科。它着眼于建立积极的情绪、积极的个人特质和积极的组织机构。积极心理学通过快乐、参与和意义三个途径来帮助人们通往幸福与快乐。积极心理学的应用是一套技术，基于积极心理学的实践应用。它致力于基于实证科学验证的方法，解决人们生活中非常现实的，需要处理的生活问题，帮助人们扩大和建立积极情绪（如快乐、高兴等），同时专注于如何发挥人类的优势和能力。

附：本主题可以使用的心理活动

活动1：一吐为快

分小组说说心中的嫉妒心情并记录下来，看看在后面的活动中是否可以优化自己的嫉妒心理。

活动2：情景抉择

我们在平时的生活学习中，怎样做才是正确对待同学朋友取得的成绩，变嫉妒心为上进心？根据以下示例选择你的做法。

事例一：小明平时学习比小强好，可期末考试时，小强的成绩却比小明好，如果你是小明，你应该怎么想？

事例二：小刚这回在奥数杯比赛中得了一等奖，而小勇才得了三等奖。但小勇的数学成绩比小刚要好得多，小勇应该怎么想？

事例三：小玲和小星是好朋友，两人都去报名参加校田径队，结果小玲入选小星落选，小星应该怎么做？

活动3：良言赠送伴我行

在我们成长的过程中，每个人都不可避免地有过嫉妒的情绪体验。而绝大多数人也有过或多或少、或大或小的冲动行为。下面请静下心，认真地回忆和思考，完成下面的表格。

令我嫉妒的事件	嫉妒时的表达方式及后果	我可以采取的其他更好的方式及后果

活动4：我有妙方

如果你知道别人在嫉妒你，你会用怎么样的方法消除他的嫉妒心？小组内成员演绎自己的故事，每个小组之间互相评价对方的方法，提出修改意见。

第26课　做生活的强者——学会面对挫折

一、教材解读及教学建议

（一）活动理念

高二年级学生由于身心发展的局限，往往对自己缺乏客观认识和评价，他们的目标期望比较高，加上外界不可控的客观因素，挫折就成为生活与学习中时常遇到的障碍。由于较低的抗挫力，学生多半出现情绪低落、行为偏激懈怠等现象。帮助学生正确认识挫折的心理特征，对挫折正确归因、掌握一些挫折心理的自我调节方法，尤为重要。

本节教学主要针对学生身心发展水平，设计课堂体验活动，引领和指导学生正确认知挫折及其意义，了解人生中遭遇挫折与逆境的普遍性；

分析不同个体面对挫折时由于态度不同，导致最终结果不同的案例，启发学生领悟积极面对挫折与逆境的重要性，引导学生在学习、生活中应以积极乐观的人生态度勇敢面对挫折与逆境；在活动与体验中，让学生形成积极应对挫折的意识，初步掌握应对挫折的自我调适方法，克服困难，走向成功。

（二）活动目标

1. 帮助学生了解挫折产生的普遍性。

2. 帮助学生掌握应对挫折的方法和策略。

3. 培养学生乐观面对现实挫折，积极寻求挫折解决与转化的健康心态。

（三）教材结构

本主题分为“心有所惑”“心有所思”“心有所悟”“心有所动”“心有所获”五部分。

心有所惑：通过呈现两个案例，抛出学生生活中常见的挫折类型，即学习受挫与人际受挫等，同时呈现学生在面对挫折时常用的应对方式。

心有所思：教师引导学生联系自己的实际，反思自己遇到挫折，通常采取什么方式来面对。同时认识到挫折具有普遍性，在成长过程中遇到挫折在所难免，但我们有能力选择面对挫折的积极或消极方式和表现，不同表现，决定人的不同前途与命运。其次，再通过一个抗挫能力小测试，让学生对自己的抗挫能力，有进一步的认识与了解。

心有所悟：指导学生认真阅读此环节的内容，让学生了解、掌握应对挫折的有效策略。

心有所动：通过“心怀希望——开关窗训练”和“我来帮助你”两个活动，进一步强化学生积极面对挫折的心态与应对策略。

心有所获：以名言与名人故事的形式，激励学生在面对挫折时，以积极乐观的心态去面对。

（四）教学建议

1. 活动重点

（1）帮助学生初步形成辩证分析和看待挫折事件及其影响的正确理念，养成主动积极应对挫折的乐观心态。

（2）促使学生体验和掌握基本的应对挫折影响的调节方法和超越策略，提高正确应对挫折的基本能力。

2. 活动难点

（1）挫折体验事件和活动选择与设计的有效性（譬如，符合学生群体挫折心理现状；学生个体对选择和设计的挫折事件与活动有感同身受的身心体验等）。

（2）组织、引导学生真切体验挫折影响及挫折后果转化，促使学生战胜挫折信心的形成，为养成乐观应对挫折的良好心态提供有力有效的认知基础。

（3）引领学生对不同挫折调节方法和超越策略的有效性进行体验，初步养成挫折应对能力。

3. 活动准备

教师：（1）调查收集、概括整理学生面临的主要挫折及其态度、行为等身心应对反应特点。（2）选取典型挫折案例和设计挫折体验活动，制作课堂和挫折体验活动等所需的问卷、课件及整理精彩挫折应对故事、视频、歌曲、诗歌、名言警句等。

学生：（1）回顾对自己影响较大的挫折事件，反思自己应对挫折的身心行为，并对自己的挫折心理水平做出一定的自我评估结论或简短描述。（2）搜集资料，查找自己认同或感兴趣的典型挫折应对事例和名言警句等。

二、活动过程

热身活动

教师组织学生对“心有所感”中的两个案例展开讨论，初识挫折。

教师引导：人的一生中会遇到许许多多的挫折，有些人会从挫折中寻找希望，愈挫愈勇，以更加旺盛的斗志继续人生的旅途；而有些人则先想到逃避，让自己沉睡在迷茫中。对待挫折的不同态度，注定了人与人之间不同的前途和命运，那如何面对困难和挫折，使其不是绊脚石而是垫脚石。案例中小勤遇到的是学业受挫，而佳佳遇到了人际受挫。

本环节目的：感悟挫折，理解挫折的普遍性。

主题活动(1)

1. 分组讨论教材“心有所思”中的“生活重现”：挫折在我们的学习、生活中具有普遍性，请同学回忆、分享你所了解或自己印象中最深或最近的一次挫折，当时的感觉怎样？面对挫折自己是怎么做的呢？成功了吗？（学生分享）

2. 组织学生进行抗挫能力小测试，让学生进一步明确，自己在遇到挫折时的应对方式。

组织学生讨论探寻有效应对挫折的具体方法之后，阅读教材“心有所悟”，进一步明晰应对策略。

主题活动(2)

1. 心怀希望——开关窗训练

本环节目的：此训练是运用积极心理学理论，让学生形成遇到挫折，不沉溺痛苦，而积极地关注事件好的一面的心态。让学生用“虽然……但是……”的句式反思自己，从自己内心找寻积极乐观的内在力量。

2. 我来帮助你

分组讨论，制订帮助教材中“小勤”与“佳佳”战胜挫折的方案。

推荐发言人，在全班交流、分享。

教师引语：最容易的事就是坚持，最难的事也是坚持。说它容易，是因为只要愿意做，人人都能做到；说它难，是因为真正能够做到的，终究只是少数人。许多时候，超越挫折，取得成功，就在于坚持，这是个并不神秘的秘诀。

拓展/升华

1. 组织学生阅读教材“心有所获”中霍金的故事。引导学生了解面对挫折时，积极乐观等心态及勇敢有效应对的重要性。

教师引导：永远相信，只要你能拿到乐观这把金钥匙，你的眼前就不会只有一条只能通向挫折的路。所以，精神和行为的乐观，是突破挫折的金钥匙。

在名言与名人故事中，激励学生积极归因，转化挫折为成长的推力。

2. 制订一份应对挫折书。让学生将课堂习得导入课后生活。在学生掌握一些应对挫折的方法时，让其展望未来，获得对未来希望的牵引力，同时做好应对挫折的准备，即让学生内化应对挫折的方法、策略。

应对挫折计划书

1. 目前，我最大的心愿是＿＿＿＿＿＿＿＿＿＿＿

2. 我可能遇到的困难和挫折是＿＿＿＿＿＿＿＿＿＿＿

3. 面对困难和挫折我要做到：

（1）＿＿＿＿＿＿＿＿＿＿＿

（2）＿＿＿＿＿＿＿＿＿＿＿

（3）＿＿＿＿＿＿＿＿＿＿＿

4. 我的成功宣言：＿＿＿＿＿＿＿＿＿＿＿

计划人：＿＿＿＿＿日期：＿＿＿＿＿

三、教学辅助资源

（一）相关心理学理论

心理学上，用逆境商数（Adversity Quotient，缩写为“AQ”）反映人们的抗挫折能力，即面对挫折、逆境，个体摆脱困境和超越困难的能力越强，逆境商数越高。保罗·史托兹教授将逆商划分为控制力（个人对逆境有多大的控制能力）、影响范围（逆境对工作、生活及其他方面的影响）、主动性（愿意承担责任、改善后果的情况）及持续时间（对逆境持久性的认知）四个部分。

认知失真自我检测表

心理学研究表明，一些人对生活感到苦闷、厌倦、无聊或常有挫折感，原因可能与他人无关，问题大多出在自身心理和行为上。著名心理学家伯恩斯设计出了认知失真自我检测表，从中可以看出自己产生挫折感的内部原因。

非此即彼：用非黑即白的眼光看待世界。如果一件事不够完美，就会把它看作完全失败。如果自己言行未达完美，就自视为失败。

以偏概全：只见到一个孤立的消极事件，却用“总是”或“从不”之类的词语，把消极事件看成一个又一个的失败。

心理过滤：抓住一个令人不愉快的细节问题纠缠不清，对所有现实世界的看法也因此黯淡。沉溺于消极因素，无视积极因素。

贬低积极因素：拒绝承认积极的经历，坚持认为自己取得的成就无足轻重或自己的积极思想无足轻重。

妄下结论：读心术——未做调查就得出结论，认为别人对你的反应是消极的；先知错误——似乎未卜先知，算准了自己会不幸，事情会变得糟糕。

夸大其词：要么过分强调某些事物（如他人的成就、自己的问题或缺点）的重要性，要么过分贬低某些事物（如自己的优点、向往的品格或他人的缺陷）的重要性。

情绪化推理：根据自己的感受进行推理，认为自己的消极情绪反映的是事情的真实面貌（我觉得……因此一定……）。

"应该"模式：使用"应该""不应该""必须""有义务"等过激词句批评自己或他人。告诉自己事情应该是你想象的或期待的。以自己为目标的"应该"模式会导致负罪感和失望，以他人或世界为目标的"应该"模式会导致愤怒和痛苦。

乱贴标签：用错误来树立一个完全负面的自我形象，以偏概全的极端形式。在确定自己的缺点时，不是说："我犯了一个错误。"而称自己是"蠢驴""笨蛋""失败者"。

自责或责备他人：进行自我责备，虽然并不应该由自己负完全责任。或是横加责备，一点也不注意自己的态度和行为本身就是一个问题。

（二）典型案例

心灵故事——尼克（nick）

尼克，1982 年 12 月 4 日出生在澳大利亚的墨尔本，因患有罕见的先天性疾病，他一出生就没有双手和双脚，只有一只似脚非脚的小肉团挂在左边大腿上。

与常人不同的尼克小时候曾为此痛苦难过，但是随着年龄的增长，他开始接受这一切并拥有健康的心灵，他开始学着自己照顾自己的日常生活，现在他可以做到四肢健全的成年人能完成的很多事情，包括写作、打字、刷牙、游泳、踢球以及弹奏打击乐等。21 岁时，尼克获得格里菲斯大学会计和财务策划双学士学位。2005 年，尼克被评为"澳大利亚杰出青年"。

不仅如此，17 岁时，他还创办了一个非营利机构，用自己的经历激励众人，他的足迹遍布五大洲 20 多个国家，他与超过 300 万人交流过心得。2008 年、2009 年和 2011 年，尼克三次来到中国，在北京、上海、成都、杭州、西安等地进行多场公益讲座。

附：本主题可以使用的心理活动

活动 1：向挫折告别

挫折实际上代表着人生的一种变化，它标志着成长中旧阶段的结束和新阶段的开始，所以我们可以让自己为挫折举办仪式，来甩开挫败。挫折仪式可以是各种各样的，下面是几个具体的形式：

让自己重返受到挫折的旧地，比如得知自己考试失败的教室，回想当天的情景，最后，离开的时候，大声说："再见！"

把自己挫折的经历、心情等写在一封信里，再把信扔掉。

制订一个与挫败完全相反的行动计划和目标，写在一张纸上，贴在墙上，时刻激励自己。

活动 2：心灵试纸

人生路上总免不了要经历风雨，想一想下列哪些事情会令你感到不如意，如果把这种不如意的事情或感受叫作挫折，那么请根据你对挫折的感受程度，在心灵试纸中选择代表你的颜色。☺代表无所谓，完全不感到受挫，😐代表感受到一点挫折，☹代表很大的挫折，感到非常难受

*觉得自己太矮、太胖或不漂亮！ ☺ 😐 ☹

*同学们都不喜欢和我玩。 ☺ 😐 ☹

*考试没有考好！ ☺ 😐 ☹

*做了好事却没有受到老师的表扬。 ☺ 😐 ☹

*很想买一件东西，家长却不同意。 ☺ 😐 ☹

看一看每个人的答案相同吗？

在"心灵试纸"中你的试纸显示什么颜色最多？为什么同样一件事情，有的同学不觉得受挫，而有的同学却感到非常受挫呢？

活动 3："蛋的进化"

游戏规则：开始时，大家全体起立，都处在"蛋"的状态。然后，前后左右任意每两人一组，进行猜拳，赢的升为"小鸟"，输的继续保持"蛋"的状态。接着，赢了的队员再前后左右换两人一组，进行猜拳，赢的"小鸟"升为"凤凰"，输了的回到"蛋"的状态，和同样处在"蛋"状态的队员猜拳……以此类推，直到连赢三次，完全经历过从"蛋"——"小鸟"——"凤凰"的蜕变就算胜利，可以坐下。

教师提问：游戏中，当你从"小鸟"被打回到"蛋"的时候有什么感受呢？游戏带给我们的启示是什么？

教师引导：我们的成长过程中，有时候成功就在眼前，可是却还是会经历挫折，挫折是必须要经历的过程。

第27课　生命只有一次——珍爱生命

一、教材解读及教学建议

（一）设计意图

发展心理学研究表明，青春期是一个人心理冲突的重要阶段。消极情绪、负面评价的困扰，导致学生身心发展不平衡，矛盾冲突时常发生，加之学生缺少对生命的全面、理性的认识，因此冲动性地自残、自杀行为容易发生。另外一项最新社会心理学调查发现，我国青少年的亲社会能力普遍偏低或者有缺失。这也会导致中学生出现自卑、自我评价低、缺少自我价值感等心理问题，严重的会出现社交恐惧。这类学生心理崩溃、选择自杀的可能性要比一般学生大得多。

另外中学生由于缺少对自杀风险的评估、判断经验，且面对自杀意念和行为时不知道如何预防和干预，这导致学生不能自助也不能互助。因此如何预防中学生自杀，唤醒学生生命自觉的意识，并教会学生识别自杀信号，掌握一定的危机预防和干预的技能、方法成为学校心理教育的重要内容。

（二）教学目标

1. 认识生命是一种自然现象，具有唯一性和独特性，激发珍惜生命的意识。

2. 感受生命是一种社会责任，引导对生命负责的态度。

3. 识别自杀行为的危机信号，学会求助或帮助他人。

（三）教材结构

本课分为“心有所感”“心有所思”“心有所悟”“心有所动”“心有所获”五部分。

心有所感：此环节为课题导入，目的在于引起学生关注，尤其是关注自己身边的人。本节课从“小磊的烦恼”开启，引起学生的讨论。

心有所思：此环节目的在于了解生命。并从一个“人生填空题”引入，激发学生思考。

心有所悟：此环节目的在于帮助学生认识生命的价值和意义，通过对现象的解读，澄清生命与自己和周围人的关系。从而激发学生对生命负责的意识。

心有所动：本环节是让学生从不同的角度去审视生命存在的意义，澄清自己的心理困扰，梳理自己的情绪，学会接纳自己，学会以普遍、正常的态度面对困难，从而积极看待人生。

心有所获：本环节是让学生在对生命有了更新、更积极的认识和感受的基础上做出对生命负责的承诺，起到积极心理暗示、强化和升华的作用。执教教师的情绪情感要铺垫到位，切忌生硬或者强迫学生完成。

（四）教学建议

1. 教学重难点

重点在于解读案例，并归纳、提炼出自杀危机信号。

难点在于组织学生讨论并提出有效的干预措施。

2. 教学准备

工作纸、桌椅、多媒体、音乐。

3. 课时建议

1 课时。

二、活动过程示例

热身活动

案例分享：

（1）分小组讨论案例“小磊的烦恼”

通过对“你是否也有过与小磊类似的困惑？如果有，你当时有些什么样的感受？”等问题的澄清，让学生明白生命的可贵和威胁生命的危险就在身边。

（2）教师组织学生发表看法

同时请老师注意该部分是为“心有所动”环节学生学会识别危机信号做铺垫。使该案例可以充分运用，且能前后照应。本环节教学建议的核心是让学生对案例有充分的讨论和分享。学生发言后，教师简要点评（点评的关键词与主题相关），进入课题。

主题活动(1)

1. 人生填空题

(1)组织学生完成人生填空题（教师注意营造氛围）

注意：数字填写并不困难，但老师可以引导学生填写除数字以外的其他内容，发挥学生的想象力，比如填写文字：

1/( )+1/( )+1/( )+1/( )+……=生命不易

本环节内容重在引导学生认识生命的偶然性、唯一性，从而理解生命不易。理解我们每个人都是以成功者、优胜者的姿态来到这个世界的，人生来就是一个冠军。但此时部分学生可能从填空中解读到生命是渺小的、无价值的，因此教师不能回避这个问题，因为这本身就是学生可能有的感受，所以需要教师进行积极正向的引导，比如可以组织学生讨论：人的生命真的是渺小吗？如果每个人都觉得自己渺小世界会变成什么样呢？最后得出结论：渺小并不代表不珍贵。

(2)教师就学生分享内容和感受进行归纳

如：生命来之不易、每个人都是优胜者，渺小并不代表不珍贵。我们应该学会珍惜生命。

总结：众所周知生命是一种自然现象，人死不能复生。但是近年来有不少中小学同学却因为各种原因，选择了伤害自己的身体、结束自己的生命，给周围的亲人、朋友留下无尽的伤痛。

2. 现象解读

组织学生对某省学生自杀事件进行现象分析和讨论。

本环节首先通过对材料的分析，让学生就自己对生命的理解展开讨论。

教师提问：结合以上报道，谈谈你对生命的理解和认识。教师要允许学生充分表达对该事件的认识和看法，并及时捕捉那些有明显消极思维的学生个体，做好记录，方便课后辅导。

本环节主要引导学生认识一个人的生命不仅属于自己，也会和周围的人产生联系，尤其是对自己的家庭、亲人、朋友有重要的影响。不管是何种自杀行为、不管出于哪种原因的自杀都是对生命的不尊重，我们应该承担起生命的责任。

教师归纳：生命是一个体系，不仅关乎自己，还联系着他人，所以生命是一种责任，每一个人都有义务去呵护和绽放生命。

主题活动(2)

1. 漫画解析

(1)组织学生观看漫画。

(2)分小组讨论和分享漫画带给学生的感受或者启示。

(3)如果课堂时间允许可就漫画的内容,让学生进行改编,或者把改编漫画作为家庭作业去完成,更好地促进学生思考。

此环节目的在于帮助学生重构对生命的认识,帮助学生形成对生命的积极思考。采用漫画《跳》的方式促进学生深刻理解生存、生活和生命的内在关系,并能从更新的视角去面对生活中的消极影响,帮助自己树立积极的生命观。

教师提问:面对生与死的思考,看完漫画你有什么感悟和启示?

教师归纳:“横看成岭侧成峰,远近高低各不同”,每个人都有自己不为人知的难言之隐,与其去哀伤自己的不幸,不如去看看别人之痛。也许选择逃避甚至是死去的理由有很多,但我相信活着的理由会更多。

2. 案例重构

(1)引导学生学会识别威胁自身和他人生命的信号

注意对漫画的讨论目的是引入如何识别危机信号,此时教师要迅速联系本课开始的案例《小磊的烦恼》展开分析。并在充分分析的基础上进一步帮助学生学会“助人自助”,通过学习,了解如何帮助身边的人远离生命危险,从而帮助自己找到珍爱生命的有效途径。

过渡:生命不是梦,在生与死面前没有“如果”,只有做到未雨绸缪,深刻理解生命的真谛才能更加精彩地活着。

(2)促进学生“助人自助”能力的形成

本环节重点是通过正反两个方面去思考“助人自助”的方法。学生可以在充分讨论的基础上继续发挥创造性的思考,结合当前自身和实际情况找到一些帮助他人和自己更好生存、生活的方法。

过渡:我们每个人都是独自来到这个世界上的,既没有预先设定的人生,也没有规划好的命运,生命的意义就在于用心去感受生命的过程。用积极的心态,不懈的坚守,顽强的拼搏,去绽放生命的美。

拓展/升华

签订生命承诺书:

生命不易、生命珍贵,爱惜生命需要每一个人对自己、对社会做出庄严的承诺。

珍爱生命承诺书

珍爱生命，从我做起。

我承诺，无论身处何种困境，都不放弃自己的生命！

承诺人：

年　月　日

生命承诺书

建议：此环节教师在引导学生完成时一定要情绪铺垫到位，切忌生硬。因此可以适当使用煽情的音乐或者事先准备生命树的展板，让学生把承诺书贴在生命树上。

教师归纳：苍穹之下，有阳光的地方就一定会有阴影，但影子最清晰之时也就是阳光最灿烂之时。西方哲人海德格尔曾说，面对死亡我们还应有“向死而生”的勇气。有生之年，无论面对怎样的境遇，都永远抱有积极的态度，不断追寻生命的信念，努力实现人生的设想，我们的人生将会精彩无限。

综合教学建议：

为了使本课更好地运用于初中、高中、职业中学等不同类型和层次的学生，特对以下较难把握的几个环节提出几点建议：

1. 引入环节为了增强试听效果，引起学生的关注，可以通过展示图片和视频的方式进行，以此表现自然界中生命诞生的瞬间画面，图片如卵生动物破壳而出、植物破土而出、柳叶抽新芽、花开的瞬间、人类分娩前的彩超照等。视频如《人的一生》《生命的诞生》《女人的一生》等短片。

2. 在认识生命环节还可充分挖掘《跳》的内涵，为促进学生观念重构，可以让学生讨论并列举自己在学习、生活中有哪些消极的人生观，或者教师也可提前收集学生中常见的那些消极的人生观，如：人生来就是吃苦的，生活太累了，学习没有任何价值；生命太渺小了，多一个不多，少一个不少；只有精神可以延续，肉体只是灵魂的载体，失去肉体还可以找其他载体等认识。教师可组织学生展开讨论、辩论、演讲来澄清不合理认知。

三、教学辅助资源

1. 播放引入视频，视频播放完，学生谈感受，教师提问：你从短片中感受到了什么？学生很容易说到生命和时间的维度上。教师及时引导，抛出话题。教师归纳：生命是自然赋予每个人仅有一次的旅程，遵循自然规律、延续生命是每个人对大自然的使命；生命是社会给予每个人仅有一次的体验，感受生命，爱人爱己是每个人对社会的责任。所以，珍爱生命从我做起。引出主题，板书主题。

2. 学生练习（该材料可用于认识生命环节，可以用作唤醒学生的“求生”意识，对待生命过程用积极的视角去理解和强化，采用续写的方式则可以帮助学生重构自己的认知）。

同龄人如何看待生与死：

A：既然死不起，所以要好好活。

B：死后只能交给别人，生前才属于自己，世界上属于自己的东西本来就少，物以稀为贵，所以要珍惜属于自己的生命。

C：我相信跳楼的人在跳下去的那一刻一定会想：“我不想跳了，救命！”

D：你以为自己是这世界上最悲惨的人，只因为你没有看到比你更悲惨的人而已。

…………

你的看法：____

____

____

3. 活动：重演《泰坦尼克号》。

教师指导语：各位同学，倘若有一种情况不得不让你面临生死的抉择，你是否考虑过会如何选择？你是否体验过站在不同的角色去理解生与死的真谛？那么接下来就让我们一起来体验一个活动吧。

首先请每位同学抽取一张角色牌，这些角色可能是医生、公务员、科学家、农民、工人、商人、教师、司机、学生、老人、婴儿、音乐家、画家、学者、教授、妇女、士兵等。

其次请每个人再领取 4 个代表“活着”的生命棒。然后围坐成一个圆圈，老师运用冥想训练指导学生展开想象。

即将倾覆的船只

指导语：现在请大家根据刚才的感受和情况选择，你只有 5 分钟的时间来确定你的选择，依次把你的生命棒交给你希望活下去的 4 个人，然后回到自己的座位。

仅容四人逃生的小船

请获得生命棒数量排在前 4 位的同学坐在圆圈中间的 4 个座位上，其他的同学按照获得生命棒数量从多到少的顺序以圆圈中 4 个凳子为中心向四周躺下，数量越多的离中心越近，数量越少的离中心越远。

本活动是让学生体验生死抉择时人的思想、情绪和行为的变化以及自己内心的冲突，从而更深刻地理解生与死的内涵，并由此获得一种向死而生的力量，变得更加珍惜生命、愿意承担生命的社会责任、愿意帮助周围的人。

本活动对教师的个人素养、时间和环境要求较高，也最难把握。在实际操作中教师可以替换为其他素材。这里给大家的建议是采用故事续写和完成句子的方式。如果采用故事续写则可以将小 A 的案例提前，让学生去修改小 A 不合理的认知或者让学生从积极的视角去续写故事的结局。如果采用句子完成的方式,则可以将资料链接部分《同龄人如何看待生死》的内容作为载体深入挖掘,带动学生用头脑风暴的方式促进认知重构。

附:本主题可以使用的心理活动

活动 1:画“我的人生曲线”

指导语:

活动目的:回忆自己生活中印象深刻的事件以及对该事件的满意程度。

活动规则:

1. 要求大家画一个坐标,横坐标表示年龄,纵坐标表示对生命的满意程度。

2. 找出自己生活中印象深刻的事件,用关键词表示出该事件,将点连成线,并对未来人生的趋向用虚线表示。

3. 交流与分享“我的人生曲线”。

请每位同学仔细看我的人生曲线,你会发现什么?

在你的生命曲线的波峰发生了什么事?

在你的生命曲线的波谷发生了什么事?在那个阶段,是什么帮助你从波谷中走出来的?

活动 2:生命智慧

指导语:

生命是这样的宝贵,但生命也是那样的脆弱,同学们阅读“生命智慧”中的三个事例,小班讨论分析:他们是怎样对待生命的?他们的行为错在哪里?

1. 湖北某地的一位中学生,因为他的父母对他期望很大,所以对他要求很严格。而这个学生成绩也不错,但似乎不能让父母满意,为此,常与父母闹矛盾。终于有天,这个学生在“无奈”的情况下,选择了结束生命。

2.16 岁学生陈某用亲人给的压岁钱长时间打电子游戏。当晚,在家人对其教育时,陈某进入家中卫生间,久久不出。家人发现情况不妙,冲入卫生间发现陈某已经结束了生命。

3. 河南一高三考生,高考估分不理想,竟在家自杀,而高考成绩揭榜时,她的高考总分超过本科分数线 33 分。

活动 3：生命加油站

指导语：当我们遇到伤心、苦难和困难，可以向谁倾诉和求助？请把你想到的这些人或者机构的名字填在同心圆“我”的周围。

第七章　生涯发展辅导主题教学设计

第28课　让梦想导航——人生要有方向

一、教材解读及教学建议

（一）设计意图

职业生涯规划是对未来人生的计划和安排。高中生对职业规划了解甚少，甚至认为职业生涯规划就是目标教育；还有很大一部分同学认为职业生涯规划是高考以后的事；他们的职业生涯规划的意识是很淡漠的。因此，要从思想上树立起生涯规划的理念。本主题属于“职业生涯规划”版块，其目的在于指导高一学生了解职业生涯规划的含义及意义，唤醒学生及早规划的意识。

（二）教学目标

1. 引导学生体会职业生涯规划的重要性，树立及早规划的意识。

2. 指导学生理性思考自己的现状和未来，了解职业规划的含义和特点。

3. 鼓励学生初步探索自己的职业生涯规划，强化越早规划越容易成就未来的理念。

（三）教材结构

本课分为“心有所感”“心有所思”“心有所悟”“心有所动”“心有所获”五部分。

心有所感：作为本节课的引入，我们采用了一首台湾民谣，结合我国学生的实际情况，歌词进行了一些改编。教师可引导学生进行欣赏和哼唱，体会对于生涯规划的迷惘与惆怅。

心有所思：通过一个小调查，让学生更加理性地思考自己的现状和未来；简单的几个开放式问题却包含了科学规划的几个层面，给学生传递的是生涯规划的必要性和科学性。

心有所悟：本节课的心理支撑点就是职业生涯规划的含义和原则。教师指导学生参照舒伯的生命彩虹图思考或绘制自己的彩虹图，让学生主动进行思考和探索，从而顺理成章地归纳出生涯规划的原则。

心有所动：看似不同的三个活动，其实环环相扣。音乐冥想让我们憧憬二十年后的自己；再通过对二十年后的自己的冥想进行具体的设计，通过名片的形式来呈现；通过手握名片，再来进行未来与现实的对话，得出规划的重要性和可操作性。

心有所获：阅读故事，思考这个案例的成功与她及早进行了规划的关联，从而再次强化高中生的规划意识。

（四）教学建议

1. 教学重难点

指导学生理性思考自己的现状和未来；引导学生体会职业生涯规划的重要性，树立及早规划的意识。

2. 教学准备

先期调查，初步了解学生的职业生涯规划现状；准备卡纸，做成名片的大小；水彩笔若干，便于学生设计装饰个性名片；准备两把椅子，上面分别写上“未来”“现在”，做空椅子技术使用。

3. 课时建议

1 课时。

二、活动过程

热身活动

1. 歌曲赏析和小调查

（1）学生欣赏歌曲。（歌曲可在网上下载，歌词做了一些改编）

（2）教师组织交流，分享：有什么感受？有什么启发？

（3）接受小调查，选择一两点进行分享。（理性的思考）

交流分享从感性到理性,辅导教师可以视实际情况而定。

2. 阅读教材

(1)学生阅读教材“心有所悟”内容,学习职业生涯规划的含义及特点。

(2)尝试画出自己的生命彩虹图,不要求分享,独立体验就可以。(本活动不宜展开,教师组织学生阅读、思考、动手画画都可以。注意控制时间)

主题活动

1. 音乐冥想

(1)学生在教师的指导语中进行冥想。(注意环境的创设:安静、舒适)

(2)学生谈冥想中的情节,并交流体会。

2. 设计・交换名片

(1)学生动手制作个性名片,注意几大要点的完成。(为了逼真体现,可裁剪成名片大小,建议尺寸 55 毫米 ×90 毫米)

(2)教师组织学生,创设“鸡尾酒会”等情景,指导学生交换名片。(交换名片的礼仪)

(3)教师指导学生互相学习对未来的规划。(教师强调用发展的眼光看待同学。)

3. 对话・分享

(1)选择一到两名学生在班级进行空椅子对话。

——现在的我对将来的我说什么?

——将来的我对现在的我说什么?

(2)时间允许的话每个人坐在自己的位子上,在教师的指导语下进行空椅子对话。

拓展 / 升华

1. 阅读教材

学生阅读教材“心有所获”内容,并自由发言,交流。(主题:及早规划与成功的关系。十年后我会怎样呢)

2. 成果展示

(1)将大家的名片集中展示,相互借鉴,相互鼓励。

(2)收集一些“规划成就人生”的案例,课下分享,激发学生及早规划的意识。

三、教学辅助资源

（一）专业心理辅导技术

（1）冥想（meditation）是一种改变意识的形式，它通过获得深度的宁静状态而增强自我知识和良好状态。就是停止知性和理性的大脑皮质作用，而使自律神经呈现活络状态。简单地说就是停止意识对外的一切活动，而达到忘我之境的一种心灵自律行为。

（2）空椅子技术是格式塔流派常用的一种技术，是使来访者的内射外显的方式之一，是完形治疗法种种著名而有影响的技术中，最为简便易行而适于心理辅导的。空椅子技术的目的就是帮助当事人全面觉察发生在自己周围的事情，分析体验自己和他人的情感，帮助他们朝着坦诚以及更富生命力的存在迈进。

（二）参考文献

[1] 黄天中，吴先红．生涯规划——体验式学习 [M]. 北京：北京师范大学出版社，2010.

[2] 王建明，赵林．为自己的青春做主 [M]. 上海：华东师范大学出版社，2017.

[3] 熊丙奇．高中生职业生涯规划八讲 [M]. 上海：华东师范大学出版社，2010.

[4] 程社明．你的船，你的海：职业生涯规划 [M]. 北京：新华出版社，2007.

[5] 樊富珉，刘彦斌．做有心人 [M]. 北京：中央编译出版社，2009.

附：本主题可以使用的心理活动

活动 1：我画、我写我的梦

1. 辅导教师发给每个学生一份“我画、我写我的梦”活动单，样式如下：

姓名：　　　　班级：

现在的我

（1）健康状况：

（2）个性特质：

（3）学习情况：

（4）家庭情况：

（5）优点与兴趣：

5 年后我要做什么？

写写看：

画画看：

10 年后我要做什么？

写写看：

画面看：

20 年后我要做什么？

写写看：

画画看：

30 年后我要做什么？

写写看：

画面看：

2. 个人填完之后，在 4—6 人小组内交流、分享，听听他人的回馈意见。

3. 全班分享，教师总结与勉励。

活动 2：我的墓志铭

1. 辅导教师引言：古今中外，墓志铭都是对一个人的人生写照和评价，它们留下了无数的传奇故事：既有武则天的无字碑——功过任人评说，也有斯蒂芬·金所写的小说《黑暗另一半》中的乔治·斯塔克在墓碑上写的“这是一个很可爱的家伙”，显示了他的智慧和对其人生的总结。墓志铭实际上就是一个人对他自己的写照，不同的墓志铭的主人会有不同的性格。比如有些人可能会说：“这里躺着一个曾经给人们带来快乐的人”——你就可以看出他很开朗；比如说：“我告诉过你我生病了”——你就可以体会到这人的幽默。所以墓志铭会给予每个人一个机会，一个审视自己、认识自己、审视别人、了解别人的机会。

每个人都有梦想，希望自己在有生之年能够做成什么事情，在自己的墓碑上写上一笔，让后人记住这个名字，今天这个游戏就给你一个设计和预见自己人生的机会。

2. 发给每个人一张已经设计好的墓碑纸，让学生将姓名写在墓碑的上半部分，最好是绰号或昵称（尽量不用真名）。

3. 让学生在墓碑的下半部分写上他们将来的墓志铭形式，内容不限，但应该是对他们一生的精炼描述。

4. 让大家彼此参观一下各自的墓志铭，评判出一个最好的墓志铭，给获胜者以奖励。

5. 相关讨论：

（1）在设计自己的墓志铭的同时，你是否也在设计着自己的梦想？

（2）相互观赏墓志铭的时候是否也加强了你和同学们之间的沟通？

（3）什么样的墓志铭最吸引你的注意，这个墓志铭想告诉你什么？

6. 辅导教师总结：

看见一个人的墓志铭，也就在一定程度上认识了这个人。参观彼此的墓志铭，有助于同学们之间的沟通和交流。

第 29 课　把握人生关键期——高中三年生涯规划

一、教材解读及教学建议

（一）设计意图

本主题属于“生涯规划”版块，如果说第一节同学们已经有了职业生涯规划的意识，那么将内驱力转化为行动就是这节课要达到的目的。在行动中我们对职业规划有很多误区，所以明确地澄清职业规划的原则，提供科学的方法是很重要的。再以高中三年为例，以正面的榜样作为参照，设计高中三年的职业规划探索清单（这个清单是对前面的原则和方法的印证），让学生聚焦高中三年，进行职业生涯规划的初探，既再次给同学们强化了高中三年很有必要及早进行职业生涯规划，也为后面几节课做了一次笼统的主观的把握，更是对前面的方法论进行了一个学以致用的实习机会。

（二）活动目标

1. 强化高中生生涯规划的意识。

2. 指导学生掌握生涯规划的方法。

3. 以高中三年为例，科学设计自己的生涯规划。

（三）教材结构

本课分为“心有所惑”“心有所思”“心有所悟”“心有所动”“心有所获”五部分。

心有所感：通过一个反例，刘立早曲折的求学经历，让同学们产生共鸣——我将来会不会和他一样临渴掘井？怎样才能避免这样的情况发生？为我们进行的方法论教学奠定良好的情感基础。

心有所思：让学生阅读一份高中生生涯规划的调查问卷，并引导学生填写表格，呈现自己现有的生涯规划，并进行分享。在此过程中，教师引导学生思考我们目前生涯规划存在的问题。

心有所悟：教师讲述生涯规划的原则和思考模式，结合一些实际案例，对学生进行科学的指导。

心有所动：本部分有两个活动，一个是生涯规划五步走，这是纵向的思考角度，层层递进，让学生运用五步法体验生涯规划的步骤；第二个活动实际上是第一个活动的具体化，聚焦到高中三年，落实到学生、兴趣、能力、休闲和社会实践等几大方面，践行生涯规划。

心有所获：与“心有所惑”的案例相反，提出刘纯燕这个“未雨绸缪”的案例，她通过高中三年的规划，为自己赢得了美好人生，再次强化学生的科学规划意识，并提升学生践行规划的信心和勇气，进行情感升华。

（四）教学建议

1. 教学重难点

指导学生掌握职业生涯规划的方法；以高中三年为例，主动设计自己的职业生涯规划。

2. 教学准备

先完成“心有所思”环节中的“高中三年的现有规划”，初步了解学生的规划现状；收集一些高中生生涯规划的调查报告，了解目前高中生生涯规划中普遍存在的问题；请学生采访自己的家长或师长，聚焦高中三年，学习他们的生涯规划。

3. 课时建议

2课时。第1课时可用于讨论现有的规划，并做出科学的生涯规划指导；第2课时学以致用，完成“五步走”和聚焦高中三年学生、兴趣、能力、休闲、社会实践等方面，并进行小组讨论，补充完善。

二、活动过程

热身活动

1. 阅读材料

（1）学生自由交流、分享感受和启示。

（2）教师发问：这样类似的例子你还知道多少？他们都有一个什么共同点？（围绕没有科学的规划导致的一些遗憾，不一定是名人，普通人也可）

交流分享内容，辅导教师可以视实际情况而定。但要注意点题，高中三年的科学规划很重要。

2. 阅读教材

（1）学生阅读教材“心有所思”内容，谈谈自己的感受。（调查报告显示，高中生有一定的规划意识，但是没有具体的方法）

（2）学生补充完善自己现有的高中三年规划并分享，教师简要点评，进入课题。

认知澄清

1. 高中生涯规划的基本原则

教材中提供了五项基本原则，教师还需结合一些事例进行演绎，提高针对性。

2. 高中生涯规划的思考模式

教材中提供的思考模式，几个问题是一个整体，不能分割开来。这个环节是认知的澄清，方法的给予，故无需活动载体。如果教师有典型案例作为支撑就更容易被学生理解和接受。

主题活动

1. 设计 · 分享

（1）学生参考“心有所动”活动一的生涯规划五步走，对照相应的步骤填写表格相关内容。本环节是纵向发展的，要按照步骤的顺序来。每个步骤设计的问题比较多，可提醒同学考虑整体思路，而非具体到每个阶段。

（2）分享环节，教师可以以几个同学为例来看看生涯规划五步。

（3）小组推荐一个优秀的“五步”，在全班交流、分享，还可以用“走五步”的方式直观呈现。

2. 聚焦 · 践行

学生填写“心有所动”活动二的表单内容。

本环节涉及高中三年的几个方面：学习、兴趣爱好、能力素养、运动休闲、社会实践等，既分了版块也分了学段，教师指导学生进行填写，体现可操作性。

拓展 / 升华

阅读教材：

学生阅读教材“心有所获”内容，并自由发言，交流。主题要聚焦刘纯燕在高中三年做的规划和落实。

三、教学辅助资源

参考文献：

[1] 崔祖瑛，侯书森．中学生人生规划导航 [M]. 北京：中国石化出版社，2010.

[2] 吴志兰．中学生职业规划 [M]. 北京：中国市场出版社，2010.

[3] 樊富珉，刘彦斌．做有心人 [M]. 北京：中央编译出版社，2009.

[4] 赵世俊，周燕．中学生生涯规划教师用书 [M]. 南京：江苏科学技术出版社，2012.

附：本主题可以使用的心理活动

活动 1：大拍卖

活动介绍：

活动目的：通过活动让学生体会在人生当中做选择的重要意义，启发学生思考在人生当中该如何做选择；通过活动帮助学生充分认识自己学习和生活的内在动机和深层动机，从而让他们在以后的生活中，都能根据自己的兴趣、需要、优势和能力决定自己的事情；让学生在自己的生活中能更加自觉和积极地生活。

活动材料：道具钱和拍卖槌、拍卖品目录。

活动关键词：动机、人生价值、需要。

活动步骤：

步骤 1：课程导入。

同学们，你们在生活当中见过或听说过拍卖会吗？谁能说说它是什

么样的？（学生自由发言,描述他们所知道的拍卖会）

教师总结：同学们都说得很好。在拍卖会上我们可以选择自己喜欢的东西进行竞买。而在今天的班会课里,我们也将进行一场“拍卖”，只不过拍卖的不是货品,而是人生当中比较重要的一些东西,同学同样可以在这场拍卖会中选择自己希望拥有的东西。

步骤 2：选择的意义。

说到选择,同学们,你们在生活当中是否进行过选择？当然有的选择无可避免,无数次的选择构成了我们的人生,比如你选择一件商品,做出一个行为的决定等。有些选择是因为听取父母或者老师的意见,有些选择是因为我们自己的兴趣和爱好。

生活是由大大小小、许许多多的选择构成的,我们所做出的决定,终使我们走上不同的人生道路,使我们的人生呈现出不同的色泽和价值,最终收获不同的果实。同学们,当你们面对人生当中的各种选择时,你们将做出什么样的决定呢？让我们在这场拍卖会上一试身手。

步骤 3：介绍拍卖品及拍卖规则。

让我们一起来看看今天有些什么可供选择。

幸福；健康；自信心；成就感；他人的赞扬；实现父母的期望；威望；实现理想；自由；财富以及名气。

宣布拍卖规则(将事先准备好的道具钱发给学生)：

(1)每人可有 5000 元资金参加竞买。

(2)每件物品的底价均为 500 元,每次竞价以 300 元为单位。价高者得。每件物品的最高出价喊价 3 次后无人加价则击槌成交。

(3)若一次出价 5000 元,则立即成交。

(4)货品一经售出,概不退换。(寓意有些选择一旦做出,就无法回头了)

步骤 4：准备竞买。

现在,老师将播放一段长约 3 分钟的音乐,同学们可以在音乐声中认真思考,并可在你所拿到的目录上写下你的计划。例如,你计划花 2000 元买自信心、用 3000 元买成就感,则可在“自信心”下方的横线中写 2000,在“成就感”下写 3000,照此类推。同时在准备的过程中仍有疑问的同学可以举手,我将为你解答。(学生思考,准备出价竞买)

步骤 5：开始拍卖。

好了,同学们准备好了吗？现在让我们马上进入拍卖会现场,首先是第一件拍卖品：自信心。好，A 同学出价 500 元！ B 同学出价 800 元！C 同学出价 1100 元！很好,竞争很激烈……好，D 同学出价 2000 元！还有没有更高价的？2000元第一次，2000元第二次，2000元第三次，（敲下小槌）成交！祝贺你，D同学，你获得了自信心！现在请你上台来领取。将写有“自信心”的纸袋高高举起，在收下该同学的道具钱后将纸袋放入他的手中，并示意其他同学鼓掌祝贺。

步骤6：拍卖后的思考。

好了，紧张而激烈的拍卖会很快就结束了。让我们冷静下来思考以下几个问题：

（1）你为什么要选择该拍卖品？它对你有多么重要？

（2）你是否后悔所买到的东西？为什么？

（3）你的努力就是为了获得他人的赞扬吗？

（4）父母的期望和你的理想，哪样对你更为重要？

（5）在这些物品中，哪种东西能给你带来最大的满足感呢？

步骤7：教师总结。

通过拍卖活动，同学们也许重新认识了你的生活，还有你已经拥有的或者梦想拥有的东西。你人生的最大价值是什么？你为什么而生活？有的人为了他人的鼓励，为了财富或者名气在奋斗，也有的人在为了实现自己的理想，获得成就感在奋斗，那么同学们可以自己思考并预测哪类人在未来的道路上更容易走向成功呢？

活动2：寻宝拼图

活动介绍：

活动目的：加深成员间的接触，发现团队成员的智慧。从团队合作模式中找到自己与他人的区别，明白团队成功对于个人成功的重要性。引导参与者从具体的角度思考各类成员要承担的责任，思考归属感的意义和作用。

活动材料：“寻猎”的目标描述、指南针、地图。

活动关键词：合作、责任、承担。

活动步骤：

步骤1：任务设置。

（1）性质：拓展定向。

（2）活动场地：户外。

（3）时间：1个小时。

（4）预分组：根据情况尽量保证每组人数相同。

（5）活动准备：按照参加活动的人数准备宝盒，每人一个；按照小组准备相应数目的卡片，每张卡片上写一句话；将每张卡片按小组人数剪开，每个宝盒中放入一张碎片；将所有宝盒的顺序打乱，藏入活动场地。

步骤 2：准备出发。

（1）集中所有的团队成员。

（2）明确任务：①宝盒分布在各个隐蔽的地方，参与者要仔细搜寻，每个人只能得到一个宝盒；②每个宝盒中有一张碎片，拥有同属一张图片的碎片的人是同一个小组成员；③同组成员要将自己的碎片与其他人的碎片拼接成一张完整且正确的图片，寻宝才算结束；④在规定时间内最先完成的小组将获得奖励。

（3）时间限制：1 个小时。

步骤 3：开始寻宝。

（1）当时间到时，命令参与者按小组集合。

（2）没有找到宝盒的参与者集中到一起。

步骤 4：成果展示与讨论。

（1）展示各组成果，待每组简要展示后进入讨论。

（2）讨论话题示例：

你是怎样找到你的宝盒的？

你是怎样找到你的小组的？

你有没有为你的小组提出过意见呢？你的意见被采纳了吗？

你在小组中承担的角色是什么呢？这个角色适合你吗？或者这个角色符合你的期望吗？

活动结束还没有找到宝盒的成员，有何感受？

步骤 5：深度分享。

（1）活动中你的心路历程有何变化，请说一说。

（2）联系学习中的实际情况，你能从中发现什么呢？

第 30 课　气质与职业——了解自己的气质

一、教材解读及教学建议

（一）设计意图

本主题是生涯教育的重要内容，是个体寻求职业幸福感必须考虑的要素之一。如前所述，高二学生情绪、情感、性格特征已基本形成，用以描述个体兴奋、激动、喜怒无常等心理特性的气质也逐步成型。本主题从引起学生困惑为起点,初步认识气质对设计自己未来的职业、选择从事的专业具有积极的意义。本主题的核心在于让学生了解自己的气质类型,了解职业对个体气质的要求,根据自己的气质特点设计、选择适合自己的职业。值得注意的是,本主题在观念的传递上也试图呈现关于气质的种种主张:气质本身并没有善恶、好坏之分,每种气质都有其积极的一面,也有消极的一面;气质并不能决定一个人活动的社会价值和成就高低;不同的岗位对从业人员的气质有不同的要求。某种气质特征,往往能为胜任某项工作提供有利条件,而对另一些工作又表现出明显的不适应。

(二)教学目标

1. 了解气质类型及其匹配的职业(特征);了解自己的气质类型。
2. 初步形成依据气质类型规划自己职业的能力。

(三)教材结构

本课分为"心有所惑""心有所思""心有所悟""心有所动""心有所获"五部分。

心有所惑:本环节主要目的是引发学生思考,找到个人最能胜任、最适合的职业类型,要考虑个体哪些因素?通过活动"职业对对碰",可激发学生对课题的探索欲望,了解学生对职业选择的思考要素,主要让学生产生要找到适合个体的职业需要考虑个体的气质类型的感性认知。

心有所思:在"心有所惑"环节让学生了解要找到适合个体的职业,需要考虑个体气质类型。通过一个情景"检票口",让学生明白,四种不同气质类型的人,在面对同一事件,处理的态度与方式是迥然不同的。大致了解几种气质类型的行事特点与风格。又通过"气质类型测试",让学生了解自己的气质类型。

心有所悟:本环节主要澄清概念,让学生从心理学的角度了解气质类型的相关研究。如呈现四种气质类型的个性特点和与之匹配的职业倾向,为学生提供较为清晰的职业规划指导。目的:让学生了解气质对职业选择的意义,以及个人气质与职业的关系。

心有所动:本环节设计让学生感到有用、有趣而且可操作的分组活动,达到让学生在认知层面和行为层面的改变,提升对自己未来规划的明晰度。

心有所获:通过名人故事的呈现,进一步强化自己气质与职业匹配的重要性。本环节的目的是对本课主题进行升华,即强化在职业规划时,要考虑个人的气质等个性特质。

（四）教学建议

1. 教学重难点

了解个人气质与职业的意义与关系；让学生明确自己的气质类型；让学生了解符合自己气质类型的职业倾向。

2. 教学准备

教师：（1）调查收集、概括整理学生实际生活中对职业选择的思考现状。（2）选取有关气质与职业匹配的典型故事和设计体验活动，制作课件及收集整理有关气质与职业关系的心理调查、名人故事等。

学生：（1）根据对自己的了解，制订一份“我的职业生涯设计”（主观）。（2）搜集资料，查找自己认同或感兴趣的事业成功人士的事迹等。

二、活动过程示例

热身活动

1. 组织学生就教材“心有所惑”中“职业对对碰”的活动进行讨论，分别为四位个性迥异的人，找到与之适合的工作。思考在分配职位时，考虑了哪些因素。

2. 学生分组分享，讨论包括对自己个性的了解，自己适合从事什么职业，即分享“我的职业生涯设计”。

教师总结：一个人要规划设计适合自己的职业，要考虑自身较为稳定的个性特质，即气质类型。而职业选择，在一定程度上就是个人气质特点与工作需求最大限度匹配的过程。

主题活动（1）

1. 阅读教材：

（1）学生阅读“心有所思”的情景剧“检票口”，分析并梳理此环节中的讨论，即四个人分别有哪些特点？处事风格有何不同？

教师总结：情景是心理学家达维多娃用同一场景形象描述四种气质类型的不同表现。其中小丁是胆汁质，小勇是多血质，小梅是粘液质，而小兰是抑郁质。情景剧告诉我们：不同个性特质的人在面临同一事件，处理的态度、方式会迥然不同。

2. 组织学生进行自我气质类型的测定。

3. 阅读“心有所悟”中的材料。

学生读“心有所悟”之更清晰气质对职业选择的意义，以及气质与职业倾向性的关系。

教师总结：气质是一个古老的概念。早在公元前 5 世纪，由希波克拉底根据人体内四种体液提出，后经盖伦、巴甫洛夫进一步研究完善。气质是与生俱来的，没有好坏之分，且不易改变。大多数人属于混合型气质，具有某种单一、典型的气质类型很少。每种气质的人都可以有所成就。

主题活动(2)

此环节主要进行“心有所动”的活动，即通过多血质、胆汁质、粘液质、抑郁质四种气质类型分组，讨论本组成员的共同特点，分享职业选择的理由。选择本组气质类型的代表人物及其成就、标志性语言等。对自己与代表人物的相似性，代表人物给自己带来的积极感受等进行分享，引导具有相同气质类型的学生有意识地对“个人气质与职业规划”作进一步的认识与深入探索。着力让学生对自己气质的特点、匹配的职业倾向、开发行动等都有较为清晰的梳理，同时加上榜样人物的力量，能更好地坚定学生对职业的信心。

拓展/升华

组织学生阅读教材“心有所获”中有关数学家陈景润的故事，进一步强化对自己气质与职业匹配的重要性的认识。

教师总结：在职业之旅起航前，心理学家舒伯说我们也许会有迷茫而不知所措的职业探索期，但只要我们先认识自己，心存梦想，积极行动，就会领略职业精彩，成就自己。

三、教学辅助资源

（一）相关心理学理论

根据国外职业分类规范和国内心理学界的研究成果，职业气质可以分为以下 12 种类型。

1. 变化型

这些人在新的、意外的活动或工作环境中感到愉快，喜欢工作内容经常有些变化。在有压力的情况下，他们的工作往往很出色。他们追求多样化的活动，善于将注意力从一件事情转移到另一件事情上。典型的职业有记者、推销员、采购员、演员、公安消防员等。

2. 重复型

这些人适合连续不断地从事同样的工作，喜欢按照一个机械的、别人安排好的计划和进度进行办事，爱好重复的、有计划的、有标准的工作。典型的职业有纺织工、印刷工、装配工、电影放映员、机械工、中小学教师等。

3. 服从型

这些人喜欢按别人的指示办事，不愿意自己独立做决策，而喜欢让他人对自己的工作负起责任。典型职业有秘书、办公室职员、翻译人员等。

4. 独立型

这些人喜欢计划自己的活动和指导别人的活动，在独立的和负有职责的工作环境中感到愉快，喜欢对将要发生的事情做出预测。典型的职业有管理人员、律师、警察、侦察人员等。

5. 协作型

这些人在与人协作工作时感到愉快，善于让别人按自己的意愿办事，也能按别人的意愿办事，很想得到同事们的喜欢。典型职业有社会工作者、咨询人员等。

6. 孤独型

这些人喜欢单独工作，不愿与人交往，较适合的职业有校对、排版、雕刻等。

7. 劝服型

这些人喜欢设法使别人同意自己的观点，一般通过谈话、写作来表达思想，对别人的反应有较强的判断力，且善于影响他人的态度、观点和判断。典型的职业有政治辅导员、行政人员、作家、宣传工作者等。

8. 机智型

这些人在紧张和危险的情况下能很好地执行任务，在危险情况下能自我控制镇定自如，在意外的情况下工作得很出色，当事情出现了差错也不易惊慌。典型的职业如驾驶员、飞行员、消防员、救生员、潜水员等。

9. 经验决策型

这些人喜欢根据自己的经验做出判断，当别人犹豫不决时，他们能当机立断，做出决定。喜欢处理那些能直接经历或感觉到的事情，在必要时，用直接经验和直觉来解决问题。典型职业如采购、供应、批发、推销、个体摊贩等。

10. 事实决策型

这些人喜欢根据事实做出决定，根据充分的证据来下结论，喜欢使用调查、测验、统计数据来说明问题、引出结论。典型的职业如化验员、检验员、自然科学研究者等。

11. 自我表现型

这些人喜欢表现自己的爱好和个性，喜欢根据自己的感情来做出抉择，通过自己的工作来表达自己的理想。典型职业如演员、诗人、音乐家和画家等。

12. 严谨型

这些人注意细节的精确，按一套规则和步骤尽可能将工作做得完美。典型职业如会计、出纳、统计和档案管理等。

（二）典型案例

影响个人职业前途的不良习惯如下。

1. 投机取巧

故事：一只幼蝶在茧中艰难挣扎，你用剪刀帮它将茧剪掉，让它轻易从中出来，过不了多久，你就会发现，它竟然死掉了。因为幼蝶在茧中挣扎的生命过程是它来到世上生存的不可缺少的一部分，是为了让他的身体更加结实、翅膀更加有力，而投机取巧的方法只会让其失去生存和飞翔的能力。

故事：古罗马人有两座圣殿：一座是勤奋的殿堂；另一座是荣誉的殿堂，他们安排座位时有个不变的顺序，那就是必须先经过前者才能到达后者，前者是不可舍弃的。

2. 马虎轻率

当你在工作时，应该这样要求自己：能做到最好就不要做到差不多；可以努力达到艺术家的水平，就不要甘心沦为一个平庸的画匠。

3. 浅尝辄止

梭罗说过："判断一个人的学识，就要看他主动把事情弄清楚的程度。"罗盘指针在被磁化之前所指的方向是不确定的，只有在被磁化具有特殊属性之后，才成为罗盘。同样地，一个人一开始可能确定不了自己的方向，但是他最终必须确立一个自己发展的空间，并且要非常精通，只有这样，渊博的知识对其发展才有裨益。

4. 推脱借口

那些认为自己缺乏机会的人，往往是在为自己的失败寻找借口。成功者不善于也不需要编制任何借口，因为他们能为自己的行为和目标负责，也能享受自己努力的成果。

5. 嘲弄抱怨

宽容和以德报怨是成熟的一种标志。

一个将自己的头脑装满了过去时态的人是无法容纳未来的。聪明的做法是停止计较过去，停止对自己所遭遇不公正待遇耿耿于怀。

6. 眼高手低

成功的定律：心态 + 目标 + 方法 + 行动＝成功。心态是改变命运，决定成败的先决条件，目标是方向，方法是工具，然而，只有脚踏实地采取行动，其他三者才会有意义。

7. 斤斤计较

斤斤计较一开始只是为了争取个人的利益，但久而久之，当它变成一种习惯时，为利益而利益，为计较而计较，就会使人变得心胸狭隘，自私自利。它会扼杀你的创造力和责任心。

《圣经》上说，“助人就是助己”。可先种下助人的种子，总有一天会结出甜美的果实，最终受益的还是你自己。

8. 消极被动

如果一个人轻视自己的工作，那么他也绝不会尊重自己，“检验人的品质有一种标准，那就是工作是否能全神贯注，进入一种忘我的工作状态”。哈佛大学曾做过一个有趣的心理调查。调查很简单，只是几个电话测试而已。调查人员给调查的对象打了个电话，问道：“你现在在干什么？”“上班。”“上班感觉怎样？”“没劲极了，枯燥乏味。”“那你希望干点什么？”“再等两个小时下班就好了，我可以和同事一起去酒吧。”

两个小时后，调查人员又打了他的电话。“你现在在干吗？”“和同事在酒吧。”“感觉好些了吧？”“还是没劲，都是些无聊的话题，我正打算去找女朋友。”

过了一小时，调查人员再次拨通了他的电话。“和女朋友在一起快乐吗？”“别说了，烦死啦。说话时，有个女同事打来电话，询问工作上的事情，女朋友硬是要我交代是不是有外遇了。你说这哪能不烦？得了，我还是回家休息吧。”

到了晚些时候，调查人员的电话又来了，这个被调查者先开口了：“别问了，很没劲，杂志翻完了，碟看完了，有点寂寞。”

（三）拓展活动

组织学生分组进行课外“生涯人物访谈”活动。访谈设计如下。

生涯人物访谈

请你通过亲友介绍，寻找一位你感兴趣职业的资深工作者，或至少有三年以上工作经验者。

本访谈报告的目的：1. 了解该人的特点与职业的相关资讯。2. 受访者从事该职业的心得和建议。3. 了解受访者的生涯发展经历与生涯规划。

除了学习访谈注意事项、访谈技巧，参与访谈报告整理呈现外，更借由他人的生涯经验，学习面对未来生涯发展的变化。

一、访问前准备工作与注意事项

1. 小组商定好要访谈的对象并事先和受访者约定访谈时间、地点、并自我介绍说明访谈目的。

2. 事先准备好访问的题目。

3. 发挥团队精神，小组事先分配好工作，例如：发言人、记录、拍照、录音、报告制作。

4. 事先征询受访者是否接受拍照或录音。

5. 访问时携带纸、笔、照相机等，以方便记录及搜集数据。

6. 前往访问时，注意安全及礼节，准时到达。进行时间以 1 小时为宜。

7. 集合全小组前往，并事先做好联络与确认工作。

二、访谈问题参考

（一）个人特质与职业资讯方面

1. 受访者个人基本资料：姓名、性别、年龄、最高学历学校科系（专业）、个性特质、职业名称。

2. 该职业的工作资料：工作地点、环境、时间、内容。

3. 该职业需要的工作条件：有无学历要求？技能、特殊条件限制？需要哪些个人特质？

4. 该职业的人才供需状况如何？

5. 该职业的感受和未来展望。

6. 学校哪些课程对此职业有帮助？

（二）生涯经验方面

1. 为什么会选择投入该职业？

2. 分享你的工作经验与心得？

3. 分享你的生涯发展历程？

4. 分享你未来的生涯规划？

5. 如果我未来有兴趣从事此工作，你对我有哪些提醒和建议？

（以上仅供参考，可提供更有创意的问题。）

访谈后小组报告方式：

1. 由小组推派一人口头报告。

2. 如果能配合海报、照片或其他数据会更好。

3. 口头报告完成后，请整理成一份五百字左右的书面报告交上来。书面报告最末页请附上本小组分工情形。

4. 访谈心得与省思。

生涯人物访谈计划进度单：

我们是第______组

组员名单：

姓名：______班级：______姓名：______班级：______

姓名：______班级：______姓名：______班级：______

姓名：______班级：______姓名：______班级：______

姓名：______班级：______姓名：______班级：______

讨论并填写下列内容：

我们这组预计要访谈的对象是：______职业的工作者；

工作地点：______职称：______

计划访谈日期：______

我们这组的工作分配：

访谈时主要发言人：______记录：______

拍照：______录音：______

报告制作：__________（美工、交书面报告）

课堂上台报告者：______

报告内容预计用__________方式呈现

时间进度要求：

x 年 x 月 x 日—x 年 x 月 x 日：讨论工作分配、寻找人物、开始访谈、收集资料；x 年 x 月 x 日—x 年 x 月 x 日：课堂报告(海报或 PPT 呈现)。

附：本主题可以使用的心理活动

活动 1：我的未来之路

活动介绍：

活动目的：通过此次活动，帮助学生设立自己的人生目标。让学生意识到设立人生目标的重要性；学生对自己未来生活有初步的规划和目标；改变学生现有的某些行为和习惯，为实现目标打好基础。

活动材料：A4 纸(每人一张)、笔。

活动关键词：未来目标、计划。

活动步骤：

步骤 1：野外探险。

曾有人做过一个实验：组织三组人，让他们分别沿着十公里以外的三个村子步行。

第一组的人不知道村庄的名字，也不知道路程有多远，只告诉他们跟着向导走。刚走了两三公里就有人叫苦，走了一半时，有人几乎愤怒了，他们抱怨为什么要走这么远，何时才能走到一半？有人甚至坐在路边不愿走了，越往后走他们的情绪越低。

第二组的人知道村庄的名字和路段，但路边没有里程碑，他们只能凭经验估计行程时间和距离。走到一半的时候，大多数人就想知道他们已经走了多远，比较有经验的人说："大概走了一半的路程。"于是大家又簇拥着向前走，当走到全程的 3/4 时，大家情绪低落，觉得疲惫不堪，而路程似乎还很长，当有人说："快到了！"大家又振作起来加快了步伐。

第三组的人不仅知道村子的名字、路程，而且公路上每一公里就有一块里程碑，人们边走边看里程碑，每缩短一公里大家便有一小阵的快乐。行程中他们用歌声和笑声来消除疲劳，情绪一直很高涨，所以很快就到达了目的地。

(1)你认为各组会产生怎么样的结果？为什么？

(2)现在你处于哪组中？你想进入哪一组？

教师总结：从同学们的发言中，我能感受到大家对于目标和成功之间的关系有了一定的理解，要想获得成功，我们现在要做的是对未来有规划和目标。

步骤 2：描绘“我的未来之路”。

今天我们来画一条“我的未来之路”。每个人的人生之路都各有各的精彩。你的未来是什么样子的呢？

为每位学生发一张白纸，并带领学生画未来之路。具体步骤如下：

（1）在白纸上端中央写上“某某的未来之路”。

（2）在白纸的中央从左到右画一条直线，长度由自己决定。但是老师建议是长比短好，然后在直线的最右端画上一个箭头，使它成为一条有方向的线。

（3）在这条线段左端代表你现在的时刻，在此处写出你目前的状况：你的学习、你的家庭、你的兴趣等。

（4）每十年一个阶段，请学生描绘出每十年自己的情况（包括毕业、出国旅游、婚姻、孩子、职业、休闲生活、主要责任、人际关系等）。

（5）并将以上所需要完成的任务按照其重要性标记上 123，作为自己最重要的三个目标。

步骤 3：同学分享。

请同学分享他们的未来之路。

同学们在交流过程中表现得非常踊跃，对自己的未来进行了畅想，青春年少的他们写出了很多自己在不同阶段的生活目标：有想出国留学的，有愿意从事音乐工作的，有选择环球旅游的，还有愿意收养流浪狗的，学生们的想法大胆而又充满着希望。

步骤 4：自我探索。

（1）如果为目标实现设置一个十年的期限，你最重要的三个目标中的哪一个还不能实现呢？既然这三个目标对你如此重要，你能否早点实现呢？

（2）过去的生活，现在的生活，未来的生活，这三种生活之间，关系最为密切的是哪两种？请给出你的看法和理由。

活动 2：两粒沙

活动介绍：

活动目的：通过故事让学生明白，个体可以选择对待事物的方式，所用的态度和做法决定了事情将来的发展方向。

活动材料：印有故事《两粒沙》的活动卡（可根据情况决定故事呈现是否完整）。

活动关键词：选择、态度。

活动步骤：

步骤 1：阅读故事《两粒沙》，并为两个故事续写结局（见附件）。

步骤 2：思考并回答问题：

（1）为什么要这样安排故事的结局？

（2）这两个故事让你想到了什么？

（3）生活中，你最近一次遇到的“沙粒”是什么？你是怎样处理的？效果如何？

步骤 3：小组分享。

（1）在思考了自己的现实问题之后，将最近一次遇到的“沙粒”和自己的处理方式做简单描述，并请同伴为自己打分。

（2）你的同伴如何认为呢？他们有什么好意见？

（3）如果同伴的建议值得采纳，你觉得当务之急是要做些什么呢？

步骤 4：总结。

（1）教师总结：沙粒如同生活中突然出现的挫折和困难，人人都会遇到。你不能决定“沙粒”什么时候到来，也不可能预测它会对你做些什么，但你能够决定自己用什么样的态度对待它。你的态度决定了将来是望山垂泪，还是因珍珠而骄傲。

（2）请用一句话提炼你对故事的感悟。

附件：

两粒沙

第一粒沙

贝生活在海里，平静度日。太阳出来的时候，它最高兴了，因为可以在暖暖的阳光下张开壳吐泡泡。这天，它照例在太阳下打开壳，深吸一口气，准备度过一天中最美好的时光。突然它感到有东西被吸到了身体里，在软软的身体上有个硬硬的东西，原来是粒沙。它想动动把那粒沙弄出去，可只要一动就疼得厉害。它把壳合起来，不敢再动。

……

（参考结局：贝开始分泌黏液。它想，如果有黏液湿润，沙粒可较容易弄出去吧。可虽然有了黏液，沙粒还是固执地留在贝的身体里。贝想，也许是不够湿润吧，还有，这些黏液好像让自己不太痛了。于是继续分泌黏液……日子一天天过去，黏液没有把沙粒弄出，却把沙粒一层一层地包裹起来了。每天，贝都分泌黏液包裹沙粒，却似乎忘了当初分泌黏液是为了把沙粒赶出去。渐渐地，被黏液包裹的沙粒越来越像贝的一部分，它的存在不再让贝痛苦。

日子一天天过去。有一天，一位打渔人把贝带到岸上，当他打开贝壳的时候，被眼前的一切惊呆了，一粒光彩夺目的大珍珠静静地躺在贝壳里！原来，当初的沙粒在黏液的层层包裹下，变成了珍珠。人们在赞美它光彩夺目的时候，也在思考：什么样的贝才能孕育出这样美丽的珍珠啊！

第二粒沙

一位勇士发誓要排除万难去攀登一座高峰。从良好的身体条件和过人的勇气和毅力来看，他是最佳人选，于是，在众人期待与敬仰的目光中，他出发了。在登山途中，险峻的山势没能阻止他前行，疲惫、饥饿和寒冷没能使他畏惧，恶劣的气候没能使他退缩，他仍旧朝着自己的目标努力着。不知何时，他的鞋里落入了一粒沙子。起初，他是有时间将那粒沙子从鞋里倒出来的，但是他并没在意。

（参考结局：然而，随着路程的增加，那粒沙子钻进勇士的皮内，越走下去越是觉得磨脚。最后，每走一步都伴随着锥心刺骨的疼痛。勇士终于意识到这粒沙子的危害，把沙子取出来了，但脚已被磨出了血泡，伤口很快就感染化脓。最后，为了保住脚，他别无选择，只好在成功唾手可得的时候遗憾而归）

第31课　幸福在哪里——感受幸福

一、教材解读及教学建议

（一）设计意图

人人都渴望拥有幸福，享受幸福生活是人的本能。高中生学习任务繁重，往往容易在各种考试和比赛中遭遇挫折，减少自己的幸福体验。心理学家研究表明：幸福是一种自我体验与感受，有的时候我们缺乏的不是幸福，而是发现幸福的眼睛，体验幸福的内心与走向幸福的方向。幸福力也不是与生俱来的，是需要学习的。本主题从积极心理学的视角，让学生理解和感悟幸福，并引导学生学习掌握提升幸福感的方法，从而提升学生的幸福力，为他们的一生幸福助力。

（二）活动目标

1. 了解自己的幸福感，认识影响幸福感的常见原因及心理机制。
2. 从不同角度理解幸福，体会到幸福是一个不断探索的过程。
3. 学习和掌握提升个人幸福感的可操作方法。

（三）教材结构

本主题分为“心有所惑”“心有所思”“心有所悟”“心有所动”“心有所获”五部分。

心有所惑：提出“幸福”话题，引发学生的初步思考。

心有所思：认识影响人们幸福感的三种常见的原因及其心理机制。

心有所悟：提供不同的理论视角，帮助学生去理解感悟幸福。认识到幸福不神秘，它是真实存在并且可以实现的。

心有所动：学生体验并学习获得幸福的有效方法——“三件好事”“幸福小贴士”，同时引导学生打开思维，分享提升幸福感的更多方法。

心有所获：属于“幸福”主题的升华，让学生再次深刻体验幸福和珍惜当下的幸福。

（四）教学建议

1. 教学重难点

重点是体验幸福的感受。

难点是从不同角度理解幸福，体会到幸福是一个不断探索的过程。

2. 活动准备

（1）提前录制学生采访视频《幸福是什么》。

（2）制作教学辅助 PPT。

（3）彩色铅笔、A4 纸。

3. 课时建议

2 课时。

二、活动过程示例

热身活动

播放视频《幸福是什么》。

（1）学生活动：学生自由发言，交流自己觉得幸福是什么？

（2）教师点题，进入主题。

主题活动（1）

1. 你幸福吗？

学生做《幸福小测试》。

2. 阅读 · 听故事 · 讨论

（1）阅读“心有所思”版块内容。

思考与分享：你怎么理解“一个人会觉得不幸福”的现象？

（2）听“蒂姆的故事”（见教学辅助资源）。

讨论与分享：为什么蒂姆感到不幸福呢？

教师可将“蒂姆的故事”做成PPT。结合“心有所思”提及的原因，引导学生体会单一的盲目奔波生活和纯粹的享乐主义生活都不可能幸福。

主题活动（2）

1. 阅读 · 讨论

阅读“心有所悟”版块内容。

讨论分享：对于从不同的角度提及的幸福，哪一个部分你感受最深，并谈谈你的理解。

老师可以选取感受最深的部分谈谈感受和理解，作个话题开始的引子，同时也是对教材内容的延伸。

2. 学生活动“感受幸福”

（1）呈现“马塞尔、普鲁斯特品尝著名的马德莱娜小蛋糕的体验”（见教学辅助资源）。

（2）让学生回想最近一段时间，感受到的幸福时刻，并把当时的感受和体验记下来，可以用文字，也可以用图画方式，同时还可以配以照片。下节课分享。

这一活动的关键在于引导学生感受当下的幸福，要活在当下。教师可以根据学生实际情况另选材料。

主题活动(3)

1. 分享"幸福时刻"

将上节课学生记录的幸福时刻分组展示。

2. 阅读·分享

(1)阅读"心有所动"部分的"三件好事"部分,并参照表格完成自己的"三件好事"。分享、记录下"三件好事"后你的感受。

(2)头脑风暴:还有哪些方法可以提升我们的幸福感?

提醒:"三件好事"练习,关键是学生要思考某件好事带来幸福的理由。同时,要体会分享自己的所思、所感、所悟。

拓展/升华

1. 阅读·分享

(1)阅读"心有所获"版块部分。

(2)分享:用一句话概括"什么是幸福"并分享。

2. 思考:我们怎样才能让身边的人幸福?

三、教学辅助资源

(一)经典故事:蒂姆的故事

哈佛大学的本·沙哈尔经常讲"蒂姆的故事"。在这个故事里,晃动着许多人熟悉的影子。蒂姆小时候,是个无忧无虑的孩子。但自打上小学那天起,他忙碌奔波的人生就开始了。父母和老师总告诫他,上学的目的,就是取得好成绩,这样长大后,才能找到好工作。没人告诉他,学校,可以是个获得快乐的地方,学习,可以是件令人开心的事。因为害怕考试考不好,担心作文写错字,蒂姆背负着焦虑和压力。他天天盼望的,就是下课和放学。他的精神寄托就是每年的假期。

渐渐地,蒂姆接受了大人的价值观。虽然他不喜欢学校,但还是努力学习。成绩好时,父母和老师都夸他,同学们也羡慕他。到高中时,蒂姆已对此深信不疑:牺牲现在,是为了换取未来的幸福;没有痛苦,就不会有收获。当压力大到无法承受时,他安慰自己:一旦上了大学,一切就会变好。

收到大学录取通知书时,蒂姆激动得落泪。他长长地舒了一口气:现在,可以开心地生活了。但没过几天,那熟悉的焦虑又卷土重来。他担心在和大学同学的竞争中,自己不能取胜。如果不能打败他们,自己将来就找不到好工作。

大学 4 年，蒂姆依旧奔忙着，极力为自己的履历表增光添彩。他成立学生社团、做义工，参加多种运动项目，小心翼翼地选修课程，但这一切完全不是出于兴趣，而是这些科目，可以保证他获得好成绩。

大四那年，蒂姆被一家著名的公司录用了。他又一次兴奋地告诉自己，这回终于可以享受生活了。可他很快就感觉到，这份每周需要工作 84 小时的高薪工作，充满压力。他又说服自己：没关系，这样干，今后的职位才会更稳固，才能更快地升职。当然，他也有开心的时刻，在加薪、拿到奖金或升职时。但这些满足感，很快就消退了。

经过多年的打拼，蒂姆成了公司合伙人。他曾多么渴望这一天。可是，当这一天真的到来时，他却没觉得多快乐。蒂姆拥有了豪宅、名牌跑车，他的存款一辈子都用不完。

他被身边的人认定为成功的典型。朋友拿他当偶像，来教育自己的小孩。可是蒂姆呢，由于无法在盲目的追求中找到幸福，他干脆把注意力集中在了眼下，用酗酒、吸毒来麻醉自己。他尽可能延长假期，在阳光下的海滩一待就是几个钟头，享受着毫无目的的人生，再也不去担心明天的事。起初，他快活极了，但很快，他又感到了厌倦。

（二）心流体验：马塞尔·普鲁斯特品尝小蛋糕

法国著名作家马塞尔·普鲁斯特在其著作《追忆似水年华》中，描述了一段奇妙的体验：

我把一勺茶举到唇边，并且在茶中放了一小块蛋糕。松软的蛋糕随着暖暖的茶水流入了我的嘴里，一阵舒爽的感觉顿时流经全身。我停了下来，细细品味这非同寻常的一刻——所有的感官都经历了一种极致的快乐，这是一种独特的、超然的、无迹可寻的快乐。突然间，我体会到人生的无常、苦难和虚幻，一切都不重要了。这一刻的感受带给我巨大的影响，让我明白了爱的本质。确切来说，这种本质不在我的内心，它就是我。我感受到了伟大和永恒。

（三）经典实验：寻找好事

2005 年，积极心理学之父塞利格曼利用网络给大家提供一项免费练习——寻找好事。成千上万的人在网上注册，其中包括抑郁严重的 50 人，他们登录网站，做了抑郁测试，然后做了寻找好事的练习，一周内每天记录三件好事，然后汇报到网上，结果他们的抑郁平均程度从 34 陡降到

17，他们的幸福得分从最低的15%跳到了50%。

附：本主题可以使用的心理活动

活动1：蜻蜓救难

童话乐园：

1. 老师：同学们都喜欢听故事吧！老师给你们讲一个有趣的童话故事。

（课件播放：小蚂蚁和小蜻蜓的故事——小蚂蚁被困在河里一根水草上，小蜻蜓冒险救了它，并送它回了家）

2. 老师：听了这个故事，你喜欢小蜻蜓吗？说说你为什么喜欢它？

3. 学生各抒己见。

4. 引导想象：小蜻蜓做了好事，它此刻的心情会是怎么样呢？

5. 小结：小蜻蜓不顾自己的安危，奋力救难，因此，它变得更可爱了。

活动2："不倒翁"

1. 同学们，让我们一起来玩玩面前的"不倒翁"，请你从各个角打击它，观察它的反应。

（1）学生玩后讨论。

（2）教师引导得出"不倒翁"的反应：面带微笑，永远不倒。

2. 导语：人生就像一次遥远的航行，人不可能任何事都一帆风顺，每个人多少都曾受到过一些打击，如遇到难题、考试失利、朋友误会。此时，你是否也像"不倒翁"一样坚持不倒呢？

（设计意图：让学生动手玩"不倒翁"，活跃气氛，消除紧张感，让学生从"不倒翁"的身上得到启示：只有自信才会不倒）

活动3：分享时刻

1. 辅导教师说明游戏规则，强调每个人都渴望他人的认同和赞扬。

2. 两人一组，让每位同学都给他的搭档以下几方面的评价：

（1）长相方面特别漂亮的地方。

（2）一个或两个特别令人欣赏的性格特征。

（3）一个或两个特别的才能。

3. 每位被赞扬的同学都要仔细记录下自己的感受、想法和反应。

4. 分享：

（1）为什么对我们大多数人来说，给予他人赞扬是困难的？

（2）为什么人们总是很快给出负面的评价，而正面赞扬少之又少？

（3）今天听了同学由衷赞美你的话，你的内心有何感受？

活动 4：感受幸福

活动准备：

1. 事先了解学生对幸福的认识情况与现状。

2. 准备一些"神秘礼物"（按小组数准备份数，礼物尽可能包装精美，封好）。

3. "幸福之星"设计和印制，每个同学一张。

4. "幸福之旅"的录制。

活动过程：

1. 小小调查

准备：播放柔和的音乐《初雪》，放松情绪。

问题 1：你觉得幸福是什么？

问题 2：你觉得你现在幸福吗？

学生自己采访，自己回答。

假设，"幸福度"的满分是五颗星，你的幸福程度有几颗星呢？请在自己的卡片上，给自己的幸福之星涂上颜色吧。

请大家在涂颜色的时候，思考一下你的幸福之星包含哪些内容？那么，没有涂色的星星又包括什么内容呢？

2. 感受分享

学生谈谈自己的幸福之星包含哪些内容，没有涂色的星星又包括什么内容。

学生的回答预想：妈妈对自己的关心和照顾，让自己觉得幸福；可以在这么好的学校念书，比起贫困地区的孩子，觉得自己更幸福……有两颗星未涂，因为觉得自己还不是太幸福，可能自己还可以更幸福……

3. 游戏体验：变化的幸福度

面对大家真诚的交流，我也分享到了同学们的幸福与快乐，我觉得自己更加幸福了。为了表示感谢，我决定送给大家一份小小的礼物。这可是一份特殊的礼物哦。但礼物不能随意打开，它需要遵循几个步骤，我们一起来看看，并按照规则的要求来打开这份神秘的礼物。

规则步骤：

（1）在礼物拆开之前，打出第一个满意度分数。

（2）拆开礼物之后，打出第二个满意度分数。

（3）在和其他组的礼物比较之后，打出第三个满意度分数。

大家看看这些记录，发现什么没有？（学生交流讨论）

教师引导：对礼物的期待和与他人之间的比较等因素，影响了我们的满意度，也影响了幸福感，你们看是这样的吗？

那面对这些礼物，大家现在最想做什么呢？

老师知道同学们现在都很渴望分享这份礼物，好，那么满足大家的愿望，拆开礼物一起尽情分享吧。（同学分享礼物）

活动 5：学雷锋故事

老师：同学们，雷锋叔叔时刻想着去帮助别人。当他帮助了别人时，自己也觉得特别快乐，所以他的人生是充实的。三月是学雷锋月，请说说你学雷锋的小故事吧！

1. 老师：请回忆一下，你最近帮助过谁？你是怎么帮助他的？都有哪些感受？

2. 全班交流（在学生叙述过程中，教师运用“追问”的技巧，引导学生回忆接受帮助的人当时的表情、动作、语言，自己当时的想法、感受）

追问实例：

“你还记得他当时的表情吗？”

“你帮助了他之后，他对你说过什么吗？”

“你为什么想到要去帮助他？”

“帮助他人解决了一个难题，你感到快乐吗？”

3. 小结：帮助了别人，自己就有了成就感，内心涌出了一股自豪之情。对于那些处在困境中的人，给他一缕阳光，给他一束鲜花，他就会感到如同拥有了整个春天，这是多么美妙的感觉和美好的事情啊！

活动 6：击鼓传花

活动过程：

1. 歌曲导入：

课前播放歌曲《快乐老家》

2. 游戏规则：

当鼓槌停下来，绢花在谁那里，谁就起来说一说自己在生活中的快乐，谁来客串一下鼓手？（选出小鼓手）

预设：

（1）小测验得了满分。

（2）和朋友一起玩，很高兴。

（3）父母给自己庆祝生日

（4）和父母去旅游。

（5）做自己感兴趣的事。

3. 教师小结：刚才我们分享了几个同学的快乐。看到同学们脸上洋溢的笑容，老师特别想问同学，当你感到快乐的时候是否感到幸福呢？

参考文献

[1] 林崇德 . 发展心理学 [M]. 北京：人民教育出版社，2009.

[2] 陈琦，刘儒德 . 当代教育心理学 [M]. 北京：北京师范大学出版社，2007.

[3] 俞国良 . 中小学校心理健康教育研究 [M]. 北京：北京师范大学出版社，2020.

[4] 边玉芳 . 中小学心理健康教育 [M]. 上海：华东师范大学出版社，2004.

[5] 陈家麟 . 学校心理健康教育：原理、操作与实务（修订版）[M]. 北京：科学教育出版社，2010.

[6] 连榕 . 学校心理健康教育读本 [M]. 北京：科学教育出版社，2013.

[7] 朱旭，张微 . 学校心理健康教育实践指导手册 [M]. 北京：世界图书出版公司，2017.

[8] 刘宣文，赵晶，蔡雪，等 . 学校心理健康教育课程设计与教法 [M]. 北京：中国人民大学出版社，2020.

[9] 姚本先 . 学校心理健康教育新论 [M]. 北京：高等教育出版社，2010.

[10] 钟志农 . 心理辅导活动课操作实务 [M]. 宁波：宁波出版社，2007.

[11] 曹文培 . 学习方法与辅导 [M]. 北京：国家行政学院出版社，2013.

[12] 刘开勇 . 学会学习：初中生学习心理辅导课程 [M]. 北京：人民日报出版社，2019.

[13] 迟毓凯 . 学生管理的心理学智慧 [M]. 上海：华东师范大学出版社，2015.

[14] 董莉，周少贤 . 心理健康教育指导（人际篇）[M]. 北京：科学出版社，2012.

[15] 黛比・福特 . 接纳不完美的自己 [M]. 严冬冬，译 . 长春：吉林文

史出版社，2009.

[16] 黄天中，吴先红．生涯规划——体验式学习 [M]. 北京：北京师范大学出版社，2011.

[17] 胡萍．成长与性（上）[M]. 北京：科学出版社，2008.

[18] 胡萍．成长与性（下）[M]. 北京：科学出版社，2008.

[19] 罗家永．心理拓展游戏 270 例 [M]. 福州：福建教育出版社，2014.

[20] 孙道荣．如何帮助学生适应新环境 [M]. 长春：吉林文史出版社，2012.

[21] 吴增强．学习心理学 [M]. 上海：上海教育出版社，2012.

[22] 杨敏毅，鞠瑞利．学校团体心理游戏教程与案例 [M]. 上海：上海科学普及出版社，2006.

[23] 颜苏勤．团体心理辅导主题活动方案 [M]. 北京：高等教育出版社，2015.

[24] 张付山，陈燕．班级体验式心理拓展活动 100 例 [M]. 济南：山东文艺出版社，2014.

[25] 白羽．改变心力：团队心理训练与潜能激发 [M]. 杭州：浙江文艺出版社，2006.

[26] 阳志平，彭华军．积极心理学：团体活动课操作指南（第 2 版）[M]. 北京：机械工业出版社，2017.

[27] 廖静瑜．怎样开展学校心理健康教育活动 [M]. 上海：上海科技教育出版社，2016.

[28] 曹静梅，王玲．中小学心理健康教育课设计 [M]. 广州：广东高等教育出版社，2004.

[29] 琳达·米克斯，菲利普·梅特．健康与幸福 [M]. 罗晓路，译．杭州：浙江教育出版社，2012.

[30] 劳伦斯·斯坦伯格．青少年心理学 [M]. 梁君英，董策，王宇，译．北京：机械工业出版社，2015.

[31] 塞利格曼．认识自己，接纳自己 [M]. 任俊，译．沈阳：万卷出版社，2010.

[32] 孙晶．心理班会课是这样设计的 [M]. 北京：清华大学出版社，2017.

[33] 俞国良．我国中小学心理健康教育的现状与发展 [J]. 教育科学研究，2001（07）：62–65+69.

[34] 申继亮，彭华茂．当前学校心理健康教育的困境与出路 [J]. 北京

师范大学学报(人文社会科学版),2002(01):14-20.

[35] 雷鸣.心理健康教育心理学的构建:内涵、研究对象与学科体系[J].四川理工学院学报(社会科学版),2014,29(03):31-42.

[36] 唐柏林.科学构建大学生心理健康教育内容体系[J].西华师范大学学报(哲学社会科学版),2004(05):108-111.

[37] 房洁.团体心理辅导对中学生自我意识及心理健康的干预研究[D].曲阜师范大学,2014.

[38] 聂衍刚,丁莉.青少年的自我意识及其与社会适应行为的关系[J].心理发展与教育,2009,25(02):47-54.

[39] 桑青松.非智力因素造成学业不良学生的学习心理辅导[J].中国教育学刊,2001(05):38-40.

[40] 杨芳.学习动机的激发与课堂教学的优化[J].中国教育学刊,2002(02):45-47.

[41] 张爱卿.20世纪学习心理研究的回顾与展望[J].教育研究,2000(02):47-51.

[42] 沃建中,林崇德,马红中,等.中学生人际关系发展特点的研究[J].心理发展与教育,2001(03):9-15.

[43] 徐洁.民主、平等、对话:21世纪师生关系的理性构想[J].教育理论与实践,2000(12):12-17.

[44] 邹泓,屈智勇,叶苑.中小学生的师生关系与其学校适应[J].心理发展与教育,2007(04):77-82.

[45] 程素萍.建立良好师生关系的策略[J].天津师范大学学报:基础教育版,2005(4):27-30.

[46] 邹泓.同伴关系的发展功能及影响因素[J].心理发展与教育,1998(02):39-44.

[47] 吴念阳,张东昀.青少年亲子关系与心理健康的相关研究[J].心理科学,2004(04):812-816.

[48] 叶一舵,白丽英.国内外关于亲子关系及其对儿童心理发展影响的研究[J].福建师范大学学报(哲学社会科学版),2002(02):130-136.

[49] 符明宏,李鹏.中小学生亲子关系现状及教育建议[J].云南师范大学学报:教育科学版,2002(4):91-95.

[50] 侯静.学校适应的界定和测量的综述[J].首都师范大学学报(社会科学版),2012(05):99-104.

[51] 朱昭红,沈德立.中国青少年心理健康素质适应状况的研究[J].心理与行为研究,2007(04):241-246.

[52] 方怀胜 . 中小学生的学校适应及教师的指导 [J]. 北京教育学院学报,2003（03）: 46–49.

[53] 刘静 . 高考改革背景下高中生涯规划教育的重新审视 [J]. 教育发展研究,2015,35（10）: 32–38.

[54] 尤敬党,吴大同 . 生涯教育论 [J]. 江苏教育学院学报(社会科学版),2003（01）: 12–16.

[55] 孔春梅,杜建伟 . 国外职业生涯发展理论综述 [J]. 内蒙古财经学院学报(综合版),2011,9（03）: 5–9.

[56] 李金碧 . 生涯教育 : 基础教育不可或缺的领域 [J]. 教育理论与实践,2005（07）: 15–18.